Schriftenreihe

Innovative Betriebswirtschaftliche Forschung und Praxis

Band 185

ISSN 1437-787X

Verlag Dr. Kovač

Alexa von Neumann-Cosel

Change Management systemtheoretisch betrachtet

Ein synergetisches Handlungsmodell

Verlag Dr. Kovač

Hamburg
2006

VERLAG DR. KOVAČ

Leverkusenstr. 13 · 22761 Hamburg · Tel. 040 - 39 88 80-0 · Fax 040 - 39 88 80-55

E-Mail info@verlagdrkovac.de · Internet www.verlagdrkovac.de

D 83

Bibliografische Information Der Deutschen Bibliothek
Die Deutsche Bibliothek verzeichnet diese Publikation
in der Deutschen Nationalbibliographie;
detaillierte bibliografische Daten sind im Internet
über http://dnb.ddb.de abrufbar.

ISSN: 1437-787X
ISBN-13: 978-3-8300-2476-7
ISBN-10: 3-8300-2476-2

Zugl.: Dissertation, Technische Universität Berlin, 2006

© VERLAG DR. KOVAČ in Hamburg 2006

Inhaltsverzeichnis

Abbildungsverzeichnis

Tabellenverzeichnis

1 Einführung

Diese Arbeit entstand im Spannungsfeld von Theorie und Praxis. Mein besonderer Dank gilt der Siemens AG, die durch ihr Doktorandenprogramm eine solche in der Praxis konzipierte und durchgeführte wissenschaftliche Untersuchung ermöglicht hat.

Die organisatorische Veränderung stellt einen zentralen Problembereich der Organisationsforschung dar: Unternehmen müssen sich ständig ändern, um sich einer veränderlichen Umwelt anzupassen. Zwar besteht mittlerweile an moderner Management-Literatur kein Mangel, die in der Praxis entwickelten Methoden in der Art von „5 Punkte Programmen" zur Bewältigung diverser komplexer Problemstellungen sind jedoch oftmals bestenfalls oberflächlich theoretisch fundiert und erschöpfen sich in vielen Fällen in reiner Analogienbildung. Diese überwiegend aus dem Alltagswissen begründeten Handlungsstrategien und Interventionstechniken für die Organisationspraxis ermöglichen in der Regel lediglich ein wandlungsorientiertes „muddling through" (Beisel, 1996, S. 4). Da von der aktuellen bewältigten Situation ohne theoretischen Hinterbau nicht ohne weiteres auf andere Situationen generalisiert werden kann, kommt es in der Praxis oft dazu, dass Konzepte, die in dem einen Anwendungszusammenhang entwickelt wurden und dort auch zu guten Ergebnissen geführt haben, in einer neuen Situation auf einmal überhaupt nicht mehr greifen.

In den Sozialwissenschaften wiederum herrscht kein Mangel an fundierten Theorien und generalisierten Konzepten. Allerdings sind diese für die Praxis oft nur von eingeschränktem Nutzen, sei es weil sie einen zu hohen Abstraktionsgrad aufweisen, zu weit von den tatsächlichen Problemen entfernt sind oder nur ein geringes Anwendungspotenzial besitzen.

Das Ziel der vorliegenden Arbeit besteht in einem Brückenschlag zwischen Theorie und Praxis, der angesichts des hohen Bedarfs der Organisationen an Richtlinien für den Umgang mit Veränderung samt zugrunde liegender Interventionstheorien dringend notwendig erscheint. Die Arbeit wendet sich damit sowohl an die Wissenschaft als auch an den interessierten Praktiker, da sie auf die Schaffung von theoretisch fundierten und generalisierten Interventionsgrundlagen für die Praxis abzielt. Es wird also versucht, einen Ausgleich zwischen wissenschaftlicher Tragfähigkeit und Handlungsrelevanz für konkrete praktische Probleme herzustellen. Die Praxis zeigt, dass für das Management von Interventionen zwar teilweise viel Aufwand betrieben wird, dennoch schleichen sich die alten, überwunden geglaubten Verhaltensmuster und Strukturen nach einer Veränderung oftmals wieder ein.

Warum das so ist, ob es eine naturgegebene Veränderungsresistenz bei Organisationen gibt und wie man am besten damit umgeht, zeigt die Systemtheorie. Dafür werden Organisationen als komplexe soziale Systeme gefasst, die den gleichen Gesetzmäßigkeiten obliegen wie aus Physik oder Biologie bekannte komplexe Systeme. Dies bietet die Möglichkeit zur Beschreibung und Erklärung emergenter Phänomene, d.h. das plötzliche Auftreten einer neuen Qualität, die über Eigenschaften oder Relationen der beteiligten Elemente hinausgeht und auf einer besonderen selbstorganisierenden Prozessdynamik beruht (Küppers/Krohn 1992, S. 7). Gerade diese Prozessdynamik ist bei Analyse und Gestaltung von Veränderungsprozessen von großer Bedeutung, denn hier handelt es sich ja eben nicht um eine statische Analyse von Gegebenheiten. Die Systemtheorie bietet einen interdisziplinär erprobten Rahmen, sich gerade mit Fragen der Komplexität, Dynamik und Selbstorganisation zu befassen, die im gängigen linearen Unternehmensverständnis regelmäßig als Störvariablen ausgeklammert werden – ohne ihnen damit wirkungsvoll begegnen zu können.

Es geht in der vorliegenden Arbeit aber nicht um eine einfache eins zu eins Übertragung naturwissenschaftlicher Konzepte auf die Organisationsforschung, sondern um deren Erweiterung und Anpassung an organisationale Systeme. So sollen Steuerungsmöglichkeiten für komplexe soziale Systeme herausgearbeitet und sinnvolle, logische und allgemeingültige Ansatzpunkte für Change Management gefunden werden. Dabei müssen richtig gesetzte Eingriffe von außen Selbstorganisation im gegebenen Rahmen in der erwünschten Richtung zulassen, was überhaupt erst Akzeptanz für Veränderungsmaßnahmen schafft.

Ziel der vorliegenden Arbeit, die als Dissertation im Fachbereich Arbeits- und Organisationspsychologie der Technischen Universität Berlin eingereicht wurde, war die Erstellung eines theoretisch fundierten Leitfadens für das erfolgreiche Management von Veränderungsprojekten. Als Grundlage dient dabei ein von der Verfasserin neu entwickeltes interdisziplinäres Handlungsmodell, das sich im Wesentlichen auf zwei Theorien stützt: Die **Synergetik** von Herrmann Haken, eine Selbstorganisationstheorie aus der Physik, und die **Theorie sozialer Systeme** vom Soziologen Helmuth Willke.

Die **Synergetik** wurde in den 60er Jahren vom Physiker Hermann Haken entwickelt. Seine „Lehre vom Zusammenwirken" stellt er anhand des Übergangs vom normalen Licht zum Laserlicht dar. In einer verspiegelten Lichtröhre befinden sich dabei die Atome zunächst in einem ungeordneten Zustand (normales Licht), aus dem heraus sie sich bei genügend hoher Energiezufuhr von außen selbständig zu gleichmäßigen Wellen ordnen (Laserlicht).

Haken geht davon aus, dass allen Systemen, wiewohl sie völlig unterschiedlicher Natur sein können, ähnliche Verhaltensmuster zugrunde liegen. Er sucht deshalb nach allgemeinen Prinzipien, um das selbständige Finden von Ordnung innerhalb eines Systems zu erklären.

Kernpunkt der synergetischen Theorie ist der Prozess der Selbstorganisation, der Entstehung von Ordnung aus Chaos und des Übergangs verschiedener Ordnungszustände ineinander. Insbesondere das Verhalten des Systems an Instabilitätspunkten (Bifurkationen) ist genau beschrieben. Die Reduzierung auf die drei wesentlichen Parameter Kontrollparameter, Ordnungsparameter und Randbedingung zur Beeinflussung des Systemverhaltens bietet außerdem Einfachheit und konkrete Handlungsempfehlungen. All dies macht die Synergetik zu einer besonders geeigneten Grundlage für die Entwicklung eines konkreten Handlungsmodells zum Umgang mit komplexen sozialen Systemen beim Veränderungsprozess.

Das zweite theoretische Standbein bildet die **Theorie sozialer Systeme**, die von dem Soziologen Helmuth Willke in Anlehnung an Luhmann in den 80er Jahren entwickelt wurde. Im Gegensatz zu Luhmann (1984), der die Interventionsmöglichkeiten in sozialen System als sehr gering einschätzt, zielt Willke (1994) gerade auf den Steuerungsaspekt sozialer Systeme ab. Von Bedeutung sind dabei folgende Charakteristika komplexer Systeme:

- Komplexe Systeme reagieren auf viele Beeinflussungen sehr träge.
- Auf einige Beeinflussungen reagieren sie jedoch überraschend heftig.
- Ursache und Wirkung sind nicht-linear verknüpft.

Definiert und strukturiert sind soziale Systeme nach Meinung Willkes (1993) durch Regeln und Regelbildung. Eine besondere Rolle spielen im Organisationszusammenhang dabei die so genannten „heimlichen Spielregeln" (Scott-Morgan 1995), die das Verhalten der Organisationsmitglieder in hohem Maße bestimmen, obwohl sie selten verbalisiert und expliziert werden.

Das aus den genannten Theorien abgeleitete Handlungsmodell überträgt die aus der Synergetik gewonnenen Erkenntnisse mit Hilfe der Theorie sozialer Systeme auf den betriebswirtschaftlichen Zusammenhang und soll somit Hilfestellung geben bei der Identifikation wirkungsvoller Ansatzpunkte zur nachhaltigen Veränderung komplexer sozialer Systeme, wie z. B. großer Unternehmen.

Das theoretische Modell wurde in der Praxis anhand eines deutschlandweiten Softwareeinführungsprojekts validiert und an einem weiteren Projekt überprüft und angewendet. Aufgrund der gewonnenen Erkenntnisse wurde ein Leitfaden der bei einem Veränderungsprojekt zu beachtenden erfolgskritischen Punkte erstellt. Dieser ermöglicht eine Projektorganisation, die die richtigen Maßnahmen an der richtigen Stelle einsetzt und so einen reibungslosen Projektverlauf gewährleistet. Die positive Resonanz auf das entwickelte Handlungsmodell sowohl seitens der betroffenen Mitarbeiter als auch der involvierten Projektmanager zeigen die praktische Relevanz des erarbeiteten Leitfadens für den Umgang mit Veränderungen.

Durch die systemtheoretisch fundierte Sichtweise lässt sich ein komplexes soziales System steuern, indem Selbstorganisation innerhalb eines gegebenen Rahmens zugelassen wird. Durch eine neue Sicht auf den erfolgreichen Umgang mit Widerständen der betroffenen Mitarbeiter wird deren Akzeptanz und Motivation zur Veränderung erhöht.

Der entwickelte Leitfaden bietet griffige Ansatzpunkte zur Strukturierung eines Veränderungsprojektes unter Berücksichtigung und Ausnutzung der besonderen Eigenschaften und des nicht immer linearen Verhaltens komplexer sozialer Systeme.

Gang der Argumentation

Im folgenden 2. Kapitel „Organisationsentwicklung im Wandel" soll zunächst kurz die historische Entwicklung des Untersuchungsbereichs Change Management aus der Organisationsentwicklung dargelegt werden. Es folgt eine Vorstellung der theoretischen und praktischen Konzeptionen von Change Management sowie deren Verknüpfung mit dem Konzept des organisationalen Lernens. Aufgrund der grundlegenden Bedeutung der Unternehmenskultur sowohl für einen erfolgreichen Wandelprozess als auch für die systemtheoretische Konzeption der Arbeit ist dieser ebenfalls ein Kapitel gewidmet.

Im 3. Kapitel „Zur Systemtheorie" sollen die zentralen Grundaspekte der Systemtheorie erläutert werden. Dabei wird auf Geschichte und Besonderheiten dieses interdisziplinären Forschungsgebiets eingegangen sowie begründet, warum und in welcher Form Organisationen als komplexe soziale Systeme zu fassen sind. Den Ausklang bildet eine Darstellung der aus dem Systemverständnis resultierenden Probleme der Steuerung und Selbstorganisation.

Das 4. Kapitel „Zugrunde gelegte Ansätze" beschäftigt sich nun im Detail mit den zur Entwicklung des systemtheoretischen Handlungsmodells fürs Change Management zugrunde gelegten Ansätzen. Dabei finden die soziologischen Konzeptionen von Willke Eingang, mit Scott-Morgans heimlichen Spielregeln aber auch ein Konzept aus der Managementforschung. Außerdem werden die psychologischen Konzeptionen Widerstand und Motivation näher beleuchtet. Zum Abschluss dieses Kapitels wird der für das entwickelte Modell besonders wichtige Ansatz der Synergetik ausführlich dargestellt.

Im 5. Kapitel „Abgeleitetes theoretisches Handlungsmodell" wird zunächst die Entwicklung eines Handlungsmodells auf systemtheoretischer Grundlage begründet. Im Anschluss daran wird das neu entwickelte theoretische Modell vorgestellt und erläutert.

Das 6. Kapitel „Das Projekt COLORADO" dient der Beschreibung des der empirischen Untersuchung zugrunde liegenden Projektes COLORADO. Es handelte sich dabei um die deutschlandweite Einführung von Teilen der Software SAP R/3 HR in allen Personalorganisationen der Siemens AG.

Im 7. Kapitel „Methode" wird die Auswertungsmethodik unter Berücksichtigung der Besonderheiten qualitativer Forschung vorgestellt.

Im **8. Kapitel „Ergebnis"** werden die Ergebnisse der Untersuchung zunächst im Detail, nach Untersuchungsbereichen getrennt und dann über alle Untersuchungsbereiche hinweg zusammengefasst beschrieben.

Im **9. Kapitel „Interpretation der Ergebnisse"** wird aufbauend eine Gesamtinterpretation und Bewertung der erhobenen Daten angeschlossen. Anschließend werden diese mit dem im 5. Kapitel entwickelten Handlungsmodell verknüpft, um zu einem systemtheoretischen Leitfaden fürs Change Management zu gelangen. Dieser Leitfaden wird im folgenden Anwendungsbeispiel anhand eines Kennzahlenprojektes auf seine praktische Tauglichkeit hin überprüft.

Das **10. Kapitel „Schlussbemerkungen"** dient der Zusammenfassung der Arbeit und den weiterführenden wissenschaftlichen und praktischen Implikationen.

2 Organisationsentwicklung im Wandel

Der Begriff und das Tätigkeitsfeld des Change Management sind Bestandteil der seit ca. 100 Jahren als wissenschaftliche Teildisziplin erforschten Organisationsentwicklung. Die Gesellschaft für Organisationsentwicklung (GOE 1983) versteht unter Organisationsentwicklung einen

„...längerfristig angelegten, organisationsumfassenden Entwicklungs- und Veränderungsprozess von Organisationen und der in ihr tätigen Menschen. Der Prozess beruht auf Lernen aller Betroffenen durch direkte Mitwirkung und praktische Erfahrung. Sein Ziel besteht in einer gleichzeitigen Verbesserung der Leistungsfähigkeit der Organisation (Effektivität) und der Qualität des Arbeitslebens (Humanität)" (zitiert nach Kieser, 2001, S. 119).

Comelli (1985, S. 96) geht in seiner Definition demgegenüber weniger vom einzelnen Organisationsmitglied aus, hebt aber ebenfalls die Bedeutung der Veränderung hervor. Er versteht unter dem Begriff der Organisationsentwicklung einen geplanten, gelenkten und systematischen Prozess zur Veränderung der Kultur, der Systeme und des Verhaltens einer Organisation mit dem Ziel, die Effektivität der Organisation bei der Lösung ihrer Probleme und der Erreichung ihrer Ziele zu verbessern.

Was das Verständnis der Organisation als soziales System angeht, so konstatierte Sievers noch 1977, dass innerhalb der Organisationsentwicklung als Fachdisziplin zwar ein weitgehendes Einverständnis vorherrsche, dass

„Organisationen als soziale Systeme verstanden werden müssen, doch tragen entsprechende Absichtserklärungen nicht selten einen bloß deklamatorischen Charakter. (...) Systemtheoretische Implikationen von Organisationsentwicklungsansätzen beschränken sich in der Regel auf den Ganzheitscharakter von Systemen, auf die Interdependenz ihrer Teile, den Input/Output-Prozess und die Notwendigkeit einer sozio-technischen Betrachtungsweise." (Sievers, 1977, S. 18).

Seitdem haben soziologische und naturwissenschaftliche Systemansätze in der Literatur durchaus Fuß gefasst (vgl. u.a. Malik 1984, Probst 1992, Senge 1994), dennoch sind diese Gedankengänge noch keineswegs Allgemeingut. Auch liegt der Fokus dieser Ansätze auf der Deskription vorhandener Zustände, nicht aber auf Interventionsmöglichkeiten. Die vorliegende Arbeit betrit in der konkreten Nutzbarmachung des systemtheoretischen Ansatzes der Synergetik für Interventionen in komplexe soziale Systeme somit weitestgehendes, wenn auch nicht völliges Neuland (vgl. Beisel 1996).

Im Folgenden soll die historische Entwicklung der Organisationsentwicklung anhand ausgewählter Ansätze kurz vorgestellt werden, um dann auf die Teilbereiche Change Management, organisationales Lernen und Unternehmenskultur im Detail einzugehen.

2.1 Organisationsentwicklung: Historische Entwicklung

Der Bürokratieansatz von Weber

Als erster theoretischer Ansatz der Organisationsgestaltung wird in der Regel der Bürokratieansatz von Max Weber (1864-1920) geführt (Bea/Göbel, 1999, S. 46). Organisation wird hierbei als Herrschaftsinstrument gesehen. Es handelt sich um ein streng reglementiertes Vorgesetzten-Untergebenen Verhältnis. Anweisungen werden auf einem festgelegten Dienstweg von oben nach unten transferiert, der Bürokrat muss funktionieren und nicht selbständig denken, entscheiden oder sich gar einbringen.

Taylors „Scientific Management"

Der tayloristische Ansatz (vgl. im Folgenden Bea/Göbel, 1999, S. 58ff.) wurde nach seinem Begründer, dem Amerikaner Frederick Winslow Taylor (1856-1915) benannt. Sein Name ist eng mit dem Begriff des „scientific management" und dem dazu gehörigen Standardwerk von 1911, „The principles of scientific management", verknüpft.

Ziel Taylors ist es, "gleichzeitig die größte Prosperität des Arbeitgebers und des Arbeitnehmers herbeizuführen und so beider Interessen zu vereinen" (1919, S. 7). Erreicht werden soll dies durch die möglichst ökonomische Nutzung aller Ressourcen. Die Organisation wird als System zur Aufgabenerfüllung verstanden, in dem höchste Effizienz durch eine planmäßig konstruierte und technisch durchdachte Ordnung gewährleistet werden soll. Die Organisation soll also wie eine Maschine präzise und optimal konstruiert werden („one best way").

Dieses Maschinendenken spiegelt sich auch in Taylors Menschenbild wieder. Der Arbeiter soll nach wissenschaftlichen Methoden für eine spezielle Tätigkeit ausgewählt werden. Die tägliche Arbeitsleistung wird vorher festgelegt und gemessen. Aufgaben werden in Einzelelemente aufgeteilt und der Lohn orientiert sich an der Einzelleistung des Arbeiters (Akkordsystem). Somit ist die eigene Produktivität direkt mit der Entlohnung verknüpft. Taylor propagiert die Einzelarbeit, da sich der Arbeiter in der Gruppe immer am schwächsten Mitglied orientiere.

Das Menschenbild, das Taylor vorschwebt, ist das eines Drückebergers, der von Natur aus versucht, so wenig Arbeitseinsatz wie möglich zu zeigen. Motivation läuft ausschließlich über Geld bzw. Sanktionen. Es gibt aber neben dem Arbeiter noch ein zweite, „leitende", Klasse von Menschen, wodurch auch die Hierarchie begründet wird. Diese sind aufgrund ihrer angeborenen Intelligenz, ihres Fleißes und ihrer theoretischen Bildung zum Leiten berufen – Trennung von Hand- und Kopfarbeit.

Taylors Vorstellungen fanden ihre Entsprechung zum Beispiel in Fliessbandproduktionen mit festen Taktzeiten, aber auch in der Einrichtung von Stabsabteilungen, die ausführende Tätigkeiten denkend vorbereiten sollen. Heutzutage dient der Taylorismus im Gegenzug der Selbststeuerungskonzepte aufgrund der Annahme vollständiger Planbarkeit organisationaler Prozesse vor allem als Negativbeispiel.

Der Human-Relations-Ansatz

In den zwanziger Jahren kam es durch die Ergebnisse mehrjähriger empirischer Untersuchungen in den Hawthorne Werke der Western Electric Company in Chicago zu einer Wende in der Organisationsentwicklung - weg vom Maschinendenken hin zur Unternehmung als soziales und humanes System. Damit änderte sich auch das Menschenbild (vgl. im Folgenden Steinmann/Schreyögg, 1993, S. 58 f.). Der neu aufgekommene Human-Relations-Ansatz ist verbunden mit den Namen Roethlisberger, Dickson und Mayo und den so genannten Hawthorne-Studien (1924-1932). Hier zeigte sich in Experimenten, die die Wirkung der Arbeitsbeleuchtung auf die Arbeitsleistung herausfinden sollten, dass kein monokausaler Zusammenhang zwischen einzelnen Arbeitsbedingungen und der Arbeitsleistung hergestellt werden konnte. Stattdessen erwies sich, dass Leistung immer auch vom persönlichen Hintergrund des Individuums abhängt, von den Beziehungen untereinander, dem Verhältnis zum Vorgesetzten und der inneren Einstellung zu Arbeit und Unternehmen.

Die Grundeinsicht aus den Hawthorne Experimenten lautete: „glückliche (zufriedene) Arbeiter sind gute Arbeiter". Zwischenmenschliche Beziehungen am Arbeitsplatz müssen somit so gestaltet werden, dass sie die sozialen Bedürfnisse der Arbeitnehmer befriedigen. Dadurch wurde der Widerspruch zwischen den Zielen der Organisation und den Zielen der Arbeiter aufgelöst.

Als absolutes Novum benannten Roethlisberger/Dickson (1966) neben der technischen Organisation die Existenz einer informellen „humanen" Organisation der sozialen Konventionen, Regeln, Traditionen, Routinen und Beziehungen.

Mit dieser Studie änderte sich auch das Menschenbild vom „economic man", der hauptsächlich über finanzielle Anreize zu motivieren ist, hin zum „complex man". Aus Arbeitnehmern wurden Mitarbeiter. Dieser wird von vielerlei Dingen beeinflusst wie z.b. seiner Kultur und Vorgeschichte, persönlichen Werten, Erfahrungen, Kenntnissen und Fertigkeiten, den Beziehung zu den Kollegen oder den äußeren Arbeitsbedingungen. Zusätzlich zu monetären Anreizen wurde das Augenmerk auf soziale Anreize wie Anerkennung, Befriedigung sozialer Bedürfnisse und Selbstbestimmung gelegt. Eine besondere Rolle für den Organisationsalltag spielen die formalen und informellen Regeln, die der Einzelne vorfindet. Diese sind aber kein Diktum, der Einzelne passt sich der Organisation nicht nur an, sondern verändert sie zugleich durch sein persönliches Auftreten. Dieses Prinzip der gegenseitigen Rückkopplung wird uns im Gang der Argumentation dieser Arbeit noch mehrfach begegnen.

Allerdings gibt der Human Relations-Ansatz kaum Hinweise auf eine effiziente Gestaltung der Organisationsstruktur, der Makroorganisation.

Der sozio-technische Systemansatz

In den 40er Jahren wurde mit den Arbeiten des Londoner Tavistock Institute of Human Relations der Grundstock für den sozio-technischen Systemansatz gelegt, der auf die optimale Abstimmung des technischen und des sozialen Subsystems („optimal fit") abzielt. Seine wichtigsten Vertreter sind Emery & Trist (1965), Rice (1963) sowie Trist, Higgin, Murray & Pollock (1963). Dieser Ansatz kann als Vorläufer moderner Systemtheorien in der Organisationsentwicklung gewertet werden (van Eijnatten 2002) und soll deshalb im Folgenden eingehender behandelt werden. Außerdem sind die aus den Studien von Trist & Bamforth (1951) gewonnen Erkenntnisse auch für das moderne Change Management von Bedeutung.

Diese beschäftigten sich mit den Konsequenzen einer aufgrund technologischer Notwendigkeiten erfolgten Umstrukturierung bestehender Arbeitsgruppen im Kohlebergbau (im Folgenden nach Ulich, 2001, S. 181). Nach der Einführung einer neuen Methode des teilautomatisierten Abbaus von Kohle („long wall method of coal getting") kam es zu schlechter Arbeitsmotivation, hohen Fehlzeiten und Fluktuationen sowie häufigen Unfällen und Arbeitskämpfen. Diese Einführung war dazu benutzt worden, die vorhandenen sozialen Strukturen zu zerstören - ein hervorragend funktionierendes System der Selbstregulation innerhalb kleiner Gruppen war außer Kraft gesetzt worden. Trist and Bamforth zeigten, dass die nachteiligen Veränderungen der Arbeitsmoral nicht auf die Einführung der neuen Technik, sondern auf die Eingriffe in das soziale System zurückzuführen waren. In einer Vergleichsstudie in einem anderen Bergwerk erwies sich nämlich, dass das System mit Selbstregulation in teilautonomen Arbeitsgruppen um 25 % effektiver war als das arbeitsteilige. Zusätzlich zum Potenzial der kollektiven Selbstregulation in teilautonomen Gruppen ist auch der Spielraum von Bedeutung, den identische Technologien für unterschiedliche individuelle Ausformungen der Arbeitsorganisation bilden ("Organizational Choice" im Sinne von Trist et. al. 1963).

Der auf diesen Erkenntnissen aufbauende sozio-technische Systemansatz postuliert, dass das technische System einer Organisation in ständiger Interaktion mit dem in der Organisation operierenden sozialen System steht. Das organisationale System ist somit weder technisch noch sozial, sondern ein voneinander abhängiges und in ständiger Interaktion stehendes sozio-technisches System. Organisation und Arbeitsgruppen werden damit als „offenes" System gesehen d.h. sie erhalten Inputs aus der Umwelt und geben Outputs in die Umwelt ab – auf materieller, energetischer, informationeller wie normativer Ebene. Der Schwerpunkt wird auf die Organisation als ein sich selbst erhaltender Mechanismus gelegt, der entwickelt wird und sich laufend verändert, um die Organisationsziele zu erreichen. Technologie ist somit einflussreich, aber nicht bestimmend. Die Studien in den Kohlebergwerken zeigten, dass sich verändernde technologische Systeme nicht automatisch das Organisationssystem selbst verändern. Die Veränderung ist zusätzlich sowohl vom Organisationsprozess als auch vom Organisationszustand abhängig (Weinert, 1992, S. 64). Die Konzeption der Organisation als offenes System und deren weiterführende Implikationen wird im Kapitel „3.3 Organisationen als komplexe soziale Systeme" noch genauer erläutert werden.

Nach Ulich (2001, S. 188) besteht ein sozio-technisches System aus einem technischen Teilsystem (Betriebsmittel, technologische Bedingungen, räumliche Bedingungen) und einem sozialem Teilsystem (Organisationsmitglieder, individuelle Bedürfnisse und Qualifikationen, gruppenspezifisch Bedürfnisse). Es bearbeitet eine Primäraufgabe, die zu erfüllen das System geschaffen wurde, aber auch Sekundäraufgaben wie Systemerhaltung, Wartung, Schulung, Regulation, Steuerung des Inputs oder Koordination. Das Konzept postuliert explizit die Notwendigkeit, Technologie, Organisation und Human Resources gemeinsam und nicht nacheinander zu optimieren („Joint optimization").

Das Tavistock Institut beeinflusste auch die Entwicklung von Konzepten der industriellen Demokratie Anfang der 60er Jahre in Norwegen am Work Research Institute in Oslo (Emery & Thorsrud 1969). Gegenstand der Konzeptbildung war der Zusammenhang zwischen Arbeits- und Organisationsstrukturen. Als Basis für eine direkte Partizipation der Beschäftigten dienten teilautonome Arbeitsgruppen (Ulich, 2001, S. 50).

Zusammenfassend lässt sich sagen, dass die klassische Organisationslehre mit Weber und Taylor zunächst von einer mechanistischen Konzeption des Systems Organisation ausgeht. Der mechanistische Ansatz sieht Mensch und Organisation als Maschine, welche analytisch und linear berechenbar und von außen direkt zu steuern ist. Der Mensch und seine individuellen Eigenschaften werden dabei vernachlässigt. Das Verhalten der Organisation als Ganzes wird aus dem Verhalten seiner Einzelteile erklärt. Die Organisation soll durch eine berechenbare optimale Gestaltung der Organisationsstruktur und der Arbeitsbedingungen zu maximaler Effizienz gelangen.

Veränderungen stellen in dieser Konzeption grundsätzlich kein Problem dar, da Veränderungsprozesse durch formale Anweisungen und Planungen gezielt zu steuern sind und somit vollständiger Kontrolle unterliegen. Ob eine Veränderung des Systems notwendig ist oder nicht, hängt allein von der Entscheidung der hierarchischen Führung ab. Eigendynamische Veränderungen werden ausgeschlossen bzw. müssen verhindert werden, da sie Unruhe in die Organisation bringen. Alle Handlungen zielen darauf ab, das System stabil zu halten, d.h. das Funktionieren seiner Teile zu gewährleisten. Kieser (1971, S. 242) hierzu: "Bei der Charakterisierung der Aufgabenbestandteile (werden) die dynamischen Aspekte der Aufgabe weitgehend ausgeklammert." Auftretende Veränderungen in der Umwelt der Organisation werden entweder ignoriert oder es wird ihnen mit Standardverhaltensweisen aus dem gängigen Repertoire des Systems begegnet.

Der daran anschließende Human-Relations-Ansatz und sozio-technische Systemansatz betrachten Organisation und Mensch demgegenüber deutlich differenzierter.

Besondere Bedeutung erlangt nun zum einen das Konzept der "informellen Organisation", die Mayntz als formell nicht geplante und beabsichtigte soziale Abläufen und Phänomene definiert, die

„aus der Tatsache entstehen, dass die Betriebsangehörigen soziale Wesen sind und in ihrem Verhalten nicht nur von den Anforderungen der Betriebsleitung, sondern auch von ihrer Herkunft, ihren Sitten, Wünschen und Erwartungen bestimmt werden." (Mayntz, 1963, S. 13). Dies sind die ersten Ansätze für das später rasch an Popularität gewinnende Konzept der Unternehmenskultur. Neu ist dabei die Erkenntnis, dass von der offiziell gegebenen Ordnung abweichendes Verhalten systematisch sozialen Normen gehorcht und Erwartungen entspricht, deren Einhaltung mittels informeller Sanktionen gewährleistet wird.

Zum andern werden Organisationen als offene Systeme konzipiert, die im Austausch mit ihrer Umwelt stehen und sich nicht nur verändern können, sondern auch müssen. Dabei sind für die Veränderung des Systems sowohl organisationale als auch technische und soziale Strukturen von Bedeutung.

Der Begriff Organisationsentwicklung impliziert ja bereits die Beschäftigung mit Entwicklung und somit Veränderung. Wenden wir uns nun im Folgenden den Fragen der gezielten Steuerung einer organisationalen Veränderung zu, dem Change Management.

2.2 Change Management

Change Management, also die Steuerung des Wandels, ist ein im Unternehmensalltag geläufiger Begriff. Eine genaue Definition geben Gattermayer/Al-Ani (2001, S. 14):

"Unter Change Management werden alle Maßnahmen subsumiert, die zur Initiierung und Umsetzung von neuen Strategien, Strukturen, Systemen und Verhaltensweisen notwendig sind."

Das Thema Change oder Veränderung ist dabei keineswegs neu. Schon 1958 konstatierten Lipitt, Watson & Wesley:

„The modern world is, above everything else, a world of rapid change." (Lipitt, Watson & Wesley 1958, S. 3).

Daran dürfte sich nichts geändert haben, im Gegenteil. Durch immer schneller steigende interne und externe Anforderungen ist ständige Flexibilität seitens der Organisation gefragt. Klimecki et.al. (1994, S. 7ff.) nennen als mögliche Gründe kontinuierlich steigender Umweltkomplexität z.B. politische, technologische und weltwirtschaftliche Veränderungen, Globalisierung von Märkten, Differenzierung von Produkten und Dienstleistungen, Veränderungen in der Struktur von Aufgaben sowie Veränderungen in den Werthaltungen.

23

Die Notwendigkeit der unternehmensinternen Anpassung an die äußeren Gegebenheiten und der aktiven Veränderungsleistungen des Unternehmens sind unbestritten. Dennoch scheitern trotz einer Flut an Managementliteratur fast 75% aller Veränderungsvorhaben (Schreyögg, 2000, S. 27). Der Wandelprozess zieht sich dahin, die Organisationsmitglieder leisten der neuen Lösung Widerstand, Unvorhergesehenes ereignet sich und führt die Umstellungspläne ad absurdum, die alte Routine überschattet die gewünschten Veränderungen und ähnliches mehr. Es stellt sich also die Frage nach wirkungsvollen Strategien, Veränderungsprozesse im Unternehmen erfolgreich umzusetzen.

Der Wandel an sich ist dabei nicht das Problem, denn Veränderung findet im Zuge des natürlichen Wachstums wie auch des sozialen Wandels (vgl. Technischer Wandel, Wertewandel und Bevölkerungsstrukturwandel bei Wilpert, 1995, S. 507 ff.) immer und häufig unbemerkt statt. Das erfolgreiche Management des Wandels im Hinblick auf ein gewünschtes Ziel ist die Herausforderung, der sich das heutige Change Management stellen muss.

2.2.1 Geplanter und ungeplanter Wandel

Organisationen verändern sich permanent. Staehle (1991, S. 829) unterscheidet dabei zwischen geplantem und ungeplantem Wandel.

Der **geplante Wandel** setzt eine bewusste Entscheidung seitens der Organisation voraus, Arbeits- und Funktionsweisen durch das Einleiten bestimmter Prozesse zu verändern und findet deshalb häufig in Projektform statt.

Der **ungeplante Wandel** ist demgegenüber unbeabsichtigt, zufällig und möglicherweise sogar unbemerkt. Bea & Göbel (im Folgenden 1999, S. 418ff.) unterscheiden hier Evolutionsmodelle im engeren und im weiteren Sinne sowie Lernmodelle.

Evolutionsmodelle im engeren Sinne: Selektionsmodelle

Als Evolutionsmodelle im engeren Sinne fassen Bea/Göbel Modelle zusammen, die sich eng am biologischen Evolutionsbegriff von Variation, Selektion und Retention orientieren. Dabei geht es um die Entwicklung **in einer Unternehmung**. Im ersten Evolutionsschritt werden bisherige Strukturen, Abläufe und Handlungsnormen variiert. Diese neuen Ideen werden **vom Unternehmen** im nächsten Schritt entweder abgestoßen (Selektion) oder aber beibehalten (Retention). Auf dieser Ebene der Selektion und Retention werden auch steuernde Eingriffe für möglich gehalten. Gegenstand der unternehmensinternen Selektion können betriebliche Subeinheiten, einzelne Mitarbeiter, aber auch deren Verhaltensweisen, Ideen und Normen sein.

Deutlich abzugrenzen ist diese Vorstellung von Selektionsmodellen nach Türk (1989). Diese beziehen sich nämlich nicht auf die Selektion **innerhalb des Unternehmens,** sondern auf die Selektion des Gesamtunternehmens **durch die Umwelt.** Die Umweltbedingungen entscheiden, welche Organisationen und Strukturen am besten an die Unternehmensumwelt angepasst sind und somit überleben. Steuerungsmöglichkeiten erschöpfen sich in diesem Falle darin, Umweltbedingungen zu erkennen und das Unternehmen möglichst flexibel zu halten, um einer Selektion durch die Umwelt entgehen zu können.

Evolutionsmodelle im weiteren Sinne: Lebenszyklus/Entwicklungsmodelle:

Diese Modelle gehen von eingrenzbaren, regelmäßigen Phasen im Leben einer Organisation aus, die einer gewissen Eigendynamik folgen. Organisationsinterne Krisen bilden den Auslöser für den Übergang zur nächsten Entwicklungsstufe. Die Phasen laufen ohne dazutun externer Kräfte ab und sind nicht wesentlich zu beeinflussen. Die Reihenfolge der Stufen ist unumkehrbar, eine „Verjüngung" der Organisation somit nicht möglich. Bei radikalen Vertretern diese Ansicht kommt es in Analogie zum Lebewesen nach einer bestimmten Zeit automatisch zu Alterungsprozessen und zum Untergang des Unternehmens. In gemäßigteren Variationen spricht man von zu absolvierenden Transformationszyklen.

Damit treffen Veränderungen, ob als positiv oder negativ bewertet, auf jeden Fall ein und können maximal vorhergesagt, nicht jedoch vermieden oder beeinflusst werden. Somit kann sich das Unternehmen zwar auf die einzelnen Phasen vorbereiten, am Ablauf aber nichts Grundlegendes ändern.

Lernmodelle

Lernmodelle sind diejenigen Ansätze, die die meisten Steuerungsmöglichkeiten sowie Reflexion zulassen. Beim organisationalen Lernen werden die gemachten Erfahrungen bewertet und die Handlungen je nach erzieltem Ergebnis gegebenenfalls abgeändert (vgl. „2.3 Organisationales Lernen"). Hier können Menschen bewusst ihr Verhalten ändern und verbessern sowie ihr Umfeld und den Wandel gestalten, ohne sich schicksalhafte Entwicklungen oder Selektionen aufzwingen zu lassen. Es bildet sich im Unternehmen eine Wissensbasis, in der Fakten, Regeln, Standards etc. abgelegt sind, die das Verhalten der Organisationsmitglieder steuern und auf deren Erkenntnissen für die weitere Entwicklung aufgebaut werden kann. Diese Modelle bieten die meisten Ansatzpunkte für aktive Unternehmenssteuerung.

Die genannten Evolutions- und Lernmodelle des ungeplanten Wandels können den geplanten Wandel nach Bea & Göbel (1999, S. 419) jedoch aus zwei Gründen nicht ersetzen:

- Organisationen sind „von selbst" häufig träge und konservativ. Das Bedürfnis nach Kontinuität ist groß („Das haben wir schon immer so gemacht") und somit ist es eher unwahrscheinlich, dass sich wirklich innovative Strukturen, Handlungsmuster und Denkweisen gänzlich ungeplant einstellen.

- Was „von selbst" im Unternehmen wächst und erlernt wird, muss nicht unbedingt wünschenswert sein (vgl. zu diesem Punkt ausführlich „3.3.3 Selbstorganisation"). Auch „gute" Variationen können beispielsweise durch mikropolitische Manöver „selektiert" werden. Selbstentstandene Regeln können sich ebenso gut als kontraproduktiv im Hinblick auf das Unternehmensziel erweisen.

2.2.2 Wandel 1. und 2. Ordnung

Sowohl beim geplanten wie auch beim ungeplanten Wandel lassen sich bezüglich Ausmaß und Intensität der Veränderung zwei Formen unterscheiden.

Auf der einen Seite gibt es eine **kontinuierliche, evolutionäre Entwicklung** in kleinen Schritten. Diese basiert auf inkrementalen Veränderungen im Verhalten von Individuen oder Gruppen innerhalb des bestehenden organisatorischen Paradigmas. Durch viele kleine Lernschritte wird dabei das Überleben der Organisation gesichert.

Staehle (1991, S. 829) nennt diese Art des Wandels den **Wandel 1. Ordnung**:
„Hier erfolgt lediglich eine inkrementale Modifikation der Arbeitsweise einer Organisation ohne Veränderung des vorherrschenden Bezugsrahmens oder des dominanten Interpretationsschemas. Die Organisation wächst z.B. rein quantitativ (mehr Mitarbeiter, mehr Abteilungen und Hierarchieebenen)."

Demgegenüber steht der **Wandel als Umbruch** in Form von drastischen, revolutionären Sprüngen als Reaktion auf Krisensituationen. Dieser umfasst Veränderungen der gesamten Organisation und begründet letztlich ein neues Paradigma, ist aber diskontinuierlich und von limitierter Zeitdauer. Bei der „Revolution" steht also der (makro-) organisatorische Bezugsrahmen ganz oder teilweise zur Disposition („Frame-breaking-Change", Steinmann/Schreyögg, 1993, S. 441). Es handelt sich um eine strategische Neuorientierung der gesamten Organisation auf der Makroebene.

Staehle (1991, S. 829) hierzu unter dem Stichwort **Wandel 2. Ordnung**:

„Hier erfolgt eine einschneidende, paradigmatische Änderung der Arbeitsweise einer Organisation insgesamt, und zwar mit Änderung des Bezugsrahmens. Die Veränderungen sind qualitativer Natur; wir sprechen nicht mehr von Wachstum sondern von Entwicklung."

Diese zwei Formen des Wandels werden in der Literatur u.a. mit den Begriffspaaren Evolutionary Change vs. Revolutionary Change (Greiner, 1972), Wandel 1. Ordnung vs. Wandel 2. Ordnung (Watzlawick/Weakland/Fisch, 1979, Staehle 1991) oder Evolutionsmodell vs. Umbruchsmodell (Krüger, 1994) bezeichnet.

Schreyögg/Noss (2000, S. 46) verknüpfen den kontinuierlichen Wandel 1. Ordnung mit dem Ansatz des organisationalen Lernens:

„Die Lernperspektive ist aber vor allem deshalb von Bedeutung, weil damit ein neuer Bezugsrahmen aufscheint, der Organisationen auf der Basis dynamischer und nicht stabiler Elemente thematisiert....Organisationaler Wandel findet im Rahmen eines Stroms von Lernprozessen statt, die die Basis organisatorischer Aktivitäten und Strategien – eingebettet in eine soziale Institution – bilden."

Ihrer Meinung nach sind die Ansätze vom Wandel 2. Ordnung überholt, die den Wandel als linearen Transformationsprozess beschreiben, der in gut planbaren Sequenzen als Ausnahmeprozess im ansonsten klar geregelten Unternehmen durchgeführt werden kann. Hingegen gehen sie von einer Lernperspektive als Ausgangspunkt des Wandelprozesses aus. Die lernende Organisation ist fähig, Wissen zu generieren, zu sammeln und zu vermitteln (vgl. Probst et.al., 1999 und „2.3 Organisationales Lernen"). Basierend auf den daraus gewonnenen Erkenntnissen, sollte sie in der Lage sein, ihr Verhalten entsprechend den geforderten Gegebenheiten zu verändern. Somit sind organisationales Lernen und Change eng miteinander verknüpft: Lernen bedeutet Veränderung und somit Change.

Durch die Lernperspektive wird der Wandel als eine kontinuierliche Aneinanderreihung von Lernprozessen gesehen, die durch eine rekursive Schleife jeweils auf sich selbst Bezug nehmen (vgl. Argyris/Schön 1978). Daraus resultiert ein dynamischer stetiger Wandel, der nicht mehr in Stabilitäts- und Veränderungsphasen unterteilt wird. Somit ergibt sich auch ein Übergang zum ungeplanten Wandel: Der kontinuierliche Wandel durch stetige Weiterentwicklung der Organisation durch das organisationale Lernen soll im Idealfall automatisch stattfinden.

Veränderung ist dann für Schreyögg/Noss nicht mehr ein Sonderfall im normalen Unternehmensalltag, sondern ein fortlaufender Prozess, eine kontinuierliche Herausforderung - mit einem Wort: Unternehmensalltag.

Sicherlich ist es absolut notwendig, die Bereitschaft zur Veränderung im Unternehmensalltag zu verankern. Lernen als lebenslanges Lernen und Bereitschaft zur Flexibilität sind wichtig und essentiell – „nichts ist so beständig wie der Wandel" (Heraklit). Dennoch ist den weiter oben angeführten Argumenten von Bea/Göbel zuzustimmen, dass wirkliche Innovation über kontinuierlichen Wandel allein wohl nicht zu erreichen ist und dass das Lernen als Wert an sich ohne Kontrolle des Gelernten durchaus zum Lernen kontraproduktiver Verhaltensweisen führen kann. Auch in der Argumentation dieser Arbeit wird ein deutlicher Stimulus von außen als Anstoß der Veränderung als zwingend vorausgesetzt.

Selbst für Schreyögg/Noss gibt es im Rahmen des „Wandels als Selbstverständlichkeit" noch Veränderungsprojekte, die bspw. durch die Einführung eines neuen EDV-Verfahrens oder einer dringlich gewordenen Verhaltensänderung, z.B. hin zu mehr Kundenorientierung, klar definierten Beginn und Ende haben. Eingebettet sind diese Veränderungsprojekte aber in die Vorstellung einer sich stetig verändernden Organisation.

Vor- und Nachteile des Wandels 1. und 2. Ordnung sind in der folgenden Tab. 1 noch einmal zusammengefasst.

Tab. 1: Vor- und Nachteile des Wandels 1. und 2. Ordnung

	Wandel 1. Ordnung	Wandel 2. Ordnung
Vorteil	- Selbstregulierung - Lernen aus Erfahrung	- hohe Mobilisation in akuten Krisensituationen
Nachteil	- ständige Unruhe - geringe Geschwindigkeit bei hoher Umweltdynamik - begrenzte Möglichkeiten fundamental neuer Erkenntnisse und Wege	- hohe Instabilität - Kurzfristigkeit im Handeln und der Planung aufgrund hohen Handlungsdrucks

Idealtypischerweise werden Wandel 1. und 2. Ordnung jeweils unterschiedlichen Organisationsformen zugeordnet (vgl. Mintzberg/Westley, 1992, S. 49 ff.). Die bürokratische Organisation soll demzufolge eher zu revolutionären Veränderungen tendieren, die durch veränderte Umweltbedingungen, die einen Grenzwert überschritten haben, nicht mehr zu vermeiden sind. Im Anschluss

28

daran kehren sie wieder zur Stabilität und Ordnung zurück. Adhokratische Organisationsformen unterliegen demgegenüber einem kontinuierlichen Wandel im Sinne von implementierter Veränderungsbereitschaft, um sich an Anforderungen aus der Umwelt schnell und effektiv anpassen zu können. Wichtig ist in jedem Falle, die Balance zwischen Stabilität und Wandel zu halten, denn:

„the organization that never changes eventually loses synchronization with its environment, while the one that never stabilizes can produce no product or service efficiently. " (Mintzberg/Westley, 1992, S. 46).

Ob Evolution oder Revolution: Soll die Organisation nicht von den Geschehnissen passiv überrollt werden, so ist ein Handlungskonzept gefordert, um den Veränderungsprozess adäquat zu steuern.

2.2.3 Steuerung des Wandels – Change Management

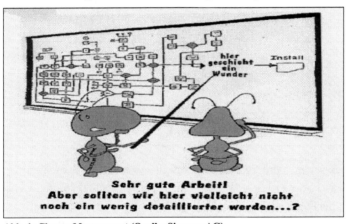

Abb. 1: Change Management (Quelle: Siemens AG)

Change Management als prozess- und zielorientierte Steuerung und Gestaltung von Wandlungsprozessen sollte zur Kernkompetenz jedes Unternehmens gehören. Schon Flaherty beschrieb 1979 das Management der Veränderung als einen kritischen Erfolgsfaktor der kommenden Jahrzehnte.

Heutzutage wird an vielerlei Stellen die Notwendigkeit der Veränderung ins Unternehmen getragen. Auslöser von Veränderungsprozessen ist nach Bea & Göbel (1999, S. 421) wachsender Problemdruck von außen oder von innen, der dazu führt, dass die Organisationsstruktur nicht mehr passt. Wichtige situative Bedingungen, die Änderungsdruck erzeugen, sind gemäß Tab. 2:

Tab. 2: Änderungsdruck durch situative Bedingungen (eigene Darstellung nach Bea & Göbel, 1999, S. 421f.)

Änderungsdruck durch	Beispiel
Verstärkung des Wettbewerbs	- Markteintritt neuer Konkurrenten - Deregulierung von Märkten - Hohe Marktsättigung
Verändertes Nachfrageverhalten	- Erhöhte Serviceansprüche - Verstärktes Qualitätsbewusstsein - Nachfrage nach individuellen Produkten
Strategie-/Strukturänderungen bei Konkurrenten	- Unternehmenszusammenschlüsse - Vorstoß in neue Märkte
Gesellschaftliche Veränderungen	- Ökologisches Bewusstsein - Steigendes Bildungsniveau - Neue Arbeitsmodelle
Neue Technologien	- Neue Produkte/Produktionsverfahren - Neue I&K-Möglichkeiten
Strategieänderungen	- Änderungen des Produktionsprogramms - Internationalisierung
Wunsch nach engerer Zusammenarbeit	- Mit Konkurrenten, Lieferanten oder Kunden
Einzelprobleme	- Unzufriedenheit der Mitarbeiter - Qualitätsprobleme - Lieferschwierigkeiten
Organisationsmoden	- Aktuelle Modeerscheinungen der Managementliteratur

Änderungsdruck seitens der Organisationsumwelt sowie seitens der Organisation selbst ist also unausweichlich. Wie geht man nun vor dem Hintergrund, dass zwei Drittel aller Veränderungsprozesse aufgrund von Umsetzungsdefiziten nicht erfolgreich durchgeführt werden können (Balzer/Wilhelm, 1995, S. 55), adäquat damit um?

Um den Veränderungsprozess angemessen steuern zu können, ist es notwendig, sich ein paar grundsätzliche Gedanken zur Natur von Steuerung und Kontrolle im Unternehmen zu machen.

Nach Malik (1984, S. 49) unterscheidet man zwei Grundformen des Managements: konstruktivistisch-technomorph und systemisch-evolutionär.

Erstgenannter Ansatz geht von ökonomisch vernünftig handelnden Individuen aus („homo oeconomicus") und unterstellt, dass alle Probleme lösbar sind, somit alles machbar und unter Kontrolle zu bringen ist. Konstruktivistisch ist hierbei keinesfalls im Sinne der Wissenschaftsrichtung des Konstruktivismus zu verstehen, sondern eher im Sinne von reduktionistisch.

Im Gegensatz dazu gehen systemisch-evolutionäre Ansätze davon aus, dass vollständige direkte Kontrolle des komplexen Systems Unternehmen unmöglich ist. Diese Ansätze basieren auf spontan selbstorganisierenden Ordnungen nach dem Vorbild lebender Organismen. Hier werden Erkenntnisse aus anderen Wissenschaftsdisziplinen zugrunde gelegt - wie die moderne Systemtheorie. Dem systemischen Steuerungsverständnis mit dem Verständnis des Unternehmens als komplexes soziales System wollen wir uns im Gang der Arbeit ebenfalls anschließen. Die gegensätzlichen Managementansätze nach Malik sollen in Tab. 3 noch einmal gegenübergestellt werden.

Tab. 3: Gegensätzliche Managementansätze (eigene Darstellung nach Malik, 1984, S. 49)

Gegensätzliche Managementansätze nach Malik	
Konstruktivistisch-technomorph	**Systemisch-evolutionär**
Management ist...	
Menschenführung	Gestaltung und Lenkung ganzer Institutionen in ihrer Umwelt
Führung weniger	Führung vieler
Aufgabe weniger	Aufgabe vieler
Auf Maximierung/Optimierung ausgerichtet	Auf Steuerbarkeit ausgerichtet
Basierend auf ausreichender Information	Immer ohne ausreichende Information
Auf Gewinnmaximierung ausgelegt	Auf Lebensfähigkeit ausgelegt

Der systemisch-evolutionäre Ansatz legt im Gegensatz zum konstruktivistisch-technomorphen also den Schwerpunkt auf die Dynamik und Veränderlichkeit des zu steuernden und zu verändernden Systems. Damit wird auch die Notwendigkeit bejaht, ohne erschöpfende und umfassende Detailinformationen zu arbeiten. Im Fokus der Aufmerksamkeit steht die Organisation als Ganzes innerhalb ihrer Umwelt.

Folgen wir dieser Ansicht, so handelt es sich beim Veränderungsprozess um einen Eingriff in ein komplexes soziales System. Somit gibt es keinen „one best way" (Picot/ Freudenberg/ Gassner, 1999, S. 2), der für alle Veränderungen gleichermaßen gilt. Stattdessen muss auf die Eigenheiten des komplexen Systems Rücksicht genommen werden, um eine entsprechende Handlungsstrategie zu entwerfen.

Crozier (1979, S. 238) sagt zum Thema Wandel:

„Folglich kann man unmöglich glauben, es genüge, sich auf eine einzige Triebfeder zu verlassen, um einen Mechanismus zu ändern oder ein System umzustürzen. Es gibt keine privilegierte Triebfeder für den Wandel, und wenn es auch Wege (und nicht einen Weg) gibt, die zu einem bestimmten Augenblick zu bevorzugen sind, so können diese nicht abstrakt vorhergesagt , sondern nur über eine Analyse der konkreten und spezifischen Merkmale des zu ändernden Systems aufgedeckt und entwickelt werden."

Genau diese Analyse des zu verändernden komplexen Systems soll in der vorliegenden Arbeit mit Hilfe der modernen Systemtheorie, insbesondere der Synergetik, erreicht werden. Es sollen so genannte „Triggerpunkte" für das zu ändernde System herausgearbeitet werden, an denen der Ansatz zur Veränderung besonders lohnend ist. Grundsätzlich wird in der vorliegenden Arbeit der Veränderungsprozess als Veränderungsprojekt mit Anfang und Ende verstanden (Wandel 2. Ordnung). Somit gelten fürs Management eines Change Projektes als Basis und Grundvoraussetzung zunächst einmal die Regeln des klassischen Projektmanagements, die im nächsten Kapitel kurz erläutert werden sollen.

2.2.4 Zum Projektmanagement

Wird vom Untenehmen ein tief greifender struktureller Wandel geplant, um bestimmte Probleme zu lösen, so findet dies häufig in Projektform statt. Durch den Status als Projekt treten maßgeschneiderte, flexible Teams an die Stelle der schwerfälligeren, unter Umständen weniger kompetenten Linienorganisation. Auch ein Veränderungsprojekt muss sich dabei an den Regeln des klassischen Projektmanagements orientieren. Deshalb werden hier kurz die Grundzüge der Projektorganisation vorgestellt.

Der Begriff „Projekt" stammt aus dem Lateinischen und bedeutet Entwurf, Plan oder Vorhaben. Er umfasst im betriebswirtschaftlichen Zusammenhang nicht nur die konzeptionelle Vorbereitung, sondern alle Phasen eines Vorhabens von der Idee bis zur Einführung bzw. Inbetriebnahme.

Definition des Projektes nach Litke (1991, S. 7f.):

- Ein Projekt ist ein zeitlich und leistungsmäßig abgegrenztes Vorhaben.

- Die zentralen Größen im Projektmanagement sind: Leistung, Zeit, Mittel und Kosten, Qualität und Zufriedenheit.

- Zum Projektmanagement gehören alle Aktivitäten, die zur Organisation, Planung, Steuerung und Koordination einer Problemlösung benötigt werden. Die zu bearbeitenden Sachprobleme gehören zur Projektarbeit.

32

In Anlehnung an DIN 69901 erfüllt ein Projekt folgende Kriterien:

- Es hat bestimmte Zielsetzungen, die innerhalb einer bestimmten Zeit und eines bestimmten Budgets erfüllt werden müssen.
- Das Vorhaben weist eine genügend hohe Komplexität auf, um formalisierte Methoden der Planung, Steuerung und Kontrolle zu rechtfertigen.
- Es lässt sich vom übrigen Betriebsgeschehen abgrenzen und erfordert eine projektspezifische Organisation.

Beispiele für interne Projekte sind komplexe Forschungs- und Entwicklungsvorhaben, Einführung von EDV-Systemen, Einführung neuer Produktionsverfahren, aber auch Änderungen der Organisationsstrukturen und Änderungen im Mitarbeiterverhalten, z.B. hin zu mehr Kundenorientierung.

Ein Projekt besteht aus der Zieldefinition und der eigentlichen Projektplanung (Mende/Bieta 1997, S. 9ff.). Zu beachten sind die in Tab. 4 aufgeführten Punkte:

Tab. 4: Projektdefinition (eigene Darstellung nach Mende/Bieta, 1997, S. 9ff.)

Projektdefinition	
Aufgabe	**Beispielhafte Inhalte**
Definition des Projektziels	Was soll mit dem Projekt erreicht werden?
Planung des Projektablaufs	Welche Tätigkeiten sind durchzuführen?
Zeitplanung	Dauer und Termine: Bis wann sind die Tätigkeiten abzuschließen?
Festlegung der Projektkosten	Kosten der einzelnen Tätigkeiten?
Planung der Kapazitäten	Wer ist für was verantwortlich? Stehen ausreichend Kapazitäten zur Verfügung?

Wichtig bei der Projektplanung ist ein verständlicher und verbindlicher Etappenplan – diese Meilensteinplanung dient als Grundlage für die auszuführenden Arbeiten der nächsten Projektetappen, um zu erkennen wo man im Projekt steht und welche Aufgaben als nächstes zu erledigen sind. Das Projekt soll unter Kontrolle sein, um sich nicht von den Ereignissen überrollen zu lassen und Tätigkeiten aktiv zu veranlassen. Um den Projektstand zu beurteilen, muss der Stand der Arbeit mit dem ursprünglichen Plan verglichen werden und daraus Konsequenzen gezogen werden. Ein Projektplan enthält die Punkte Planungshorizont, Vollständigkeit der Produktbeschreibung (Projektstrukturplan), Detaillierungsgrad der Arbeitspakete, korrekte Identifikation der Tätigkeiten, Schätzung von Aufwand und Dauer und deren Umsetzung in Termine.

Bei der Durchführung eines Projektes gibt es nach Schmidli/Schnüriger (2001, S. 19) fünf Standardphasen, die das Projekt durchläuft (Tab. 5):

Tab. 5: Projektphasen (eigene Darstellung nach Schmidli/Schnüriger, 2001, S. 19)

Projektphasen	Beispielhafte Inhalte
Evaluation	- Analyse Ausgangslage, Erstellen von Lösungsvarianten - Projektanforderungen und Umfang festlegen
Konzeption	- Lösungskonzept zusammenstellen und abnehmen - Projektbeschreibung fein, Projektstrukturplan - Technische Verwirklichung konzipieren
Realisierung	- Lösungen im Detail - Produkt installieren, testen und abnehmen
Einführung	- Produkt in Betrieb nehmen - Anwender schulen
Konsolidierung	- Nutzug überprüfen - Korrekturen veranlassen - An die Linie übergeben

Selten läuft aber alles so wie geplant und gerade bei Veränderungsprojekten ist das Konfliktpotenzial beträchtlich. Mende/Bieta (1997, S. 44 ff.) definieren einige mögliche Ursachen für Konflikte bei Projekten:

- Mikropolitischer Konflikt: verschiedene Akteure bevorzugen aufgrund der persönlichen Interessenlage unterschiedliche Alternativen

- Macht und Abhängigkeitsverhältnisse

- Organisatorische Ungewissheitszonen: Beherrschung spezifischen Fachwissens, besondere Beziehungen zur relevanten Umwelt, Kontrolle der Informations- und Kommunikationskanäle, spezifische Anwendungen allgemeiner organisatorischer Regeln

Weitere Konfliktmöglichkeiten sind nach Zuschlag (1989, S. 66) Unterschiede in der Wahrnehmung, den Zielen, der Beurteilung des Auftretens gleich bewerteter Ergebnisse, der Bewertung der Ergebnisse, sozialen Rollen und Normen sowie Zugehörigkeitswünschen. Zudem: Bedürfnis nach gemeinsamer Entscheidungsbildung steht über der Zielerreichung, Missverständnisse, Unstimmigkeiten bei Projektdefinition und Planung.

Seitens der Projektplanung gibt es ebenfalls einige kritische Erfolgsfaktoren, an denen ein (Veränderungs-) Projekt scheitern könnte. Exemplarisch genannt seien nach Kepplinger (1992, S. 99ff): mangelnde Top-Management Unterstützung, unklar vereinbarte Projektziele, nicht-ausreichende Projektplanung und Kontrolle, nicht-problemadäquate Zusammensetzung des Projektteams, unpassender/fehlender Methodeneinsatz, kein Konsens auf der Sach-/sozialen Ebene, schlechte Ausbildung der Projektbeteiligten, fehlende/diffuse Kommunikation. Weiterhin (nach Mende/Bieta, 1997): halbherziger Beginn, Projektmanagement nur als abstrakte Empfehlungen ohne konkrete Umsetzung, Ignorieren der bestehenden Organisationssituation, Versuch Projekt möglichst bruchlos in die vorhanden Organisationsstruktur einzupassen, unzureichende Unterstützung durch übergeordnete Hierarchieebenen, keine klaren Zuständigkeiten, Verantwortlichkeiten und organisatorische Selbständigkeit für das Projekt, keine vorbereitenden Analysen, Überbewertung von externen Experten.

Steinle (1995, S. 24f.) unterscheidet gemäß Tab. 6 vier potentielle Krisenfelder:

Tab. 6: Krisenfelder der Projektarbeit (eigene Darstellung nach Steinle, 1995, S. 24f.)

Krisenfelder der Projektarbeit	
Problemfeld	**Mögliche Schwierigkeiten**
Strukturgegeben-heiten	- Ungenügende Unterstützung durch Auftraggeber - Unklare Steuerungsverantwortlichkeit
Vorgehens- und ergebnisbezogene Regelungen	- Unzureichende Definition des Auftrags/der Anforderungen - Keine Strategie zur Komplexitätsreduktion („vom Groben zum Detail") - Projektphasen nicht ausdifferenziert und durchlaufen - Unzureichende Vorgehenssteuerung aufgrund mangelhafter Ziele und Instrumente
Lebensphasen-bezogener Problem-lösungszyklus	- Kein Einsatz einer Problemlösungsmethodik - Kein Lernen in Iterationen bzw. keine Anpassungsfähigkeit an veränderte Verhältnisse
Externe Gegebenheiten	- Mangelhafte Motivation/Qualifikation - Lücken in Information und Kommunikation - Überangebot an Methoden - Kaum Verständigung zwischen Projekt und Linie

An dieser Stelle bleibt anzumerken, dass über die verschiedensten Autoren und Untersuchungen hinweg immer die gleichen Probleme als erfolgskritisch in der Projektarbeit genannt werden. Inwiefern es im vorliegenden Projekt gelang, diese Klippen zu umschiffen und welchen Einfluss diese in einem systemtheoretischen Sinne auf den Projektverlauf haben, wird im Verlauf der Arbeit im Detail behandelt werden.

2.2.5 Phasen des Veränderungsprozesses

Ein Veränderungsprozess verläuft, da es sich um einen dynamischen Prozess handelt, immer in aufeinander abfolgenden Phasen. Die Feldtheorie Kurt Lewins (1947, 1982) mit den drei Phasen „unfreezing" – „moving" – „freezing", in der die Organisation erst „aufgetaut", dann „verändert" und im neuen Zustand wieder „eingefroren" wird, kann dabei als Grundlage der meisten heute angewendeten Veränderungsmodelle angesehen werden. Diese Theorie wird im Folgenden ausführlich behandelt werden.

Zunächst aber muss der Veränderungsprozess angestoßen bzw. initiiert werden. Dafür kann man unter verschiedenen Strategien wählen (Abb. 2):

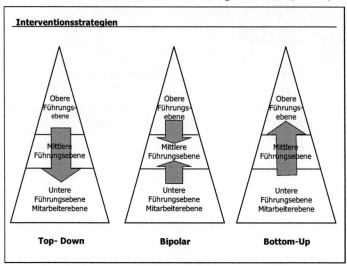

Abb. 2: Interventionsstrategien (eigene Darstellung nach Kirsch et.al., 1979, S. 344)

Grundsätzlich unterscheidet man zur Implementierung von Veränderungsprozessen zwischen Top-Down (von der Spitze zur Basis) und Bottom-Up (von der Basis zur Spitze) Strategien. Häufig kommt es auch zu einer Mischform, der bipolaren Strategie: Von der Spitze und der Basis simultan zur Mitte (Kirsch/Esser/Gabele, 1979, S. 344). Prominentestes Beispiel dieser Methode ist Jack Welch von General Electric, der als charismatischer Führer versuchte, möglichst viele Mitarbeiter dezentral in den Veränderungsprozess einzubeziehen (Linden 1996).

Die Wichtigkeit eines Anstoßes von oben, der eine Mobilisierung der Basis anregt, die wiederum eigenverantwortlich das System verändern soll, wird uns in der Argumentation der vorliegenden Arbeit wieder begegnen. In diesem Fall werden vom Top Management die Zielrichtung und der Rahmen vorgegeben und kontrolliert, die Betroffenen hingegen übernehmen die Feinabstimmung auf die vorliegende Situation innerhalb des vorgegebenen Rahmens. Die zentrale Aufgabe des Managements ist also die Vorgabe der Rahmenbedingungen als eingrenzende Faktoren des Systems. Diese geben die Grenzen für das relativ autonome Handeln der Organisationsmitglieder vor. Bei der Veränderung kann also immer nur ein Anstoß von außen und ein Rahmen, innerhalb dessen die Veränderung stattfinden soll, vorgegeben werden – verändern muss sich das System aus eigener Kraft.

Ist der Veränderungsprozess erst einmal eingeleitet, so durchläuft er im weiteren Verlauf typische Phasen. Diesem Phasenverlauf liegt als theoretisches Modell die bereits erwähnte **Feldtheorie Kurt Lewins** zugrunde, die nun ausführlich behandelt werden soll.

Lewin fasst das Verhalten des Menschen im Gegensatz zum in seiner Zeit domi-nierenden Behaviorismus nicht nur als bloße Reaktion auf Umweltreize auf. Stattdessen betont er die Bedeutung der Wahrnehmung und persönlichen Wert-zuschreibung durch die jeweilige Person. Dabei basiert Lewins Theorie stark auf naturwissenschaftlichen Analogien, besonders aus der Physik, er versucht ge-wissermaßen eine Begründung einer physikalischen Psychologie (Staehle, 1991, S. 551), die menschliches Verhalten im Rahmen von psychologischen Kraftfel-dern analysiert. Das psychologische Kraftfeld umfasst alle Kräfte, die das Ver-halten eines Menschen beeinflussen bzw. verändern können.

Menschliches Verhalten lässt sich nach Lewin in der Verhaltensgleichung $V = f(P, U)$ abbilden, wobei V das Verhalten, P die Person und U die psycholo-gische Umwelt bezeichnet. Heute wird statt der Variable U = psychologische Umwelt der Begriff der Situation (S) verwandt. Diese bezeichnet die physikali-sche Umwelt ebenso wie den sozialen Kontext. Außerdem geht man davon aus, dass nicht nur das Verhalten eine Funktion der Situation und Person ist, sondern ebenso die Situation durch das Verhalten der Person mitgestaltet wird.

Aus der Analyse der vorherrschenden Kräfte wird die Stabilität einer gegebenen sozialen Situation gegenüber Änderungsbemühungen festgestellt. Diese Kräfte-feldanalyse („Force Field Analysis") findet als Diagnose und Problemlöse-technik in der Organisationsentwicklung breite Anwendung.

In jeder Situation existieren Kräfte, die den Wandel begünstigen (= „driving forces") und Kräfte, die den Wandel behindern (= „restraining forces"). Ist die Summe dieser Kräfte gleich, so besteht ein Gleichgewicht. Sind die retardierenden Kräfte zu stark, so ist der Widerstand gegenüber der Veränderung zu groß, überwiegen die treibenden Kräfte, so kommt die Organisation nicht zur Ruhe.

Soll ein gegebener Gleichgewichtszustand zugunsten eines neuen verändert werden, so müssen die vorhandenen Kräfte entsprechend modifiziert werden, der gegebene Gleichgewichtszustand muss „aufgefroren" werden („unfreezing"). Dies geschieht entweder durch Verstärkung der treibenden Kräfte, Verringerung der retardierende Kräfte oder Umkehr der Richtung einer Kraft. Durch Analyse der retardierenden Kraft sollen Abwehrreaktionen erkannt und in positive Kräfte umgewandelt werden.

Als Methode verwendete Lewin die sog. Laboratoriumsmethode sowie die „survey-feedback" Methode (Gebert/Rosenstiel, 1996, S. 314).

Die **Laboratoriumsmethode** oder „gruppendynamisches Training" bezeichnet die ersten Trainings oder heute „Workshops". Obwohl Workshops oder Schulungen zur Vermittlung neuer Fähigkeiten unterschiedlichster Natur heutzutage im betrieblichen Alltag flächendeckend angewendet werden, sind die damit verbundenen Probleme des mangelhaften Transfers der Lernerfahrungen in den Arbeitstalltag sowie nicht-intendierter negativer Begleiteffekte auch heute noch nicht vollständig gelöst.

Die **„survey-feedback" Methode** ist ursprünglich eine spezielle Form der Aktionsforschung, die darauf beruht, dass die im herkömmlichen Sinne erhobenen empirischen Daten nicht an Experten, sondern an die Betroffenen selbst weitergeleitet werden. Auf der Grundlage dieser Informationen sollen diese nun ihre Situation selbst verändern. Diese Methode ist in ihrer Weiterentwicklung als u.a. Zufriedenheitsabfragen oder Veränderungsworkshops mit Ableitung von Maßnahmen und deren Wiederverfolgung eines der weitest verbreiteten Verfahren im Change Management. Nicht umsonst lautet einer der wichtigsten Merksätze im Veränderungsmanagement „Betroffene zu Beteiligten machen".

Nach Auffassung von Lewin umfasst ein erfolgreicher Wandelprozess also folgende drei Aspekte (1947, S. 34):

1. Auftauen = „unfreezing"

des gegenwärtigen Gleichgewichts. Alte Verhaltensweisen, Regeln, Vorschriften und Gewohnheiten werden „aufgetaut", also gelockert und zur Disposition gestellt.

2. Bewegung = „moving"

zum neuen Gleichgewicht. Dies ist die eigentliche Phase der Veränderung. Hier werden auf Grundlage neuer Informationen neue Reaktionsweisen ausgebildet, die von den Akteuren zunächst eingeübt und internalisiert werden müssen.

3. Einfrieren = „freezing"

des neuen Gleichgewichts. Hier wird die Veränderung integriert und stabilisiert, es kommt wieder Ruhe und Sicherheit ins Unternehmen. Die betroffenen Systeme sollen in einen neuen Gleichgewichtszustand finden, der aber eine Ebene höher liegt als der Ausgangszustand (vgl. Abb. 3).

Abb. 3: 3-Phasen-Modell des Wandels (eigene Darstellung nach Lewin, 1947, 1982)

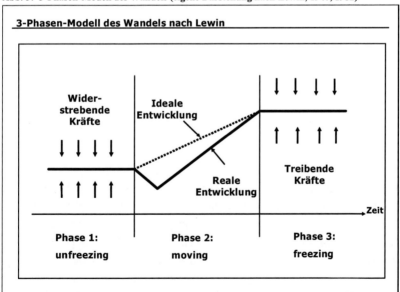

Auf der Grundlage dieses Phasenmodells haben sich inzwischen diverse, teilweise deutlich elaboriertere Modelle herausgebildet.

Exemplarisch genannt seien:

- Nadler & Tushman (1989) mit den Phasen Energizing, Envisioning, Enabling

- Tichy (1993) mit den Phasen Act I - Awakening, Act II – Envisioning, Act III – Rearchitecting

- Czichos (1997) mit den Phasen Ende (der alten Verhaltensweisen) – Übergangsphase – Neuer Anfang

In der ersten Phase „**unfreezing**" werden die Weichen für die Veränderung gestellt. Hier wird die Motivation für die Veränderung geweckt (Schein, 1975, S. 129). Im Umkehrschluss kann aber auch gerade hier durch nachlässigen Umgang mit Information, übergroße Hektik oder falsches Projektmanagement große Unruhe und Unsicherheit bei den Betroffenen geweckt werden, die zu erheblichen Akzeptanzproblemen führt und im weiteren Verlauf der Veränderung nur noch unter Schwierigkeiten zu korrigieren ist. Der richtige Start ist entscheidend für einen positiven Veränderungsverlauf!

Besonders in der mittleren Phase des „**moving**" kommt es zu großem emotionalem Stress bei den Betroffenen, da viel Energie eingesetzt wird, die Richtung der Veränderung sich aber noch nicht deutlich abzeichnet. Die Gefahr bei der Übergangsphase liegt darin, dass hier besonders die alten und vertrauten Verhaltensweisen hochgehalten werden, die früher zum Erfolg führten und in Phasen der Unsicherheit emotionalen Halt bieten und Stabilität versprechen. Aufgrund der angespannten Situation kommt es in dieser Phase besonders leicht zu Konflikten. Da die meisten Menschen den sicheren Status quo einer unsicheren Veränderung vorziehen, muss ein Gefühl der Dringlichkeit der Veränderung geschaffen werden (Kotter, 1995, S. 21f.).

In der Praxis an Bedeutung grundsätzlich unterschätzt, für den geglückten Übergang in den neuen Zustand aber unabdingbar ist die Konsolidierungsphase („**freezing**") nach erfolgter Veränderung. Aufgrund der Tatsache, dass die meisten Menschen ein stabiles und vertrautes Umfeld bevorzugen und aufgrund der Tatsache, dass sich Systeme träge verhalten und leicht zu ihrem Ausgangszustand zurückkehren, ist die Gefahr sehr hoch, das die Veränderung nicht wirklich vollzogen wird und das System nach einiger Zeit wieder in seinen alten Zustand zurückfällt!

Innerhalb der genannten Phasen spielen sich weitere typische Reaktionsmuster ab. Ein Beispiel für typische Verhaltensmuster bei fundamentalen Veränderungen zeigt Haiss (Abb. 4):

Abb. 4: Reaktionsmuster bei fundamentalen Veränderungen (Quelle: Conner 1995 und Tushman/O'Reilly 1995, nach Haiss, 1999, S. 65)
R: Reaktion des zu verändernden Systems CA: Change Agent, Veränderer

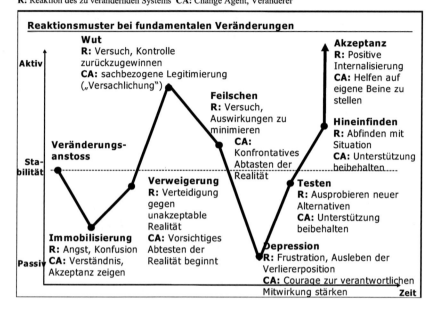

Der Phasenablauf muss bei Veränderungen also grundsätzlich akzeptiert werden. Es kann keine Phase übersprungen werden, wird dies dennoch versucht, handelt es sich nur um die Illusion eines raschen Fortschritts - ein Rückfall in die ausgelassene Phase und eine daraus resultierende Verzögerung des Ablaufs ist wahrscheinlich. Ein erfolgreicher Veränderungsprozess braucht Zeit!

Innerhalb der Veränderung ist eine Phase der Perturbation und Verstörung unvermeidlich - aus den dargelegten wie auch aus Gründen der internen Systemlogik, zu denen im folgenden Kapitel noch zu kommen sein wird. Somit kann keine CM-Maßnahme einen völlig reibungslosen und konfliktfreien Verlauf bewirken, da Konflikte notwendige Bestandteile des Veränderungsprozesses sind. Mit einer geschickten Ausnutzung der systemimmanenten Logik und Beachtung einiger Grundsätze zum Change Management ist es aber möglich, den Veränderungsprozess leichter, zielführender und erfolgreicher zu gestalten.

Ein Bespiel eines Projektverlaufs mit und ohne Change Management gibt Abb. 5

Abb. 5: Projektverlauf mit und ohne CM

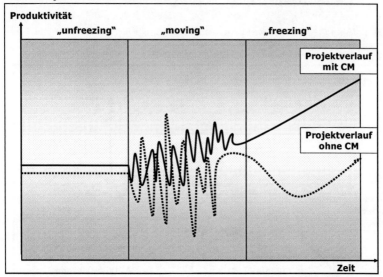

Die Anwendung von CM-Maßnahmen führt nicht nur ganz allgemein zu erhöhter Produktivität und einem reibungsloseren Verlauf des Veränderungsprojekts, sondern hat messbare und konkrete Vorteile, die in Tab. 7 noch einmal exemplarisch aufgelistet werden sollen:

Tab. 7: Konkrete Vorteile durch die Anwendung von CM-Maßnahmen

Konkrete Vorteile durch die Anwendung von CM-Maßnahmen	
Aus Projektsicht	**Aus Mitarbeitersicht**
Schnellere, effektivere und kostengünstigere Zielerreichung	Minimierung des Leistungsabfalls bei der Einführung neuer Systeme
Messbarkeit und Nachvollziehbarkeit des Projektfortschritts	Integration der Betroffenen in den Projektverlauf
Steuerbarkeit des Projektes	Erhöhte Identifikation mit den Projektzielen
Chance zur kritischen Betrachtung und ggf. Anpassung von Prozessen	Verringerung der Mitarbeiter-Fluktuation
Sicherung der Wettbewerbsfähigkeit	Verbesserung der Mitarbeiter-Zufriedenheit
Sicherstellung des Transfers von Wissen und Fertigkeiten	Steigerung der Motivation der Betroffen für das "Neue"

42

2.2.6 Change Management in der Praxis

Es gibt kein allgemeingültiges Standardrezept für die Umsetzung von Change Management in Projekten. Unterschiedliche Gegebenheiten bedingen ein flexibles, individuelles, auf die jeweilige Situation angepasstes Veränderungsprogramm (vgl. Picot/Freudenberg/Gassner 1999). Dennoch gibt es eine Reihe von Punkten, die in jedem Veränderungsprojekt Beachtung finden sollten und die im Laufe dieses Kapitels erläutert werden sollen.

Ein Veränderungsprojekt beginnt immer mit einer Evaluations- oder Analysephase, in der herausgefunden wird, in welcher Situation sich das zu verändernde System befindet, wohin es sich genau verändern soll, welche Mittel in diesem konkreten Fall anzuwenden sind und mit welchen Risiken das Vorhaben voraussichtlich behaftet ist. Diese Analysephase ist zeitlich **vor** dem eigentlichen Start der Veränderung anzusiedeln! Empfehlenswert ist zu diesem Zweck das weiter unten beschriebene Instrument der „Auswirkungsanalyse". Diese Zeit muss sich unbedingt genommen werden, um eine langfristige Lösung des Problems und Implementierung der Veränderung zu gewährleisten. Vergleiche hierzu auch Senge (1996, S. 458) zum Thema Problemverschiebung:

„Man wendet eine kurzfristige „Lösung" an, um ein Problem zu korrigieren, was anscheinend eine sofortige Verbesserung bewirkt. Während man nun verstärkt zu dieser Lösung greift, werden grundsätzliche und langfristige Korrekturmaßnamen mehr und mehr vernachlässigt. Mit der Zeit verkümmert die Fähigkeit zur Anwendung der grundsätzlichen Lösung oder verliert an Wirksamkeit, was die Abhängigkeit von der symptomatischen Lösung noch weiter verstärkt."

Die symptomatische Lösung behebt dabei das Problem kurzfristig. Eine grundsätzliche Lösung würde hingegen der gesamten Systemdynamik Rechnung tragen und somit „tiefer" ansetzen. Es geht also darum, das Grundproblem aufzuspüren und zu beheben. Das ist auch deshalb schwierig, weil ein Change Manager nicht unbedingt ein neutraler Beobachter ist. Oftmals kommen hier zusätzliche Ängste und mögliche Verschleierungstaktiken der Betroffenen ins Spiel, da nicht selten das grundsätzliche Vertrauen ins Change Projekt fehlt. Allein die Anwesenheit eines systemexternen Beraters zerstört in der Regel gebräuchliche Kommunikationsformen und Verhaltensregeln.

Eine wirkungsvolle Intervention muss also auf der dem zu verändernden System zugrunde liegenden Strukturebene stattfinden. Dies gestaltet sich wiederum als problematisch, da man nicht entgegen der Spielregeln des zu intervenierenden Systems operieren kann. Passt die Maßnahme nicht zur inneren Struktur des Systems, so wird sie entweder gar nicht erst wahrgenommen, abgelehnt oder umgedeutet. Dies macht wiederum die Notwendigkeit des Eingehens auf die tatsächlichen Verhältnisse vor Ort deutlich.

Die Bedeutung der Vision beim Veränderungsprozess

Um den Veränderungsprozess zu initiieren, ist eine überzeugende Vision hilfreich: „Wo soll die Reise hingehen?". Nach Kotter (1996, S. 4) hat die Vision drei wichtige Funktionen beim Veränderungsprozess: Sie zeigt die gewünschte Zukunft auf, motiviert und koordiniert alle Aktivitäten in die gleiche Richtung. Die Vision richtet die Unternehmensaktivitäten langfristig aus. Sie geht somit qualitativ und zeitlich über das Tagesgeschehen hinaus. Die Vision hat Ziel- und Richtungscharakter, muss kommuniziert, vorgelebt und durchgesetzt werden. Sie ist sowohl griffig als auch mehrdeutig, weil sie bei den Zielen verharrt und Lösungen nur sehr grob skizziert. Bei visionärer Führung wird eine Steuerung aus dem Alltagsgeschäft heraus, also eine „reaktive Steuerung", vermieden. Die Vision setzt ein idealistisches Ziel, das außerhalb des normalen Alltagsgeschäfts liegt, sie soll Motivation und Energie freisetzen. (Vgl. das bekannte Zitat von Antoine de Saint-Exupéry: „Wenn Du ein Schiff bauen willst, dann trommle nicht Männer zusammen um Holz zu beschaffen, Aufträge zu vergeben und Arbeit zu verteilen, sondern lehre sie die Sehnsucht nach dem weiten, endlosen Meer."). Die Vision legitimiert Aktivitäten und Projekte, indem sie diese als vernünftig erscheinen lässt, sie motiviert und „orchestriert" (Feldman/March, 1981, S. 178).

Es soll also nicht jeder Prozess im Detail vorstrukturiert werden, sondern mittels Zielvorgaben Selbstorganisation im gewünschten Rahmen ermöglicht werden!

Visionsinhalte können sein: Neue Technologien, neue Märkte / Distributionskanäle, Eroberungsvisionen, Führerschaft bei Qualität, Service, etc., Überholen oder Einholen eines Konkurrenten, Mitarbeiterorientierung.

Wie kommt man nun zur Vision? Zum einen durch die Analyse zukünftiger Markttrends und interner Fähigkeiten, zum andern durch die Balance zwischen Realitätssinn und Utopie – die Kunst ist, das gerade noch Machbare herauszugreifen. Die Vision wird also von einem „charismatischen Führer" von außen in das System hineingetragen und wirkt energetisierend (vgl. Konzept des Kontrollparameters im Kapitel „4.5 Synergetik"). Die Vision ist in der theoretischen Bestimmung somit einem Ziel gleichzusetzen, das motivierend, richtungsweisend und handlungsauslösend wirkt.

Ist der Veränderungsprozess nun mittels einer Analyse der aktuellen Situation vor Ort und einer Zielvision gestartet worden, so gibt es einige übergreifende Vorgehensweisen und Punkte, die für die erfolgreiche Durchführung eines jeden Veränderungsprozesses von grundlegender Bedeutung sind - das sorgfältige Eingehen auf den Einzelfall vor Ort vorausgesetzt.

So leitet Kieser (2001, S. 119) aus den bereits im Kapitel 2.1 vorgestellten Organisationsentwicklungsansätzen folgende Punkte zur erfolgreichen Gestaltung des Veränderungsprozesses ab:

- Der Prozess, nicht der Inhalt der Organisationsänderung steht im Vordergrund.

- Der Prozess wird von den Betroffenen getragen („Betroffene zu Beteiligten machen").

- Erforderlich ist die Mitwirkung eines i.d.R. externen Beraters, der aber keine Lösungen vorgibt, sondern die Problemlösungen mittels geeigneter „Interventionen" lediglich aktivieren, unterstützen und strukturieren soll.

- Ziele der Unternehmung (Effizienz, Flexibilität, Innovationsfähigkeit) und Ziele der Organisationsmitglieder (Persönlichkeitsentfaltung und Selbstverwirklichung) sollen und können gleichzeitig und gleichgewichtig verfolgt werden.

Doppler/Lauterburg (2000) stellen sieben Regeln fürs Veränderungsmanagement auf, die bei jeder Art von Veränderung als übergreifende Handlungs- und Kommunikationsstrategien Beachtung finden sollen:

- **Klare Ziele**
  für das Veränderungsprojekt definieren

- **Identifikation**
  der Mitarbeiter mit dem Prozess der Veränderung. Motivation nicht mehr nur über Geld und Druck, sondern durch Anerkennung der Sinnhaftigkeit der Prozesse und Entscheidungen

- **Mensch im Mittelpunkt**
  Der Mitarbeiter als zentrale Ressource mit all seinen Fähigkeiten

- **Kommunikation**
  über die Veränderung, nicht nur von oben nach unten, sondern auch durch Feedback

- **Selbstorganisation**
  Probleme dort bearbeiten und lösen, wo sie anfallen
- **Ausreichende Ressourcen für Veränderungen**
  genügend Spielraum für Innovationen innerhalb der Organisation. Reserven und Ressourcen an Menschen und an Material zum Experimentieren zur Verfügung stellen
- **Permanentes Lernen**
  Veränderung ist als kontinuierlicher Lernprozess zu gestalten. Dadurch soll die Innovations- und Anpassungsfähigkeit im Unternehmen gesteigert werden

Die genannten Punkte und Regeln sind für das richtige Verständnis von Veränderungsprojekten unabdingbar. Aus den Erfahrungen im untersuchten Projekt lassen sich aber auch konkrete Hinweise für die Praxis ableiten. Im Folgenden sollen deshalb einige praxisbewährte Konzepte und Methoden erläutert werden, und zwar die Bedeutung von Akzeptanzproblemen bzw. Widerständen, die Auswirkungsanalyse, das Konzept des Change Agents, die Bedeutung von Information und Kommunikation sowie von Training/Schulung und der kontinuierlicher Review-Prozess. Die Relevanz der genannten Konzepte und Methoden im untersuchten Projekt wird noch einmal im Kapitel „8.2 Zusammenfassung der Ergebnisse" herausgestellt werden.

Akzeptanzprobleme und Widerstände der Betroffenen

Der häufigste Grund für das Scheitern von Veränderungsprozessen ist der Widerstand der Betroffenen, weshalb diesem Thema auch ein eigenes Kapitel „4.3.3 Zum Konzept des Widerstands" gewidmet ist. Unter Widerstand wird eine emotionale Sperre verstanden, die die Organisationsmitglieder gegen Änderungen aufbauen. In der Regel deshalb, weil sie befürchten, dass sich ihre Situation durch die Veränderung verschlechtern wird (Steinmann/Schreyögg, 1993, S. 432).

Diese Befürchtungen liegen zum einen in der Angst, die erworbene Sicherheit zu verlieren und sich einer Situation der Ungewissheit aussetzen zu müssen. Zum andern gibt es die Furcht vor einer Verschlechterung der Arbeitssituation, z.B. die Furcht vor dem Verlust von Kompetenzen und Prestige oder Verlust von Kommunikationsbeziehungen.

Eine real begründete Furcht gegen eine objektive Verschlechterung der Lebenssituation (z.B. Verlust von Arbeitsplatz) kann dabei auch durch CM-Maßnahmen nicht gänzlich aus der Welt geschafft werden, denn die Gründe für diese Art der Abwehrhaltung sind evident. Deshalb gilt es zu klären, ob die Widerstände der Betroffenen „lediglich" Angst vor dem Neuen widerspiegeln oder aber auf objektivierbaren Existenzängsten beruhen. Entsprechend müssen die Begleitmaßnahmen gestaltet werden, bis hin zu einer Outplacement-Beratung bei einem tatsächlichen Personalabbau.

Häufig werden aber auch Widerstände durch das organisationale System provoziert, beispielsweise durch ungeschickte Auswahl der Anreizsysteme, mangelnde Kommunikation, unklare Leistungsmerkmale. An diesen Punkten kann mit geeigneten Change Management Maßnahmen äußerst erfolgreich angesetzt werden, um die Betroffenen „mit ins Boot zu holen".

Mögliche Ursachen für Widerstände und die daraus resultierende Gefahr für das „Projektschiff" illustriert das folgende „Eisbergmodell" (Abb. 6). Nicht nur die auf den ersten Blick sichtbaren Projektrisiken wie technische Machbarkeit, Meilensteine oder Budget bringen das „Schiff" zum „kentern", sondern auch und gerade die nur auf den zweiten Blick erkennbaren, dahinter stehenden Risiken wie Tabus, Werte, Macht oder Einstellungen:

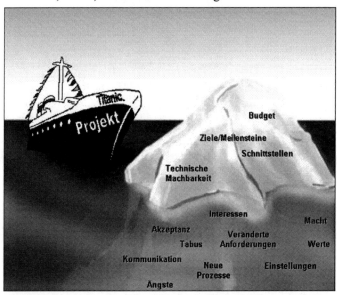

Abb. 6: Risiken für das „Projektschiff" (Quelle: Siemens AG)

Die Auswirkungsanalyse

Ein wertvolles Instrument, um die mutmaßlichen Auswirkungen der geplanten Veränderung im Vorfeld zu analysieren und somit passende Maßnahmen abzuleiten, ist die Auswirkungsanalyse. Ohne Diagnose fällt eine zielgerichtete Veränderung schwer! Eine Auswirkungsanalyse kann wie in Tab. 8 aussehen:

Tab. 8: Beispiel einer Auswirkungsanalyse

Beschreibung der Veränderung	Aus-Wirkungen	Betroffene Mitarbeiter	Voraussetzungen, Implikationen	Ist-Zustand	Change Management Unterstützung	Wichtig-Keit

Nach Gattermayer/Al-Ani (2000, S. 21 f.) gibt es für eine Auswirkungsanalyse folgende Veränderungsfelder mit beispielhaften Auswirkungen (Tab 9):

Tab. 9: Veränderungsfelder (eigene Darstellung nach Gattermayer/Al-Ani, 2000, S. 21f.)

Veränderungsfelder	Beispielhafte Auswirkungen
Organisationsstruktur Rollen, Verantwortungen und Aufgabenbereiche	- Werden sich Aufgabengebiete und Verantwortlichkeiten ändern? - Werden sich die Grenzen und Zuständigkeiten von Organisationseinheiten ändern? - Werden sich Arbeitsteams ändern?
Mitarbeiter Fähigkeiten und Wissen	- Werden neue Fähigkeiten gebraucht? - Wird neues Wissen gebraucht? - Werden neue Verhaltensweisen notwendig?
Führungssysteme Struktur und Abläufe des Managements	- Werden sich Führungsspannen verändern? - Werden sich Kompetenzen verändern? - Wie wird sich die Entscheidungshierarchie ändern?
Geschäftsprozesse Verkettung von Aktivitäten mit definiertem Input/Output	- Wird sich die Informationsversorgung ändern? - Werden sich Prozessziele ändern? - Wird der Prozess messbar?
Richtlinien / Prozeduren formelle und informelle Richtlinien und Prozeduren, die die Arbeitsverrichtung steuern	- Werden sich Richtlinien und Regeln ändern? - Werden sich Bewertungs- und Messstandard ändern? - Werden sich Qualitätskriterien ändern?
Informationen die in Arbeitsabläufen benötigt werden	- Wird sich die Informationsversorgung verändern? - Welche Funktionalitäten sind von der Veränderung betroffen? - Welche Veränderungen sind im Bereich der Kommunikation notwendig?
Infrastruktur physische Ausstattung der Arbeitsumgebung	- Wird es räumliche Veränderungen geben? - Werden die Mitarbeiter neue Funktionen benutzen?

Doppler/Lauterburg (2000, S. 298) schlagen demgegenüber eine Auswirkungsanalyse geordnet nach fünf Grundbedürfnissen vor (Tab. 10):

Tab. 10: Auswirkungsanalyse entsprechend den fünf Grundbedürfnissen (eigene Darstellung nach Doppler/Lauterburg, 2000, S. 298)

Bedürfnisse	Auswirkungen
Lohn/Gehalt	- Werden direkte Einkommenseinbussen oder andere, indirekte finanzielle Nachteile erwartet?
Sicherheit	- Wird ein Wechsel oder gar der Verlust des Arbeitsplatzes befürchtet oder andere unkalkulierbare Risiken gesehen?
Kontakt	- Drohen gute persönliche Beziehungen, zum Vorgesetzten, zu Kollegen oder Mitarbeitern, verloren zu gehen? - Ist in der neuen Situation der Zwang zur Zusammenarbeit mit schwierigen oder unangenehmen Menschen zu fürchten?
Anerkennung	- Bestehen Befürchtungen, in der neuen Arbeitssituation fachlich oder persönlich überfordert zu sein oder nicht mehr über die Mittel zu verfügen, die notwendig sind, um neue Aufgaben erfolgreich zu erfüllen? - Ist die neue Aufgabe oder der neue Arbeitsort mit einem schlechten Ruf im Haus behaftet?
Selbständigkeit	- Ist der Verlust von Entscheidungsbefugnissen oder persönlichem Handlungsspielraum zu befürchten? - Bestehen in der heutigen Situation aufgrund persönlicher Beziehungen indirekte Einflussmöglichkeiten, die zukünftig nicht mehr gegeben wären?
Entwicklung	- Welche Lernbedürfnisse und Karriere-Ambitionen liegen vor? - Welche Möglichkeiten sind in der heutigen Situation gegeben, und wie ist die zukünftige Konstellation einzuschätzen?

Die Auswirkungsanalyse nimmt also den Ist-Stand vor Ort auf und mögliche
Schwierigkeiten und Komplikationen vorweg, um ein an die Anforderungen der
jeweiligen Situation angepasstes Handeln zu ermöglichen. Aufgrund der Ergeb-
nisse der Auswirkungsanalyse können CM-Maßnahmen bedarfsgerecht aus-
gewählt, zugeschnitten und eingesetzt werden. Damit wird vermieden, an den
Erfordernissen des zu verändernden Systems vorbei zu operieren. Das konkrete
Eingehen auf die Bedürfnisse vor Ort erhöht die Akzeptanz und Motivation der
Betroffenen, da sie ihre Probleme und Schwierigkeiten ernst genommen sehen.

Der Change Agent

Um die wirklichen Probleme erfassen zu können, die Maßnahmen auf die Spielregeln des Systems abzustimmen und Vertrauen aufzubauen, ist die Einbindung
von Schlüsselpersonen vor Ort in den Veränderungsprozess ausgesprochen
wichtig. Eine wirkliche Annahme der Veränderung durch das System ist nur

möglich, wenn sich das System selbstorganisiert im Sinne der Veränderung umstrukturiert und dafür muss die Veränderung von innen, mit Hilfe der Change Agents als „Treiber", erfolgen.

Interne Change Agents (Promotoren) fördern durch Motivation und Vorbildcharakter die Mobilisierung des gesamten Unternehmens (Töpfer/Mehdorn, 1995, S. 182). Diese „Change Agents" helfen dabei, die Rahmenkonzepte an die jeweilige Situation vor Ort anzupassen („Betroffene zu Beteiligten machen"). Ihre Aufgabe ist es, als Katalysator und Moderator von Veränderungsprozessen zu wirken, deren Verlauf dadurch vom zu verändernden System mitgesteuert wird.

Auf diese Weise wird auch vermieden, dass sich das Problem auf einen externen Intervenierenden verlagert (Senge, 1996, S. 460 f.). Ist der externe Veränderer oder Berater nämlich zu erfolgreich darin, Lösungen zu präsentieren, so entwickelt das zu verändernde System keinerlei Fähigkeiten, selbständig Lösungen zu entwickeln und selbstorganisiert zu lernen. Es wird also abhängig von externer Hilfe. Deshalb lautet ein wichtiges Credo seriöser Veränderungspolitik: "Hilfe zur Selbsthilfe geben".

Der Change Agent sollte idealerweise eine Person sein, die im Unternehmen bereits Führungsaufgaben übernimmt, da die Führungskraft in der Wahrnehmung der Mitarbeiter bereits über eine besondere Rolle verfügt. Sie kennt die Spielregeln des Systems, sollte eine Vertrauensposition innehaben und ist verantwortlich für die Kommunikation und Verteilung der Aufgaben an die Mitarbeiter. Die Führungskraft steht dabei selber vor der Herausforderung, neben dem normalen Tagesgeschäft das Veränderungsvorhaben umzusetzen und dabei unter Umständen auch die eigene Position neu zu definieren.

Information und Kommunikation

In Studien zum Erfolg von (Veränderungs-) Projekten wird die Wichtigkeit von offener und rechtzeitiger Information für das Gelingen des Projekts immer wieder belegt (z.B. Greif 1998). Widerständen und Ängsten kann man nur mit Information und Kommunikation begegnen. Informationen sind für die Betroffenen elementar, um das Ausmaß der Veränderung auf ihren persönlichen Arbeitsbereich einschätzen zu können. Je weniger Informationen zur Verfügung stehen, desto mehr (Fehl-) Interpretationen sind möglich! In aller Regel ist selbst eine unangenehme Wahrheit leichter zu ertragen als Ungewissheit und das Gefühl, in der Luft zu hängen. Dies setzt auch voraus, gegebenenfalls erst einmal nur Zwischenstände und Unfertiges zu kommunizieren. Persönliche Kommunikation ist dabei schriftlicher Kommunikation vorzuziehen und in Informationsveranstaltungen die Gelegenheit zum Dialog zu schaffen.

Um die Betroffenen von der Notwendigkeit der Veränderung zu überzeugen, sollte der persönliche Nutzen für den Einzelnen kommuniziert werden. Wird eine offizielle Informationspolitik über geregelte Kommunikationswege versäumt, so bereitet man lediglich den Boden für andere Informationskanäle wie „Flurfunk" und „Gerüchteküche". Mangelhafte und widersprüchliche Information sorgt für Unsicherheit und Misstrauen dem Projekt gegenüber und schlimmstenfalls zu einer Weigerung der Betroffenen, am Projektgeschehen weiter teilzuhaben. Man kann nicht nicht kommunizieren (Watzlawick, 1967, S. 53)!

Darüber hinaus führt fehlendes Vertrauen in die Offenheit der Projektleitung oft zu ähnlichem Verhalten der Betroffenen, wenn es darum geht, ihrerseits Informationen ins Projekt einzubringen. Somit werden wichtige Veränderungen im Projektgeschehen unter Umständen nicht rechtzeitig erkannt.

Bei der Kommunikation der Veränderung ist es für den Kommunikationsprozess wichtig zu beachten, dass die Wahrnehmung des Menschen grundsätzlich systematischen Verzerrungen unterliegt. Diese systematischen Wahrnehmungsverzerrungen können das Kommunikationsergebnis und damit den Verlauf der Veränderung erheblich beeinflussen – im positiven wie im negativen Sinne.

In Tab. 11 sind die wichtigsten aus der Sozialpsychologie (z.B. Tversky / Kahnemann 1974, Sherman et.al. 1984, Thornton 1992) bekannten Wahrnehmungsverzerrungen aufgelistet sowie daraus folgende Kriterien zur optimalen Gestaltung des Kommunikationsprozesses abgeleitet.

Tab. 11: Systematische Wahrnehmungsverzerrungen (Quelle: Picot/Freudenberg/Gassner 1999, S. 24f.,157)

Wahrnehmungs-verzerrung	Kernelemente des Kommunikationsprozesses			
	Kommuni kator „WER?"	Inhalt „WAS?"	Form „WIE?"	Zeitpunkt/-raum „WANN?"
False Consensus Fallacy Grad der Teilung der eigenen Vorstellungen durch andere überschätzen				Kernbotschaften häufig wiederholen
Base-Rate-Fallacy Lebhafte Sinneseindrücke haben mehr Gewicht als objektive Informationen		Klare Vision	Leicht vorstellbar, bilderreich	

51

	Kernelemente des Kommunikationsprozesses			
Wahrnehmungs-verzerrung	Kommuni kator „WER?"	Inhalt „WAS?"	Form „WIE?"	Zeitpunkt/-raum „WANN?"
Mood Fallacy Gefühlslagen auf Gegenstand übertragen	Sympathisch-attraktiv Optimistisch		Vor Beginn positives Umfeld schaffen, positiv formulieren	
Motivational Biases Eigene Stärken überbewerten, eigene Schwächen unterbewerten		Individuelles Selbstbild nicht erschüttern, Gesicht wahren lassen		
Primary, Recency Bias Großer Einfluss des zuerst und zuletzt Wahrgenommenen				Kernbotschaften häufig wiederholen; Regelmäßige Informationsupdates
Perceivability Bias Höhere Gewichtung leicht erkennbarer Informationsbausteine		Klare Vision, hoher Wiedererkennungswert	Einfach und klar, modular gegliedert	
Negativity Bias Höhere Gewichtung negativer Attribute		Fehler vermeiden		Gegenstimmen umgehend attackieren
Role Diffusion Automatische Zuschreibung von Kompetenz zu angesehenen Menschen	Angesehen Glaubwürdig Authentisch			
Anchoring Heuristic Einmal gefasstes Bild beibehalten	Vision von Beginn an vorleben	„erster Schuss ein Volltreffer"	Wichtige Argumente einprägsam untermauern	Erst informieren, wenn Konzepte „reif" sind
Reduktion kognitiver Dissonanz Widersprüche auflösen durch Uminterpretation der Wahrnehmung **Belief Perseverance** Festhalten an Vorstellungen auch nach Falsifizierung **Confirmatory Hypothesis Testing** Verifizierung des entstandenen Bildes	Vision von Beginn an vorleben; Optimismus ausstrahlen	Alte Denkmuster aufsprengen; Neues diskutieren, ohne es dem Alten gegenüberzustellen; Neue Denkmuster festigen	Direkt und unverfälschbar; Häufig Feedback geben und einholen; Aktiv kommunizieren, „Abtaucher" gezielt ansprechen	Betroffene meist viel später überzeugt als der Kommunikator vermutet; Kernbotschaften häufig wiederholen

Schulung

Je nach Veränderungsvorhaben spielt die sorgfältige Schulung der Betroffenen eine entscheidende Rolle. Bei einer Produkteinführung wie im vorliegenden Projekt resultieren viele Ängste aus der Furcht, den neuen Anforderungen fachlich nicht gewachsen zu sein. Dies lässt sich mit gründlichen Schulungen beheben, in denen der Einzelne behutsam an das neue Verfahren herangeführt wird. Besonders bewährt hat sich ein „Computer Based Training", ein Lernprogramm im Selbststudium, zusätzlich zur normalen Schulung (es kann diese nicht ersetzen!). Das Lernprogramm gibt dem Einzelnen die Möglichkeit, sich selbstbestimmt und im eigenen Tempo mit den neuen Anforderungen vertraut zu machen. So vorbereitet kann von der Schulung in weitaus höherem Maße profitiert werden.

Aber nicht nur fachliche Schulungen sind bei einem Veränderungsprojekt vonnöten, auch CM-Schulungen, die das nötige Hintergrundwissen zum Thema Veränderung und den daraus resultierenden Problemen und Ängsten sowie den Umgang mit Widerständen vermitteln, geben gerade den Change Agents Sicherheit im Umgang mit der Veränderung. Oft werden auch bestehende Arbeitsgruppen verändert oder stehen vor ganz neuen Herausforderungen, so dass ein Training in Teambuilding-Prozessen oftmals sinnvoll sein kann.

In jedem Fall geben die Schulungen den Betroffenen sowohl fachlich als auch psychologisch Sicherheit, was auf sie zukommt und wie sie damit umzugehen haben. Nicht zu unterschätzen ist auch das Gemeinschaftsgefühl, das sich nach gemeinschaftlich erfolgreich absolviertem Training einstellt.

Fortlaufender Review-Prozess

Zur Sicherstellung der Qualität des Projektvorgehens sollte der Fortschritt der Veränderung zu bestimmten Zeitpunkten gemessen werden. Mit einem Soll-Ist Vergleich überprüft man so, ob die im Vorfeld festzusetzenden Ziele erreicht wurden und damit die Wirksamkeit und Angemessenheit der bisherigen Konzepte und Maßnahmen.

Eine Messung dient dabei nicht nur der Information über den aktuellen Zustand, sondern gibt als externer Eingriff ins System auch Input für die Veränderung und dynamisiert so den Veränderungsprozess. Gemessen werden können sowohl konkrete zu erreichende Ziele wie Vollständigkeit der technischen Infrastruktur oder Datenqualität als auch Ziele, die die Veränderungsbereitschaft der Betroffenen anbelangen. Fragen zur Akzeptanz der Veränderung umfassen z.B. die

Zufriedenheit mit den getroffenen Maßnahmen, den Stand der Information, als wie hilfreich die Schulungen empfunden wurden oder Anregungen und Wünsche durch die Betroffenen.

Als Methode kommen Fragebögen, bei großer Anzahl zu Befragender auch elektronische Befragungen oder Interviews in Frage. Welche Methode verwendet wird, kommt auf den Inhalt der Fragen an: Der Vorteil persönlicher Interviews liegt darin, auch unterschwellige Befürchtungen und kompliziertere Sachverhalte aufnehmen zu können. Dies erhöht die Authentizität der Ergebnisse. Der Nachteil liegt demgegenüber im großen Zeitaufwand sowohl bei der Erhebung der Daten als auch bei der Auswertung.

Weicht zum Messzeitpunkt das Ist vom Soll ab, so können rechtzeitig entsprechende Maßnahmen zur Verbesserung abgeleitet und umgesetzt werden, bevor das Projektgeschehen sich in eine unerwünschte Richtung hin entwickelt. Ein häufiger Blick auf das „Stimmungsbarometer" schützt vor einem unbeabsichtigten Auseinanderdriften der Projektabsichten und der konkreten Lage vor Ort.

Zum Ende des Projekts sollte der Projektverlauf noch einmal abschließend auf seine Stärken und Schwächen hin betrachtet werden („Lessons Learned"), um daraus für zukünftige Projekte lernen zu können und das Projektergebnis zu konsolidieren.

2.3 Organisationales Lernen

Die Begriffe Change Management und organisationales Lernen sind eng verknüpft. Die weiter oben dargelegte Klassifikation eines Veränderungsprozesses als Wandel 1. Ordnung meint nichts anderes als die allmähliche Veränderung der Organisation durch organisationales Lernen. Auch für die erfolgreiche Durchführung eines Wandels 2. Ordnung, also eines Veränderungsprojekts, ist eine Organisation, in der das Lernen und somit der Umgang mit dem Neuen institutionalisiert ist, eine Voraussetzung.

Nach Staehle (1991, S. 541ff.) wird das Modell der lernenden Organisation innerhalb der Organisationsforschung dem Bereich des organisatorischen Wandels zugeordnet, nach Steinmann/Schreyögg (1993, S. 442) handelt es sich um die Weiterentwicklung des Organisationsentwicklungs-Ansatzes.

Aber auch für das systemische Organisationsverständnis muss die Organisation als lernende Organisation gefasst werden, die auf den vorhandenen Regeln und Wissensstrukturen aufbaut und sich dabei dynamisch weiterentwickelt und verändert. Probst/Büchel (1998, S. 17) definieren den Begriff des organisationalen Lernens folgendermaßen:

„Unter organisationalem Lernen ist der Prozess der Veränderung der organisationalen Wissensbasis, die Verbesserung der Problemlösungs- und Handlungskompetenz sowie die Veränderung des gemeinsamen Bezugsrahmens von und für Mitglieder der Organisation zu verstehen."

Nach Pedler/Boydell/Burgonye (1991, S. 60) ist die lernende Organisation

„eine Organisation, die das Lernen sämtlicher Organisationsmitglieder ermöglicht und die sich kontinuierlich selbst transformiert."

In beiden Definitionen klingt die Bedeutung der Veränderung beim organisationalen Lernen deutlich an. Generell reflektieren Organisationen beim organisationalen Lernen die zentralen Erfahrungen ihrer bisherigen Entwicklung und generieren auf dieser Basis Modelle, die das zukünftige Handeln bestimmen. Negative Erfahrungen führen zu Veränderungen und Modifikationen der gewohnten Vorgehensweise. Positive Erfahrungen führen zur Beibehaltung der bewährten Vorgehensweise. Es geht also um die Optimierung von Verhalten und um die Veränderung zugrunde liegender Strukturen.

So soll es zumindest sein. In der Praxis sieht es hingegen leider oft so aus, dass die gewohnte Vorgehensweise in jedem Fall und so lange wie möglich beibehalten wird (vgl. Weick 1985, „Gefahr des zu guten Gedächtnisses"). Erklärlich ist dies aus einer systemtheoretischen Perspektive mit der Trägheit des Systems, das in seinem Zustand verharren möchte und nur sprunghaft zu mobilisieren ist.

Ein psychologischer Erklärungsansatz zielt hingegen darauf ab, dass der Mensch ein Gewohnheitstier ist und grundsätzlich Veränderungen scheut. Der Mensch bedarf der persönlichen und sozialen Sicherheit und die sieht er durch eine Veränderung in Frage gestellt. Der mögliche Verlust der vertrauten Beziehungen und Strukturen erzeugt Angst. Aus der Emotionspsychologie ist bekannt, dass Angst wiederum zu Automatismen im Verhaltensmuster und somit zu einem noch rigideren Festhalten an den alten, vermeintlich bewährten Verhaltensregeln führt (Hülshoff, 2001, S. 58 ff.). Die Organisationsmitglieder klammern sich an die alten bekannten Strukturen, da diese wenigstens ein Mindestmaß an bekannter Sicherheit versprechen – frei nach dem Motto „Das haben wir immer schon so gemacht." Neue Strukturen und Problemlösestrategien werden vermieden, die veränderte Umweltsituation wird weder erkannt noch berücksichtigt. So werden fundamentale Regeln aufgebaut, die verhindern, dass Fehler erkannt, reflektiert und korrigiert werden. Diese Strukturen sind derartig verfestigt, dass sie sich außerhalb des Systems befinden, somit vom System selbst nicht mehr verändert werden können und nicht mehr zur Disposition stehen – obwohl sie ursprünglich aus Verhaltensregeln, die im Konsens entstanden sind, aufgebaut wurden.

Ein Problem ist die genaue Begriffsbestimmung des organisationalen Lernens. Organisationen können per se nicht lernen, das können nur Individuen.

„Organizations learn only through individuals who learn. Individual learning does not guarantee organizational learning. But without it no organizational learning occurs." (Senge, 1994, S. 139)

Was ist also mit organisationalem Lernen gemeint? Die Lernfähigkeit der Organisation ist in erster Linie abhängig von der Lernfähigkeit ihrer Organisationsmitglieder. Allerdings ist das noch nicht alles. Das erworbene Wissen muss transformiert und in organisationalen Regeln verschriftet und niedergelegt, aber auch verteilt, bewertet und modifiziert werden, damit es zur lernenden Organisation kommt. Wie man das vorhandene Wissen in einer Organisation verwaltet und zugänglich macht, so dass die Organisationsmitglieder daraus lernen können und damit der Organisation als Gesamtheit der Sprung zur lernenden Organisation gelingt, bildet das in Abb. 7 gezeigte Modell zum Wissensmanagement ab (Probst/Raub/Romhardt, 1999, S. 53).

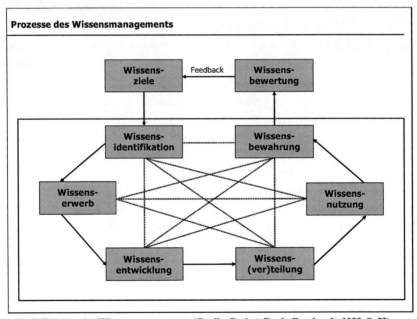

Abb. 7: Prozesse des Wissensmanagements (Quelle: Probst, Raub, Romhardt, 1999, S. 53)

Die Organisation muss das Wissen und die Fähigkeiten, die für ihr Überleben erforderlich sind, unabhängig von ihren Mitgliedern in einer organisationalen Wissensbasis speichern. Individuelles Wissen, das sich in den Köpfen der Mitglieder (so genannte „Kopfmonopole") befindet, soll also abgebaut werden und stattdessen eine kollektive Wissensbasis errichtet werden, die allen Organisationsmitgliedern zugänglich ist. Psychologisch gesehen stößt man hierbei allerdings auf Probleme. Wissen und Erfahrung sind für den Einzelnen ein Alleinstellungsmerkmal in der Organisation. Gibt er sein Wissen weiter, so befürchtet er seinen Expertenstatus und dadurch auch seine Sonderstellung und Privilegien zu verlieren. Er handelt also zunächst einmal entgegen seinem Eigeninteresse und somit unklug.

Zudem ist nicht alles Wissen leicht objektivierbar. Erfahrungs- und Expertenwissen lässt sich oft nur schwer in Worte fassen oder in ein EDV-gestütztes Wissensmanagementsystem übertragen. Polanyi (1958) unterscheidet hier implizites (Nonaka 1995: "tacit knowldge") und explizites Wissen.

Implizites Wissen ist Wissen darüber, wie etwas geht, ohne dass es expliziert worden wäre (z.B. Erfahrungswissen). Die Person muss dabei nicht erklären können, warum oder wie sie etwas kann, wie beispielsweise das Fahrradfahren. Polanyi (1958, S. 12): „that we know more than we know how to say."

Explizites Wissen ist dagegen ein Wissen, von dem der Wissende weiß und über das er sprechen kann. Es ist ausgesprochen, formuliert und gegebenenfalls dokumentiert. Explizites Wissen bezeichnet also leicht verfügbares und verbalisierbares Wissen über Fakten.

Der Übergang vom impliziten zum expliziten Wissen, also die Explizierung impliziten Wissens, ist oftmals nicht einfach, aber notwendig, denn gerade das implizite Wissen um (verdeckte) Zusammenhänge macht den Erfahrungsschatz einer Organisation aus. Nonaka (1995) regt an, die Übergänge zwischen explizitem und implizitem Wissen in routinisierte organisationale Prozesse zu fassen („Spirale der organisationalen Wissengenerierung", 1995, S. 20).

Nach Nonaka gibt es vier Möglichkeiten der Wissensübertragung (Tab. 12):

Tab. 12: Wissensübertragung (eigene Darstellung nach Nonaka, 1995, S. 20)

Übergang von/zu	Implizitem Wissen	Explizitem Wissen
Implizitem Wissen	Sozialisation „nachahmen"	Externalisation „reden, erklären"
Explizitem Wissen	Internalisierung „verinnerlichen"	Kombination „Vergemeinschaftung"

Sozialisation: Das neue Organisationsmitglied schaut sich bei den anderen ab, wie man sich verhält und kleidet, ohne explizit danach zu fragen.

Fragt es hingegen nach Kleider- oder Verhaltensordnung, so müssen die alten Organisationsmitglieder das implizite Wissen, was zu welchem Anlass angemessen ist, in Worte fassen und explizieren: **Externalisation**

Werden hingegen untereinander bereits verbalisierte und/oder verschriftete Fakten ausgetauscht, so spricht man von **Kombination**.

Schlussendlich kommt es zu einer Verinnerlichung der gelernten Fakten oder mitgeteilten Regeln, so dass über deren Ausführung nicht mehr nachgedacht werden muss, der **Internalisierung**.

Wissensweitergabe kann aber nur auf einem bestimmten Niveau erfolgen. Willke (1998, S. 8) unterscheidet deshalb Daten, Informationen und Wissen.

Daten

werden durch Beobachtung erzeugt bzw. konstruiert. Die kognitiven Landkarten in den Köpfen der Beobachter bestimmen, was gesehen wird. Daten können nur in Zahlen, Sprache/Text oder Bildern codiert werden, alles andere geht verloren. Dies ist z.B. bei nichtverbaler Kommunikation ein Problem. Daten stehen in beliebiger Menge zur Verfügung, man kann sogar von einer Datenflut sprechen. Daten für sich genommen bedeuten jedoch wenig. Erst wenn aus Daten Informationen und Wissen werden, bekommen diese eine Bedeutung.

Informationen

Aus Daten werden Informationen durch Einbindung in einen Kontext von Relevanzen, die für ein bestimmtes System gelten. Jede Relevanz ist systemspezifisch. Daraus folgt für Willke, dass Informationsaustausch zwischen verschiedenen Systemen aufgrund der verschiedenen Relevanzkriterien unmöglich ist und nur zu Missverständnissen führt. Information entsteht also durch Interpretation/Wertung eines Datums durch das spezifische System.

Wissen

Aus Informationen wird Wissen durch Einbindung in für das System bedeutsame Erfahrungen. Wissen ist deshalb immer zweckgebunden. Nach Willke ist somit das klassische deklarative Wissen („knowing that" in Abgrenzung zu „knowing how" als prozeduralem Wissen, Ryle 1949) nichts als Daten, da es mit Wissen als in Erfahrung eingebetteten Informationen nichts zu tun hat.

Kollektives Lernen ist für Willke nur möglich, wenn ein gemeinsamer Erfahrungskontext dafür sorgt, dass sich die Kriterien der Bewertung von Daten, also die Prozeduren der Konstruktion von Information in einer gemeinsamen Praxis so annähern, dass eine Passung von Informationen entsteht.

Die ausgeführte Unterteilung des Wissens in implizites und explizites Wissen hat Konsequenzen für das organisationale Wissensmanagement. Von besonderem Wert für die lernende Organisation ist ja gerade das implizite Wissen. In der Regel erschöpft sich im betrieblichen Alltag das Thema Wissensmanagement allerdings in der Implementierung eines computergestützten Wissensablagesystems. Dies ermöglicht aber allenfalls die Dokumentation von explizitem Wissen und läuft schnell in Gefahr, zum „Datenfriedhof" zu verkommen – wenn es denn überhaupt genutzt wird. Der Einzelne hat zwar durchaus Anreiz, in diese Wissensbasis hineinzuschauen, um auf dem neuesten Stand zu bleiben, aber wenig Veranlassung aus den oben genannten Gründen, in dieses System sein eigenes Wissen einzustellen, denn das ist nicht nur unklug, sondern auch unpraktisch, schwierig und gefährlich, da man sich überprüfbar macht. Der lesende Zugriff auf ein Wissensablagesystem ist in der Praxis in aller Regel somit ausreichend gewährleistet, nur die Befüllung seitens der Mitarbeiter gestaltet sich als schwierig und muss mit expliziten Maßnahmen und Anreizen vorangetrieben werden.

Um die Akzeptanz für ein EDV Wissensmanagement zu erhöhen, müssen also entsprechende motivationale Anreize gesetzt werden, damit sich das Einstellen des eigenen Wissens auch lohnt. Außerdem ist eine hohe Fehlerkultur im Unternehmen unabdingbar, damit der Einzelne den Mut hat, auch nicht gänzlich zu Ende Gedachtes einzustellen und zur Diskussion zu stellen. Wissensmanagementsysteme brauchen im Minimum eine gute Usability, gründliche Benutzer-Schulungen und müssen als Vorteil für den Einzelnen vermarktet werden.

Durch die Speicherung von Wissen innerhalb der Organisation wird individuelles Wissen und Verhalten im Idealfall zu überdauerndem und replizierbarem Wissen der Organisation. Dies ist aber etwas qualitativ anderes als die einfache Summe des Einzelwissens:

„Organisationales Lernen erfolgt über Individuen und deren Interaktionen, die ein Ganzes mit eigenen Fähigkeiten und Eigenschaften schaffen. Das Lernen eines sozialen Systems ist also nicht der Summe der individuellen Lernprozesse und Ergebnisse gleichzusetzen, auch wenn diese Voraussetzung und wichtige Basis für ein institutionelles Lernen sind." (Probst 1994, S. 304).

Um den Vorgang des organisationalen Lernens konkreter zu fassen, wird im Folgenden die Theorie von Argyris/Schön 1978 (vgl. zum Folgenden auch

Probst/Büchel 1994) dargestellt, die von einem dreistufigen Lernprozess ausgeht und als Klassiker gilt. Besondere Aufmerksamkeit verdient der dargestellte rekursive Prozess. Auf rekursive Prozesse wird im Zusammenhang mit der Systemtheorie noch ausführlich Bezug genommen.

1. Single Loop Learning – „Anpassungslernen"

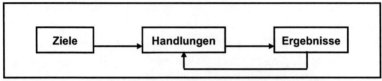

Abb. 8: Single Loop Learning (eigene Darstellung nach Argyris/Schön, 1978)

Gesetzte Ziele führen zu entsprechenden Handlungen. Diese Handlungen führen zu Ergebnissen. Stimmen die Ergebnisse nicht mit den Zielen überein, so müssen die Handlungen korrigiert werden. Hierbei handelt es sich um Lernen auf dem niedrigsten Niveau, da organisatorische Rahmenbedingungen und Ziele nicht hinterfragt werden, es geht um eine möglichst schnelle Anpassung der internen Strukturen und Prozesse an Umweltveränderungen. Möglich ist das „Anpassungslernen" nur in einer einfachen und stabilen Umwelt.

2. Double Loop Learning – „Veränderungslernen"

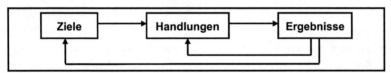

Abb. 9: Double Loop Learning (eigene Darstellung nach Argyris/Schön, 1978)

Gesetzte Ziele führen zu entsprechenden Handlungen. Diese Handlungen führen zu Ergebnissen. Stimmen die Ergebnisse nicht mit den Zielen überein, so werden sowohl die Handlungen als auch die Ziele korrigiert. Bei dieser Art des Lernens werden also organisatorische Ziele und Rahmenbedingungen optimiert und angepasst. Nicht mehr die Effizienz, sondern die organisatorische Effektivität steht im Mittelpunkt. Eine populäre Definition beider Begriffe bietet Drucker (1974, S. 45): Effizienz als „doing the things right", also möglichst hoher Output mit möglichst geringen Kosten, und Effektivität als „doing the right things" –

hier steht die Zielerreichung im Vordergrund. Es handelt sich beim „Veränderungslernen" aber immer noch um umweltgetriebenes, reaktives Verhalten. Eine proaktive, selbstbestimmte Entwicklung erreicht die Organisation erst auf der dritten Stufe des Deutero Learning.

3. Deutero Learning – „Prozesslernen"

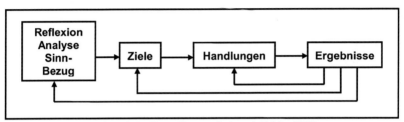

Abb. 10: Deutero Learning (eigene Darstellung nach Argyris/Schön, 1978)

Reflexion, Analyse und Herstellung eines Sinnbezugs führen zu bestimmten Zielen. Diese Ziele führen zu entsprechenden Handlungen mit entsprechenden Ergebnissen. Stimmen die Ergebnisse nicht mit den Zielen überein, so werden sowohl die Handlungen als auch die Ziele als auch die zugrunde liegenden Reflexionen und Analysen korrigiert. Bei diesem dritten und höchsten Lernniveau handelt es sich um ein rekursives Prozesslernen, das darauf abzielt, die organisatorischen Rahmenbedingungen weiter zu entwickeln und die Organisation als Ganzes auf eine höhere Stufe an Fähigkeiten, Einsichten, Lern-, Wahrnehmungs- und Problemlösungsfähigkeiten zu heben. Die regulative Idee des Fortschritts als reaktives Prozesslernen sichert die kontinuierliche Weiter- und Höherentwicklung einer Organisation.

Das Deutero-Lernen ist also als institutionalisiertes Feedback zu sehen, so dass im Unternehmen ein geschlossener Wissens-Regelkreis entsteht. Die Feedbackschleifen sind möglichst kurz zu halten. Wichtig für das organisationale Lernen ist, dass auf das Feedback hin auch detaillierte Maßnahmen erstellt werden, deren Durchführung zu überwachen ist. Beispiele für Feedbacksysteme sind institutionalisierte Leistungsbeurteilungen, 360 Grad Personalbeurteilungen, Mitarbeiter/Kundenbefragungen oder Review-Prozesse.

Blockiert wird der Vorgang des organisationalen Lernens nach Argyris/Schön durch so genannte „defensive Routinen". Diese sind Gedanken und Verhaltensweisen, die die gewohnten und möglicherweise ineffizient gewordenen Handlungsstrategien von Individuen, Gruppen und Organisationen vor Veränderungen schützen.

Die Idee der Dreiteilung der unterschiedlichen Lerntypen ist von anderen Autoren übernommen worden. Tab. 13 zeigt eine Zusammenfassung nach Probst & Büchel (1994, S. 178):

Tab. 13: Organisationale Lerntypen (eigene Darstellung nach Probst/Büchel, 1994, S. 178)

	Lerntyp 1	Lerntyp 2	Lerntyp 3
Argyris/Schön **(1978)**	Single-loop Learning	Double-loop Learning	Deutero Learning
Shirastava **(1983)**	Adaption	Assumption Sharing	Development of Knowledge Base
Pautzke **(1989)**	Erhöhung der Effizienz	Lernen aus Erfahrung	Veränderung von Wissensstrukturen
Klimecki/Probst/Eberl **(1991)**	Verbesserungs-lernen	Veränderungs-lernen	Lernen lernen
Sattelberger **(1991)**	Organisations-änderung	Organisations-entwicklung	Organisations-transformation
Probst/Büchel **(1994)**	Anpassungs-lernen	Veränderungs-lernen	Prozess-lernen

2.3.1 Soziale Lerntheorien

Wie im vorangehenden Kapitel gezeigt wurde, ist die Grundvoraussetzung für das organisationale Lernen und damit für die Ausbildung der Organisation als systemische Ganzheit das individuelle Lernen der Organisationsmitglieder. Deshalb sollen an dieser Stelle drei psychologische Konzeptionen des sozialen Lernens vorgestellt werden. Diese sozialen Lerntheorien sind auch für einen Veränderungsprozess, in dem ja gerade neue Verhaltensweisen gelernt werden sollen, von großer Bedeutung.

1. Seligmans Konzept der erlernten Hilflosigkeit (1975)

Dieses Konzept thematisiert die erlebte Unkontrollierbarkeit externer Ereignisse durch das eigene Verhalten. Wenn eine Person glaubt, dass sie das Eintreffen eines externen Ereignisses nicht durch ihr eigenes Verhalten beeinflussen kann, die Situation sich für sie also als unkontrollierbar darstellt, so führt das zu völliger Handlungslosigkeit, Passivität und Depression. Dies hält auch dann vor, wenn das Ereignis wieder unter der Kontrolle der Person ist.

Seligman führte im Zusammenhang mit seiner Theorie Experimente an Hunden durch. Die eine Gruppe erhielt Elektroschocks, denen sie entkommen konnte, indem sie einen Schalter betätigte, die andere Gruppe erhielt trotz Betätigung des Schalters weiterhin Schocks. In der zweiten Versuchsphase konnten beide Hunde den Schocks entkommen, indem sie über eine niedrige Schwelle sprangen. Die Hunde der ersten Gruppe lernten diese Reaktion schnell, die der anderen fast gar nicht, sie saßen stattdessen zusammengekauert in der Ecke und ließen die Schocks passiv über sich ergehen. Ein ähnlich ablaufender Versuch wurde von Hiroto (1974) an Collegestudenten durchgeführt. Als Schockmittel wurde dabei Lärm verwendet. Er kam zu den gleichen Ergebnissen wie Seligman: Ist erst einmal gelernt worden, dass es keinerlei Kontrollmöglichkeit über die Lärmbelästigung gibt, so wird auch kein Versuch mehr unternommen, diesen abzustellen, selbst wenn es inzwischen eine neue Möglichkeit gibt, dem Lärm zu entkommen. Die durch Wahrnehmung und Generalisation einmal gelernte Hilflosigkeit wird also von den Betroffenen auf neue Situationen übertragen, obwohl diese vielleicht kontrollierbar sind!

Unkontrollierbarkeit gibt es aber nicht nur bei negativen Verhaltensauswirkungen: sie wird auch dann erlebt, wenn ein als angenehm empfundenes Ereignis willkürlich auftritt z.B. wenn Eltern willkürlich Belohnungen verteilen.

Als Folgen der einmal gelernten Hilflosigkeit nach Seligman können die folgenden drei Einflüsse beobachtet werden (Herkner, 1991, S. 101ff):

1. Einflüsse auf die Motivation:

Die gelernte Hilflosigkeit führt zur Passivität. Wenn das eigene Handeln keinen Einfluss auf die Umweltereignisse hat, ist kein Anreiz vorhanden, überhaupt etwas zu tun.

2. Einflüsse auf die Lernprozesse:

Nachdem einmal gelernt wurde, dass kein Zusammenhang zwischen Verhalten und Verstärkern (= Strafanreizen, aber auch Belohnungen) besteht, wird es in nachfolgenden Lernprozessen zunehmend schwierig zu erkennen, dass dieser Zusammenhang doch besteht. Spätere Lernprozesse werden von der einmal gelernten Hilflosigkeit beeinflusst.

3. Einflüsse auf Gefühle:

Gelernte Hilflosigkeit führt zu Traurigkeit und depressiven Verstimmungen, weil man der Umwelt hilflos ausgeliefert ist und nichts verändern kann.

Für das organisationale Lernen und den Veränderungsprozess kann aus diesen Ergebnissen geschlossen werden, dass ein Kontrollverlust durch die Betroffenen sowie ein inkonsequentes Agieren („Zick-Zack-Kurs") durch die Initiatoren unbedingt zu vermeiden ist, da dies zu einem emotionalen Rückzug führen kann, der möglicherweise auch über die aktuelle Situation hinaus Bestand hat. Werden Belohnungen, z.B. finanzielle Anreize, ohne Bezug zur tatsächlichen Handlung gegeben („Gießkannenprinzip"), so führen diese **nicht** zu Verhaltensänderungen (vgl. zum Thema Anreize auch das Kapital „Motivation").

2. Brehms Theorie der Reaktanz (1966)

Brehm postuliert in seiner Reaktanz-Theorie, dass der Mensch motiviert ist, seine Freiheiten zu erhalten. Freiheit ist dabei die Kontrolle über externe Ereignisse. Werden diese Freiheiten blockiert oder bedroht, entsteht Reaktanz. Reaktanz ist zunächst ein Erregungs- oder Motivationszustand, der darauf abzielt, die bedrohte oder blockierte Freiheit wiederzugewinnen. Auf der Verhaltensebene zeigt sich Reaktanz in dem beharrlichen Versuch, das bedrohte Verhalten auszuführen oder – wenn das nicht möglich ist – ein möglichst ähnliches Verhalten an den Tag zu legen, um damit indirekt die bedrohte Freiheit wiederherzustellen. Sind diese beiden Möglichkeiten nicht gegeben (z.b. wegen massiver Strafandrohung) kommt es zu inneren Reaktanzfolgen: Die eliminierte Verhaltensalternative wird massiv aufgewertet, es können Wut und Aggression hinzukommen. Reaktanz ist also eine Art Trotzreaktion: Man versucht das Verbotene erst recht zu tun, die eingeschränkten Handlungsmöglichkeiten gewinnen an Attraktivität und es wird Wut empfunden. Die Stärke der Reaktanz ist abhängig von der Bedeutung, die die verloren geglaubte Kontrollmöglichkeit für die Person hat, dem wahrgenommenen Beeinflussungsdruck sowie Umfang und Stärke der erwarteten Freiheitsbeschränkung (Herkner, 1991, S. 97ff). Der Widerspruch zur Theorie Seligmans löst sich dahingehend auf, dass Kontrollverlust kurzfristig zu Reaktanz führt, langfristig hingegen zur erlernten Hilflosigkeit.

Die Implikationen aus der Reaktanz-Theorie für den Veränderungsprozess sind ähnlich den im vorhergehenden Absatz geschilderten. Tritt massiver Widerstand zu Beginn einer Veränderung im Sinne einer über das normale Maß hinausgehenden Aufwertung der alten Verhaltensweisen auf, so sind Maßnahmen im Sinne von Partizipation und Überzeugungsarbeit zu leisten, um ein Übergleiten in den Zustand der erlernten Hilflosigkeit zu vermeiden.

3. Banduras Theorie vom sozialen Lernen am Modell (1977)

Bandura setzt sich in seiner Theorie des Lernens durch Beobachten (soziales Lernen) mit dem Einfluss Dritter auf das individuelle Lernverhalten auseinander. Grundlegend für Banduras Theorie des sozialen Lernens ist die Unterscheidung zwischen Lernen und Verhalten. Lernen kann ohne sofortige Entsprechung im Verhalten stattfinden. Nicht nur das Bilden von Hypothesen, sondern jede Speicherung wahrgenommener Reize bezeichnet Bandura dabei als Lernen. Das so erfolgte Lernen ist alleine noch keine hinreichende Bedingung für imitatives Verhalten. Ob und wie gelernte Verhaltensweisen vom Beobachter ausgeführt werden, hängt von Motivationsvariablen ab. Erwartungen und Bewertungen der Verhaltenskonsequenzen bestimmen die Verhaltenshäufigkeit.

In seinen Laborexperimenten beobachteten Vorschulkinder Modelle, die entweder ruhig neben einer aufblasbaren Puppe saßen oder diese heftig attackierten. Wurde das Verhalten des Modells nicht bestraft, so zeigten bei der nachfolgenden Verhaltenserhebung die Kinder, die ein aggressives Modell beobachtet hatten, ebenfalls aggressives Verhalten, während diejenigen, die ein passives Modell gesehen hatten, zu passivem Verhalten tendierten. Hatte das aggressive Verhalten des Modells aber negative Konsequenzen, so zeigten die Kinder dieses Verhalten nicht. Ein Beobachter kann also durch die Erfahrung Dritter lernen, welche Konsequenzen ein bestimmtes Verhalten haben wird.

Die vier Teilprozesse beim sozialen Lernen sind (nach Herkner, 1991, S. 72ff):

1. Aufmerksamkeit:

Wie aufmerksam eine Modellperson beobachtet wird, hängt von deren Sympathiewert sowie der Komplexität und dem funktionalen Wert (Nützlichkeit, Brauchbarkeit für den Beobachter) ihres Verhaltens ab.

2. Gedächtnis:

Wie gut und dauerhaft ein beobachtetes Verhalten gelernt wird, hängt von der Strukturierung sowie der tatsächlichen oder inneren Wiederholung des Lernmaterials ab.

3. Verhalten:

Ob und wie gut das beobachtete Verhalten imitiert werden kann hängt davon ab, welche Teilkomponenten des Modellverhaltens der Beobachter bereits beherrscht.

4. Motivation:

Wie oft beobachtetes Verhalten imitiert wird, hängt von externen Verstärkern und Strafreizen, von Selbstverstärkung und Selbstbestrafung sowie von Effizienzerwartungen ab. Die individuelle Bewertung von Verstärker und Strafanreizen beeinflussen ebenfalls die Motivation.

Übertragen auf den organisationalen Kontext bedeutet dies, dass Personen, die in den Augen der Mitarbeiter als Modell prädestiniert sind, also beispielsweise die Führungskräfte, besonders intensiv in den Veränderungsprozess eingebunden werden müssen, um Probleme vorbildlich zu lösen und Rat zu geben. Nicht nur die Konsequenzen des eigenen Verhaltens werden vom Mitarbeiter registriert, sondern auch die Konsequenzen des Verhaltens anderer. Diese spielt beispielsweise bei einer Einführungsplanung in Stufen eine Rolle, wo dann Verhalten und Auswirkungen des Piloten von den Anderen genau beobachtet wird. Auch bei Benchmarking-Prozessen findet man das Lernen am Modell wieder. Hier werden die eigenen Prozesse mit denen der erfolgreichsten Mitbewerber verglichen („best in class").

2.4 Unternehmenskultur

Wie in den vorangegangenen Kapiteln gezeigt, erfordert ein Veränderungsprozess immer das Erlernen neuer Verhaltensweisen, Fähigkeiten, Einstellungen und Formen der Zusammenarbeit ebenso wie die Veränderungen von Rollen und Aufgaben – mit einem Wort, eine Veränderung der Unternehmenskultur. Sievers (1977, S. 12) hierzu: Es bedarf über die

„Veränderung und das Lernen personaler Systeme hinaus (...) vielmehr eines nachhaltigen Wandels der jeweiligen Organisationskultur, der ihr zugrunde liegenden Erwartungen, Ideologien und Werte sowie der daraus abgeleiteten Strategien der Zielverwirklichung."

Auch Bea/Göbel (1999, S. 417) sehen in der Veränderung der Unternehmenskultur die beste Möglichkeit zur Verbesserung der Problemlösungs- und Erneuerungsfähigkeit einer Organisation.

Der Begriff Unternehmenskultur ist folgendermaßen definiert:

„Unter Unternehmenskultur verstehen wir das von den Mitarbeitern anerkannte und als Verpflichtung angenommene Werte- und Zielsystem eines Unternehmens. Unternehmenskultur umfasst also weit mehr als die äußeren Symbole, die sichtbaren Merkmale und Riten, die in einer Firma auftreten. Sie trifft die innere Substanz und enthält Antworten auf grundlegende Fragen wie: Wofür stehen wir? Was sind unsere Prinzipien? Wo wollen wir hin? Wie steht es um unsere Identifikation und Motivation?" (Simon 2001).

Die Unternehmenskultur ist dabei nach Malik (1993, S. 44) kein „Glücks- oder Zufriedenheitsvehikel", sondern auf ganz anderen Aspekten aufgebaut:

„Es ist eine Kultur der Effektivität und der Leistung; sie fragt nicht nach der Motivation, sondern nach dem tatsächlichen Verhalten; nicht nach den Anstrengungen, sondern nach den Ergebnissen; nicht nach Gründen, sondern Resultaten."

Nach Stein/Westermayer (1996, S. 36) ist die Unternehmenskultur

„das „Gefüge" der Regeln, welche die Arten der Subjektivation, Kommunikation, Produktion und Signifikation von Unternehmensmitgliedern bestimmen."

Diese Veränderung der Regeln kann in drastischer Weise erforderlich werden etwa bei einem Kulturveränderungsprojekt oder einer Fusion. Eine Veränderung der Unternehmenskultur ist aber auch im weniger offensichtlichen Fall eines IT-Projektes vonnöten, wenn beispielsweise durch die Einführung einer neuen EDV eine erhöhte Fehlertoleranz und somit eine andere Fehlerkultur nötig wird.

Unternehmenskultur wird als ein eigenes, unverwechselbares Vorstellungs- und Orientierungsmuster gesehen, das das Verhalten der Mitglieder und der betrieblichen Funktionsbereiche auf wirkungsvolle Weise prägt (Steinmann/Schreyögg, 1993, S. 585). In dieser Aussage schwingt bereits der Gedanke mit, dass die Unternehmenskultur mehr ist als eine Aggregation der einzelnen Verhaltensweisen der Organisationsmitglieder, sondern neue, emergente Eigenschaften besitzt. Das macht das Konzept der Unternehmenskultur auch für den systemischen Ansatz interessant.

Aufgrund dieser emergenten Eigenschaften stellt sich aber auch verstärkt die Frage: Wie stark ist die Unternehmenskultur beeinflussbar, steuerbar oder beherrschbar? Mit welchen Mitteln kann dies geschehen? Fast jeder Autor beantwortet diese Frage anders. Neuberger/Komp klassifizierten die vorhandenen Einsichten 1993 in Macher-, Gärtner-, Krisen- und Autonomieansätze.

Dabei betrachten die Macheransätze die Gestaltung der Unternehmenskultur als einen Prozess, der vollkommen durch lenkende Maßnahmen von oben vollzogen werden kann. Die Gärtneransätze gehen davon aus, dass der Organisationskultur zwar eine gewisse Richtung verleihen werden kann, dies aber nur unter Berücksichtigung der Interessen der Mitarbeiter möglich ist. Die Krisenansätze vertreten die Ansicht, dass das Management lediglich in Krisensituationen überhaupt die Möglichkeit besitzt, die Unternehmenskultur zu verändern. Die Autonomieansätze gewähren den Mitarbeitern hingegen mehr Freiheit und verzichten deshalb auf eine Top-Down-Gestaltung zugunsten einer Bottom-Up-Gestaltung durch die Mitarbeiter.

Die Einschätzung der Gestaltungsmöglichkeiten rangiert von hochoptimistisch bei Peters und Waterman (1984, S. 334), die, „Schwerstarbeit" vorausgesetzt, die Gestaltung der Unternehmenskultur zu den „größten Leistungen, die ein Führer vollbringen mag" zählen, bis zutiefst pessimistisch: nach Ansicht von Westerlund und Sjöstrad „reitet" das Management „auf einer Woge von Ereignissen und Entscheidungen, ohne wirkliche Chance, die Entwicklung zu beherrschen und zu kontrollieren" (1981, S. 162).

Nach Probst (1992) hängt der Fortbestand eines Unternehmens ganz wesentlich davon ab, ob und inwieweit dessen Struktur zu seiner Unternehmenskultur passt. Es sei an dieser Stelle angemerkt, dass der in dieser Arbeit entwickelte Ansatz davon ausgeht, dass die Unternehmenskultur zwangsläufig zur Unternehmensstruktur passt, da sie im Sinne des synergetischen Ordnungsparameters aus der Struktur und den Individuen selbst hervorgebracht wird und auf diese wieder ordnend zurückwirkt.

Nach Steinmann/Schreyögg (1993, S. 586 ff.) gibt es gemeinsame Elemente bei allen Konzeptionen zur Unternehmenskultur:

• Unternehmenskultur ist ein implizites Phänomen, das sich nicht direkt beobachten lässt.

• Unternehmenskulturen werden gelebt und nur in Ausnahmefällen reflektiert.

• Sie bezieht sich auf gemeinsame Orientierungen, die das organisatorische Handeln zu einem gewissen Grad einheitlich und kohärent machen.

• Sie ist das Ergebnis eines Lernprozesses im Umgang mit Problemen aus der Umwelt und der internen Koordination. Sie hat also immer eine Entwicklungsgeschichte.

• Sie vermittelt Sinn und Orientierung in einer komplexen Welt, indem sie Muster vorgibt für die Selektion und die Interpretation von Handlungsprogrammen. Sie liefert die Basis für ein gemeinsames Grundverständnis.

• Sie wird in einem Sozialisationsprozess vermittelt, nicht bewusst gelernt.

Besonders der implizite Charakter der Unternehmenskultur klingt hier an. Sie ist selten klar verbalisiert und fassbar. Wenn doch, beispielsweise in offiziellen Leitbildern zur Unternehmenskultur, dann ist dies in der Regel nicht die gelebte Unternehmenskultur. Dass man Unternehmenskultur trotzdem erfassen kann, soll im Kapitel „4.3.1 Heimliche Spielregeln" gezeigt werden.

Der implizite Charakter der Unternehmenskultur bedingt weiterhin, dass sie sich nicht direkt fassen, steuern oder verändern lässt. Dies kann nur über Umwege geschehen, eine „Anordnung" der Veränderung der Unternehmenskultur bleibt wirkungslos. Auch die Bedeutung der eigenen Geschichte für die weitere Entwicklung macht das Konzept Unternehmenskultur aus systemtheoretischer Sicht interessant. Ein komplexes System baut für seinen weiteren Verlauf ebenfalls auf seiner eigenen Geschichte auf – mehr hierzu mit dem Begriff der Hysterese im Kapitel „3.3 Organisationen als komplexe soziale Systeme".

Als grundlegende Orientierungs- und Vorstellungsmuster („Weltanschauungen"), die Wahrnehmung und Handeln leiten und somit die jeweilige Unternehmenskultur in mehr oder weniger großem Ausmaß prägen, machen Steinmann/Schreyögg (1993, S. 587f.) nach Kluckhohm/Strodtbeck (1961) fünf Grundannahmen ausfindig (Tab. 14):

Tab. 14: Handlungsleitende Grundannahmen (eigene Darstellung nach Kluckholm/Strodtbeck nach Steinmann/Schreyögg, 1993, 587f.)

Handlungsleitende Grundannahmen	Beispielhafte Inhalte
Umwelt	- Ist die Umwelt bedrohlich, bezwingbar, herausfordernd?
Wahrheit	- Vertraut man auf Tradition, Autoritäten oder Wissenschaft als „Wahrheitsinstanz"?
Natur des Menschen	- Ist der Mensch grundsätzlich arbeitsscheu oder fleißig? - Ist der Mitarbeiter entwicklungsfähig oder ist sein Potenzial durch Veranlagung festgelegt?
Natur menschlichen Handelns	- Wie ist Arbeit definiert? - Ist es wichtiger aktiv zu sein und die Dinge in die Hand zu nehmen oder abzuwarten und sich anzupassen?
Natur zwischenmenschlicher Beziehungen	- Welcher Ordnung folgen soziale Beziehungen – Alter, Herkunft oder Erfolg? - Sind Emotionen in der Organisation zulässig/unerwünscht? - Dominiert Wettbewerbsdenken oder Kooperation?

Als Kriterium für eine starke Unternehmenskultur ziehen die Autoren (1993, S. 595) drei Punkte heran: Prägnanz, Verbreitungsgrad und Verankerungstiefe.

Unter **Prägnanz** versteht man dabei die Klarheit der Orientierungsmuster, die eine eindeutige Entscheidung darüber erlauben, was erwünscht ist und was nicht. Voraussetzung dafür sind konsistente Werte und Standards sowie umfassende Orientierungsmuster, die in vielen Situationen als Maßstab dienen können.

Der **Verbreitungsgrad** bezeichnet das Ausmaß, in dem das Handeln der Mitarbeiter von der Kultur geleitet wird. Unternehmen mit ausgeprägten Subkulturen wie Marketing vs. F&E oder Zentralbereich vs. operative Bereiche haben somit Schwierigkeiten mit einer starken Gesamtkultur. Es bilden sich stattdessen jeweils eigene Wirklichkeitsstrukturen und eigene Codes aus (Bsp. Spezialtermini der einzelnen Bereiche).

Die **Verankerungstiefe** bezeichnet schlussendlich den Grad, in dem die kulturellen Muster internalisiert worden sind, also zum selbstverständlichen Bestandteil des täglichen Handelns geworden sind.

Die Unternehmenskultur prägt das Handeln der Organisationsmitglieder und das Gesicht der Organisation nach außen. Dies kann man nach Steinmann /Schreyögg (1993, S. 597ff.) positiv und negativ bewerten (Tab. 15):

Tab. 15: Positive und negative Effekte der Unternehmenskultur (eigene Darstellung nach Steinmann/Schreyögg, 1993, S. 597ff.)

Positive Effekte der Unternehmenskultur	Negative Effekte der Unternehmenskultur
Handlungsorientierung durch Komplexitätsreduktion	Tendenz zur Abschließung
Effizientes Kommunikationsnetz	Blockierung neuer Orientierungen
Rasche Informationsverarbeitung und Entscheidungsfindung	Fixierung auf traditionelle Erfolgsmotive
Beschleunigte Implementierung von Planen und Projekten	Implementierungsbarrieren bei unbekannten Projekten
Geringer Kontrollaufwand	Kollektive Vermeidungshaltung
Hohe Motivation und Loyalität	Vereinheitlichtes „Kulturdenken"
Stabilität und Zuverlässigkeit	Mangel an Flexibilität

Herauszustellen ist aber noch einmal, dass Unternehmenskultur keine Frage von wollen oder nicht wollen ist. Die Unternehmenskultur existiert in jedem Fall und bildet sich als emergente Systemeigenschaft aus dem System heraus, auf das sie dann wieder steuernd zurückwirkt (vgl. Konzept der Ordnungsparameters, Kapitel „4.5 Synergetik"). Sie wird also aus den einzelnen Systemteilnehmern heraus gebildet und wiederum durch sie aufrechterhalten bzw. stabilisiert und mit ihnen gewandelt. Die Gestaltungsmöglichkeiten sind somit nur indirekter Natur (vgl. autonome vs. autogene Selbstorganisation, Kapitel „3.3.3 Selbstorganisation").

3 Zur Systemtheorie

3.1 Warum Systemtheorie in der Organisationsentwicklung?

Theorien sind im Sinne von Alltagstheorien allgegenwärtig und dienen der Vermittlung von Orientierung. Somit sind sie eine wesentliche Handlungsvoraussetzung. Theorien sind historisch und gesellschaftlich gebunden und beziehen sich immer auf einen bestimmten Handlungsbereich.

Eine Theorie wird bewertet nach ihrem praktischen Nutzen, ihrer Kohärenz, ihrem Gültigkeitsbereich und ihrer Überprüfbarkeit. Ein besonders wichtiges Bewertungskriterium für eine Theorie ist die Parsimonie (= Sparsamkeit). Damit ist gemeint, dass die Theorie ihren Gegenstandsbereich mit so wenigen Zusatzannahmen wie möglich erklären soll. Theorien werden immer aus einem gewissen Kontext heraus auf eine bestimmte Problemstellung und ein bestimmtes Ziel hin entwickelt. Oder, um mit Kurt Lewin zu sprechen: „Nichts ist so praktisch wie eine gute Theorie."

Im Bereich der betriebswissenschaftlichen Organisationstheorien definiert Ruffner (1972, S. 188) vier mögliche Zielsetzungen (Tab. 16):

Tab. 16: Zielsetzungen von Organisationstheorien (eigene Darstellung nach Ruffner, 1972, S. 188)

Zielsetzungen von Organisationstheorien	Inhalt
Pragmatisch	Praxisrelevante Gestaltungsmaßnahmen
Theoretisch	Entwicklung eines logikorientierten Konzeptes
Normativ	Entwicklung idealtypischer Sollregeln als Vorgabe für die Ableitung von Gestaltungsempfehlungen
Deskriptiv	Beschreibung von organisatorischen Sachverhalten

Die betriebswirtschaftliche Organisationsforschung zeichnet sich allgemein durch eine gemeinsame Anerkennung des pragmatischen Wissenschaftsziels aus und ist somit praxis- und handlungsorientiert. Im Hinblick auf das theoretische Wissenschaftsziel ist sie zersplittert, gleichzeitig interdisziplinär ausgerichtet.

Es fehlt vor allem ein integrierender Grundrahmen, sie ist gekennzeichnet von vielen verschiedenen theoretischen Ansätzen. Exemplarisch genannt seien der betriebswirtschaftliche Transaktionskostenansatz (opportunistisches Verhalten als Grundprämisse), Kontingenztheorien (Abhängigkeit von Effizienz von verschiedenen Kontextfaktoren) und verhaltenswissenschaftliche Ansätze aus der

Organisationspsychologie wie Motivationstheorien, Theorien zu Kommunikation und Gruppenverhalten oder Lerntheorien.

Die Organisationsforschung ist also vom Ansatz her bereits multidisziplinär. Von jeher wurden in der Organisationsforschung die Konzepte anderer Disziplinen genutzt und unter der jeweiligen spezifischen Fragestellung eingesetzt. Auch der systemtheoretische Ansatz besitzt eine hohe Interdisziplinarität:

"Die Systemtheorie (einschließlich der Kybernetik) stellt die Frage, was eigentlich das Gemeinsame an dynamischen, komplexen Ganzheiten ist, die in ihren konkreten Ausprägungen, wie sie von einzelnen wissenschaftlichen Disziplinen erfasst werden, ganz unterschiedlich erscheinen, wie sich solche Systeme verhalten und sie 'überleben' können. Auf dieser disziplinübergreifenden Ebene entwickelt sich ein begriffliches Instrumentarium zur Bezeichnung solcher Phänomene und eine 'systemische' Denkweise, die sukzessive zu einer lernbaren 'Systemmethodik' führt." (Vgl. Ulrich et al., 1991, S. 11).

Schien es bis vor kurzem so, als würde die Wissenschaft immer mehr in abgeschottete Teilbereiche zerfallen, so kann man inzwischen eine Trendwende ausmachen. Phänomene, die bisher nur Randerscheinungen oder vernachlässigbare Störfaktoren waren, rücken nun in den Mittelpunkt des Interesses und erscheinen als grundsätzlich wichtiges Phänomen. Gesucht wird ein integrierender Gesamtrahmen, der die Erkenntnisse der verschiedenen Disziplinen zusammenfasst und nach Verbindungen zwischen den Wissenschaften sucht.

Die Systemtheorie bietet einen solchen Rahmen. Für Willke (1993, S. 2ff.) ist der Hauptvorteil seiner „Theorie sozialer Systeme" die Universalität. Er unterscheidet dabei die

- Fachspezifische Universalität – die soziologische Systemtheorie soll auf alle sozialwissenschaftlichen Fragestellungen anwendbar sein.

- Interdisziplinäre Universalität – die allgemeine Systemtheorie (General Systems Theory) ist als interdisziplinäre integrierte Wissenschaft entstanden aufgrund der Ähnlichkeiten der Systemprobleme in den unterschiedlichsten Wissenschaften wie Chemie, Biologie, Psychologie, Soziologie oder Betriebswirtschaft.

- Universalität des Problems der Komplexität – soziale Systeme sind komplex und lassen sich deshalb nicht auf einfache Kategorien oder Gesetzmäßigkeiten reduzieren. Auch die Naturwissenschaften stehen zunehmend vor dem Problem der Komplexität. In der Systemtheorie wird die Komplexität ernst genommen und zum Gegenstand der Beschreibung gemacht.

Es gibt also Gemeinsamkeiten, nach denen unterschiedlichste komplexe Systeme funktionieren. Auch komplexe, chaotisch anmutende Systeme gehorchen Gesetzen und haben möglicherweise Stellschrauben oder „Triggerpunkte", an denen sie sich steuern oder verändern lassen.

3.1.1 Ursprünge der Systemtheorie

Was versteht man nun genau unter der neuen oder modernen Systemtheorie? Die Systemtheorie ist, wie beispielsweise die Mathematik, eine universelle Theorie oder interdisziplinäre Wissenschaft. Der Ursprung der modernen Systemtheorie liegt in der ebenfalls interdisziplinären Theorie der Kybernetik (Wissenschaft von der Regelung und Kommunikation), die Wiener 1948 mit seiner Veröffentlichung „Cybernetics or Control and Communication in the Animal and the Machine" begründet hat (Wiener 1992).

Dabei entsprach die Kybernetik (von griechisch kybernétes = Steuermann) zunächst noch der Tradition des cartesianischen Weltbildes (vgl. im Folgenden Kolbeck/Nicolai, 1996, S. 24 ff.). In der klassischen Kybernetik (Kybernetik I) ging es noch vor allem um die Konstruktion und Steuerung von Maschinen. Untersucht wurden aber nicht die materiellen Eigenschaften der Teile, sondern deren Beziehungen und das Zusammenwirken der Elemente untereinander.

Dies führte mit der Zeit zu einem Konflikt mit den cartesianischen Vorstellungen: In dem Moment, wo Interaktionen und somit rekursive Prozesse eine Rolle spielen, werden Erklärungen nach dem Ursache-Wirkungsprinzip zunehmend untauglich. Ein Beispiel für rekursive Prozesse ist der Heizungsthermostat, das nach dem Prinzip des Regelkreises funktioniert. Die Heizung springt an, weil die Raumtemperatur fällt, die Heizung wird heruntergesteuert, die Raumtemperatur fällt, die Heizung springt an usw.

Rückkopplung oder rekursive Prozesse bedeuten also für Wiener, dass Systeme ihr Verhalten auf das erzielte Ergebnis hin überprüfen und entsprechender Erfolg oder Misserfolg das künftige Verhalten des Systems im Sinne beabsichtigter Selbststeuerung beeinflusst. Das Auseinanderdividieren von Ursache und Wirkung ist bei rekursiven Prozessen weder möglich noch sinnvoll. Die Interaktionen in derartigen Systemen verlangen vielmehr, dass sich die Betrachtungen nicht mehr an isolierten Kausalbeziehungen orientieren, sondern am System als Ganzheit.

Deshalb befasste sich die Kybernetik in der zweiten Phase (Kybernetik II, „Allgemeine Systemtheorie") auch mit lebenden Systemen. Somit gerieten Wandel, Instabilitäten, Flexibilität, Lernen, Selbstreferentialität, die Evolution, kurzum eine dynamische Problemsicht in den Fokus der Aufmerksamkeit:

„Alles verändert sich, es sei denn, irgendwer oder -was sorgt dafür, dass es bleibt wie es ist." (Simon, 1990, S. 29 zitiert nach Kolbeck/Nicolai, 1996, S. 25)

Von Bertalanffy (1951, 1971) wird als erster bedeutender Vertreter der neu entstandenen „Allgemeinen Systemtheorie" („General Systems Theory") angesehen. Ihm ist die Einführung der Begrifflichkeiten offene vs. geschlossene Systeme und der organisierten Komplexität mit Betonung der Bedeutung der gegenseitigen Wechselwirkungen von einzelnen Systemelementen zu verdanken.

Der Blick auf die Ganzheit eines Systems führte zwangsläufig zu Problemen mit der reduktionistischen Sichtweise, die das übergeordnete Ganze auf die Summe seiner Bestandteile reduziert. Aus den Eigenschaften der Bestandteile oder Elemente eines Systems kann nämlich noch lange nicht auf die Eigenschaften des übergeordneten Systems geschlossen werden. Betrachtet man beispielsweise eine Zelle, so erklärt die Kenntnis der chemischen Gesetzmäßigkeiten der Moleküle, aus denen sie besteht, noch lange nicht alle Eigenschaften der Zelle. Insbesondere bei sozialen Systemen stellt sich die Frage, ob diese auf die Individuen zu reduzieren sind, aus denen sie bestehen.

Deshalb kam es zur Einführung des Begriffs „Emergenz". Krohn/Küppers (1992, S. 7) bezeichnen Emergenz als

„das plötzliche Auftreten einer neuen Qualität, die jeweils nicht erklärt werden kann durch die Eigenschaften oder Relationen der beteiligten Elemente, sondern durch eine jeweils besondere selbstorganisierende Prozessdynamik."

Mit der Schaffung der „Society for General Systems Research" 1957 (vgl. Ulrich, 1970, S. 103) als Forum für Wissenschaftler, die an den Erkenntnissen der Systemtheorie für ihr Fachgebiete interessiert waren, entstanden im weiteren Verlauf eine Anzahl Systemtheorien ganz unterschiedlicher Herkunft und Anwendungsgebiete. Ohne Anspruch auf Vollständigkeit wären hier exemplarisch zu nennen (Tab.17):

Tab. 17: Systemtheoretische Ansätze in verschiedenen Wissenschaftsdisziplinen

Fachgebiet	Autoren	Theorie
Betriebswirtschaft	Hejl (1982)	Theorie selbstreferentieller Systeme
Biologie	Maturana/Varela (1987)	Theorie autopoietischer Systeme
Chemie	Eigen (1971)	Theorie der molekularen Evolution
Informationstheorie	Turing (1967)	„denkende Maschinen"
Kommunikationstheorie	Watzlawick (1985)	Konstruktivismus
Kybernetik	von Bertalanffy (1949)	Allgemeine Systemtheorie
Managementlehre	Ulrich (1988) Probst (1988) Malik (1993) Kirsch (1992) Senge (1994)	z.B. evolutionäres Management
Mathematik	Mandelbrot (1977)	Theorie fraktaler Strukturen
Meteorologie	Lorenz (1963)	Chaostheorie
Physik	Haken (1981)	Synergetik
Psychologie	Schiepek (1989)	Systemtheorie in der Psychotherapie
Rechtswissenschaften	Teubner (1989)	Recht als autopoietisches System
Soziologie	Luhmann (1984) Willke (1993)	Theorie sozialer Systeme

Somit ist die neuere oder moderne Systemtheorie multidisziplinär und multikulturell. Gemeinsam ist den einzelnen Systemtheorien jedoch der Gegenstand der Betrachtung: Die neuere Systemtheorie beschäftigt sich mit dem Verhalten komplexer dynamischer Systeme, die aus vielen sich wechselseitig beeinflussenden Komponenten bestehen und sich im Zeitverlauf dynamisch verändern.

Eng verknüpft mit dem Systembegriff ist der Begriff der Selbstorganisation – die betrachteten Systeme bilden selbständig Strukturen und Ordnungsmuster aus. Dabei gehen aus dem Zusammenwirken der Systemelemente qualitativ neue Eigenschaften bzw. Ordnungszustände hervor - die Emergenz.

Voraussetzung für die Anwendung der naturwissenschaftlichen Ansätze ist das Vorhandensein eines **offenen Systems**. Ein System ist dann offen, wenn es in eine Umwelt integriert ist, die auf das System einwirkt und auf die das System wiederum selbst einwirkt.

Bis Mitte des 20. Jahrhunderts widersprachen die Phänomene Selbstorganisation und das Entstehen von Ordnung den vorherrschenden physikalischen Grundlagen. In den Anfängen der Systemtheorie wurden Systeme als ihrer Umwelt gegenüber geschlossene Ganzheiten angesehen. Die einzelnen Elemente sollten sich einem strukturbestimmenden Gesamtzweck hierarchisch unterordnen. Man sprach in diesem Zusammenhang auch vom „Paradigma des Ganzen und seiner Teile". Veränderungen der Umwelt hatten für diese Systeme keine Bedeutung (vgl. Morgan, 1986, S. 45, von Foerster, 1985, S. 146, Krammer, 1990, S. 64f.). Aufgrund neuerer Erkenntnisse auf dem Gebiet der Thermodynamik, besonders durch Prigogine (1971), wurde die Sichtweise vom geschlossenen System durch die Sichtweise von offenen Systemen ersetzt. Diese sind gekennzeichnet durch die Differenz von System und Umwelt. Im Gegensatz zur strukturellen Einheit eines Systems standen nun wechselseitige Prozesse zwischen den Systemelementen und Austauschbeziehungen zwischen System und Umwelt im Vordergrund der Betrachtungen. Dabei wirken die Einflüsse der Umwelt als Input auf das System, das diese nach seinen eigenen Transformationsregeln verarbeitet und als Output wieder an die Umwelt abgibt. Darüber hinaus kann das System aber auch durch Beeinflussung dieser Austauschprozesse den eigenen strukturellen Aufbau regulieren und verändern. Somit können nun auch Ordnung bildende Vorgänge erklärt werden, die früher dem zweiten Hauptsatz der Thermodynamik widersprochen hätten, der eine Zunahme von Unordnung vorschreibt. Selbständige Ordnungsbildung ist möglich, allerdings nur bei offenen dissipativen Systemen fern vom thermodynamischen Gleichgewicht mit Energiezufuhr von außen und Stoffaustausch.

Im nächsten Entwicklungsschritt, in der Betrachtung von Systemen als „selbstreferentiellen Systemen", sind also nicht mehr die externen Umwelteinflüsse primäre Erklärung für systeminterne Operationen. Jetzt werden die Systemelemente selbst und ihre systeminternen Relationen in den Fokus der Aufmerksamkeit gestellt. Die Initiative für Systemveränderungen geht nun von den Systemelementen selbst aus und ist somit umweltunabhängig. Die Perspektive ist nicht mehr „umweltreferentiell", d. h. auf die Beziehungen zwischen System und Umwelt gerichtet, sondern „selbstreferentiell", d. h. auf die internen Differenzen der Systemelemente.

Selbstreferentielle Systeme werden somit sowohl als geschlossene wie auch als offene Systeme verstanden. Offen insofern, als sie auf die Umwelt als Austausch von Materie, Information und Energie angewiesen sind, geschlossen, da die internen Systemoperationen auf sich selbst Bezug nehmen und sich sogar selbst erzeugen (=operationale Geschlossenheit).

Auch die Psychologie beschäftigt sich mit der Frage des Verhältnisses von Organisation und Umwelt (Wilpert 1995). Dabei kommt sie zu folgender Schlussfolgerung:

„Aus organisationspsychologischer Perspektive müssen beide denkbaren Einflussrichtungen beachtet werden: Sowohl die Einflüsse der Umwelt auf Strukturen und Verhalten von und in Organisationen als auch die Einflüsse innerorganisatorischer Merkmale und Handlungen auf die Umwelt." (Wilpert, 1995, S. 495).

3.1.2 Weltbilder – Paradigmenwechsel

Die Entwicklung der Systemtheorie ging einher mit einem allgemeinen Umbruch im Wissenschaftsverständnis. Im cartesianischen Wissenschaftsverständnis untersucht man bei der Analyse von Problemen vorrangig das einzelne Teil, den einzelnen Baustein des Systems. Das zu betrachtende Ganze wird in Unterbereiche aufgeteilt, die getrennt voneinander betrachtet werden. Die Wechselwirkungen zwischen den einzelnen Teilen werden vernachlässigt oder als Störvariable eingestuft, die es zu eliminieren gilt. Annahme ist, dass die Natur sich gemäß streng vorhersehbaren Regeln verhält. Man spricht in diesem Zusammenhang auch von einem reduktionistischen oder mechanistischen Weltbild. Die Grundannahmen des cartesianischen Weltbilds sind (vgl. im Folgenden Banner/Gagné, 1995, S. 46 ff):

- Es ist möglich, die Realität in ihre kleinsten Bestandteile aufzuteilen und die Kräfte zu identifizieren, die auf sie wirken. Auf diese Weise wird die Welt voraussagbar und beherrschbar wie eine Maschine.

- Diejenigen Gesetze, die Ordnungsmuster und Kräfte im Kleinen und auf untergeordneten Ebenen determinieren, gelten auch für das große Ganze.

- Als Beobachter hat man eine isolierte Außenperspektive auf die Welt als Untersuchungsobjekt und kann sie somit objektiv beschreiben.

Gelten zur Beschreibung einer Situation ausschließlich lineare Gesetze, so ist das ein adäquates Vorgehen. In vielen Bereichen des Lebens, auch in der Physik, haben wir es jedoch mit deutlich komplexeren Systemen zu tun, die gerade nicht-linear und dynamisch reagieren. In diesem Fall treten nun die Interaktionen und das dynamische Verhalten in den Fokus des Interesses. Lineares Ursache – Wirkungs - Denken kann die zahlreichen Beziehungen zwischen System, Subsystemen und Elementen nicht mehr in hinreichendem Maße beschreiben und erklären. Deshalb werden die Prämissen des cartesianischen Weltbildes von einem neuen, „postindustriellen" Paradigma abgelöst:

- Alles ist vernetzt: jedes Element ist Teil eines größeren Ganzen, die Elemente und Subsysteme sind durch Interaktionen miteinander verbunden.

- Das Ganze beherrscht die Teile: die Einzelteile oder Subsysteme sind immer Bestandteil eines übergeordneten Systems, das deren Verhalten in gewisse Bahnen lenkt.

Türk (1989, S. 27) zeigt die wesentlichen Unterschiede im neueren Systemverständnis anhand der in Tab. 18 genannten Punkte auf:

Tab. 18: Unterschiede im alten und neuen Systemverständnis (eigene Darstellung nach Türk 1989, S. 27)

Altes Systemverständnis	Neues Systemverständnis
Simplizität	Komplexität
Hierarchie	Heterarchie
Mechanik	Holographie
Determinismus	Unbestimmtheit
Lineare Kausalität	Wechselseitige Beeinflussung
Statik	Morphogenese/Gestaltwandel
Objektivität	Perspektivität

Von Foerster spricht in diesem Zusammenhang vom Unterschied zwischen der „trivialen" und der „nicht-trivialen" Maschine. In seiner Definition ist die triviale Maschine syntheteisch determiniert, analytisch determinierbar, vergangenheitsunabhängig und voraussagbar (von Foerster, 1992, S. 62).

In der hier zugrunde liegenden theoretischen Grundhaltung kann die Welt vollständig begriffen werden. Zusammenhänge existieren in einfachen Kausalbeziehungen. Zur Analyse wird das System in seine Einzelteile zerlegt und die das Problem betreffenden Elemente werden untersucht und erklärt. Anschließend wird über diese Erklärung auf Elementenebene durch Aggregation der Erklärungsansätze auf das Ganze geschlossen. Eine Einbeziehung der Umwelt ist nicht notwendig, da das System über seine Einzelteile vollständig erklärt werden kann. Es handelt sich somit um ein geschlossenes Modell.

Die „triviale Maschine" arbeitet regelmäßig und hat keinerlei Möglichkeiten, ihre eigenen Ziele zu formulieren, diese sind von außen vorgegeben. Dem System stehen ausschließlich fest vorgegebene Verhaltensmöglichkeiten zur Verfügung, um im Falle einer Störung oder eines Problems den vorgegebenen Zustand wieder zu erreichen. Führung durch Steuerung und Kontrolle gewährleistet die Funktionstüchtigkeit des gesamten Systems. Das mechanische Modell der trivialen Maschine stand Pate für die klassische Managementlehre von Taylor („scientific management", siehe Kapitel „2.1 Organisationsentwicklung").

Demgegenüber stellt von Foerster (1981) die „nicht-triviale Maschine". Diese unterliegt keinen linearen Ursache-Wirkungs-Beziehungen, sondern kann entsprechend ihrer Eigendynamik unabhängig von Ursachen aus der Umwelt handeln bzw. Input aus der Umwelt gemäß der systeminternen Logik so verändern, dass gleiche Ursachen keineswegs zu gleichen Wirkungen zu führen brauchen. Input aus der Umwelt wird im System also abhängig vom gerade vorherrschenden Systemzustand verarbeitet, so dass für den zu erwartenden Output nicht nur der Input, also die Umweltbedingungen oder gesetzten Anreize, sondern auch die Autonomie des Systems und der vorliegende Zeitpunkt in der Systementwicklung eine Rolle spielen. Die folgende Abb. 11 zeigt die beiden Konzeptionen, übertragen auf soziale Systeme nach Willke (1994, S. 33):

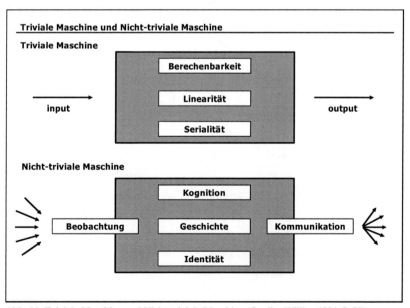

Abb. 11: Triviale Maschine und Nicht-triviale Maschine (Quelle: Willke, 1994, S. 33)

Die komplexe Realität, in der Interaktionen zwischen den Systemelementen nicht als Störfall, sondern gerade als Ursache für das Systemverhalten zu verstehen sind, ist mit der Analogie einer trivialen Maschine nicht mehr zu fassen. Eine zu starke Trivialisierung ist, wenn auch verständlich, so doch kontraproduktiv für den Versuch der Steuerung komplexer sozialer Systeme. Da aber auch das Verhalten komplexer Systeme bestimmten Regeln folgt, gilt es vielmehr diese herauszuarbeiten und zu beachten. Oder, nach Willke (1993, S. 224):

"Grundlage einer solchen Theorie kann dann nicht mehr nur die Logik von Ursache-Wirkungs-Kausalitäten sein, sondern darüber hinaus zusätzlich die Logik komplexer Systeme."

Im folgenden Kapitel sollen zunächst die wichtigsten Grundbegriffe der Systemtheorie zusammengetragen werden, um im Anschluss daran die Konzeption von Organisationen als komplexen sozialen Systemen näher zu beleuchten.

3.2 Grundbegriffe der Systemtheorie

Anschlussfähigkeit, Selbstreferentialität: Fähigkeit eines Systems, an interne Strukturen oder Prozesse anzuknüpfen.

Autopoiesis: Das System stellt die Elemente, aus denen es besteht, selbst her.

Autonomie: Die interne Steuerung und Ordnungsbildung eines Systems ist selbstbestimmt und nicht von außen festgelegt.

Beobachterabhängigkeit: Der Beobachter ist vom zu beobachtenden Geschehen nicht unabhängig, sondern konstruiert es auf der Basis seiner eigenen Strukturen und Annahmen. Es gibt also keine objektive Beobachtung.

Element: Die nicht mehr teilbare letzte Einheit eines Systems.

Emergenz: Eine neue Systemqualität, die sich nicht aus der reinen Ansammlung von Elementen, sondern als qualitativ neue Eigenschaft aus deren Interaktionen ergibt.

Fremdorganisation: Eine von außen an das System herangetragene Organisation und Ordnung.

Grenze: Systemgrenzen separieren die systeminterne Ordnungsbildung, die auf selbstorganisierten Prozessen beruht, von der umgebenden Umwelt.

Informationale Geschlossenheit: Systeme konstruieren ihre Informationen intern, diese können nicht ohne weiteres in andere Systeme übertragen werden.

Kontext (äußerer): Die für ein System relevante Umwelt, z.B. allgemeine ökonomische soziale und politische Gegebenheiten.

Kontext (innerer): Strukturelle, unternehmenspolitische und kulturelle Randbedingungen der Organisation selbst.

Kontextabhängigkeit: Ein System muss die für es relevanten Reize aus der Umwelt verarbeiten und sich entsprechend anpassen.

Kontextsteuerung: Aufgrund der autopoietischen Geschlossenheit kann auf Systeme nur indirekt Einfluss ausgeübt werden, indem die für sie relevanten Umweltbereiche (Kontexte) gestaltet werden.

Kontingenz: Die möglichen Handlungsalternativen eines Systems.

Offenheit: Während ein autopoietisches System auf der Ebene der Selbststeuerung operational geschlossen ist, steht es doch in einem materiellen und energetischen Austausch mit der Umwelt.

Offenheit oder Geschlossenheit: Wenn die Systemgrenze durchlässig ist, einzelne Systemelemente demzufolge Beziehungen zu ihrem Systemumfeld unterhalten, so spricht man von einem offenen System.

Operationale Geschlossenheit: Die Eigenlogik der internen Selbststeuerung eines Systems.

Selbstorganisation: Bezeichnet die Fähigkeit des Systems, aus sich selbst heraus Strukturen und Prozesse zu bilden und aufrecht zu erhalten.

Selbstreferenz: Meint die (Rück-) Bezugnahme auf sich selbst im Sinne eines Anschlusses an vorhandene interne Strukturen. Unternehmen können ihre Umwelt nur vor dem Hintergrund ihrer eigenen Erfahrungen wahrnehmen und interpretieren. Es gibt keinen unmittelbaren Zugang zur Umwelt. Die Umweltwahrnehmung baut auf den von der Organisation gemachten Erfahrungen und Wahrnehmungsmustern und Kanälen auf. Es gibt also keine objektive Wirklichkeit, sondern nur eine konstruierte und interpretierte.

Struktur: Bezeichnet den momentanen Ist-Zustand der Relationen und Verknüpfungen in einem System. Die Struktur reduziert die systeminterne Komplexität.

Strukturdeterminiertheit: Der potentielle Handlungsbereich eines Systems ist durch dessen Struktur festgelegt.

Strukturelle Kopplung: Bezeichnet den Prozess wechselseitiger Strukturveränderungen zwischen zwei gleichartigen Systemen. Durch das jeweils andere System werden trotz Wahrung von Autonomie und operationaler Geschlossenheit im Sinne einer Kontextveränderung Zustandsveränderungen ausgelöst.

System: Ein System besteht aus Elementen, Beziehungen und Kräften und wird durch diese charakterisiert. Die Menge der Systemelemente unterliegen einer Ordnung. Ein System kann Bestandteil eines übergeordneten Systems sein und verschiedene Subsysteme abbilden.

Wahrnehmung (begrenzte): Das System verfügt aufgrund seiner autopoietischen Struktur nur über eine begrenzte Wahrnehmung: nur Dinge, die an die interne Struktur anschlussfähig sind, können als systemrelevant wahrgenommen werden. Anders gesagt: Informationen, die den eigenen Routinen widersprechen werden somit schon alleine deshalb ignoriert, weil gar keine Möglichkeiten vorhanden sind, die ungewohnten Informationen überhaupt wahrzunehmen. Nicht nur das: die Organisationsstruktur bestätigt, dass der wahrgenommene Ausschnitt der Umwelt der richtige ist und umgekehrt wird aufgrund der wahrgenommenen Umweltbedingungen die Organisationsstruktur so wie sie ist verfestigt (vgl. Kühl, 2000, S. 44 „Zirkel der Selbstbestätigung"). Anmerkung: Die Wahrnehmung einer Aktion als systemrelevant ist also eine Grundvoraussetzung für einen erfolgreichen Veränderungsprozess.

3.3 Organisationen als komplexe soziale Systeme

Alle Systemtheorien habe einen gemeinsamen Schnittpunkt: die Komplexität. Sie ist deshalb ein Problem, weil sie Unsicherheit, Instabilität und Unlenkbarkeit erzeugt. Auch für Organisationen wird Komplexität als das Hauptproblem herausgestellt, so dass die Komplexitätsbewältigung das verbindende Glied zwischen systemtheoretischen Ansätzen und Problemen der Organisationsentwicklung darstellt. Vgl. Baecker (1994, S. 144f.):

„Unternehmensberatung fokussiert im effizienten Kostenmanagement, Organisationsberatung in der raffinierten Komplexitätsbewältigung."

Beim Umgang mit komplexen dynamischen Systemen gilt nicht mehr das traditionelle Prinzip der starken Kausalität, bei der ähnliche Ursachen eine in ihrer Größenordnung ähnliche Wirkung erzielen - stoße ich beispielsweise einen Ball etwas stärker an, so rollt er etwas weiter (**„gleiche Ursache - gleiche Wirkung"**). Stattdessen können kleinste Abweichungen in den Startbedingungen einen völlig anderen Prozessverlauf zur Folge haben - beim Flipper-Spiel führen so zum Beispiel kleine Änderungen der Ausgangsbedingungen zu einem deutlich anderen Spielverlauf („kleine Ursache – große Wirkung"). Ebenso gilt dies für kleinste Störungen, die auf den Systemverlauf einwirken!

Somit gilt im komplexen dynamischen System das Prinzip: „**gleiche Ursache –
unterschiedliche Wirkung**", die Wirkung hängt nicht mehr linear von der Ursache ab, sondern **vom Systemverhalten selbst**. Das System verarbeitet einen
Input von außen gemäß seiner eigenen Regeln und diese wiederum können sich
im Zeitverlauf durchaus ändern. Zusätzlich stellen sich Wechselwirkungen zwischen den Subsystemen oder Elementen eines Systems ein, was ebenfalls zu
schwer vorhersagbarem Systemverhalten führt. Damit werden Voraussagen über
das künftige Systemverhalten im Detail extrem erschwert (vgl. von Foersters
„nicht-triviale Maschine", 1981).

Die Prognostizierbarkeit komplexer Systeme ist also begrenzt, wie Breuer
(1996) aufzeigt, weil:

- Die Komplexität des Systems vom Beobachter nur begrenzt zu verarbei-
  ten ist.
- Unser kognitives System nicht darauf angelegt ist, Komplexität zu erfas-
  sen.
- Die Wirklichkeitskonstruktion des Beobachters blinde Flecken hat.
- Wegen Mängeln der Messgenauigkeit nicht gewusst werden kann, ob aus-
  gewählte Strukturen und Variablen für eine Prognose bestgeeignet sind.
- Nicht-triviale Maschinen ständig neue Interaktionsmuster erzeugen.
- Einzelne Teilsysteme und Emergenzebenen relativ autonom agieren.
- Zufallsfluktuationen möglich sind.

Möglich bleibt jedoch die Voraussage von allgemeinen Verhaltensmustern,
Funktionszusammenhängen und Entwicklungslinien, denn nicht-lineare Systeme
sind nicht chaotisch im Sinne von ohne jede Ordnung. Im Gegenteil: bei komplexen dynamischen Systemen kann ein endogener Struktur- und Ordnungs-
aufbau beobachtet werden, sie geben sich selbst eine Ordnung (= Selbstorganisation, Emergenz). Im Unternehmen als komplexem sozialem System wird
dabei die Stabilität und Ordnung durch unternehmensinterne Regeln gewährleistet, die ein Unternehmen vom anderen identitätsstiftend abgrenzen. Diese Regeln bestimmen wiederum das Verhalten der Organisationsmitglieder bzw.
Individuen. Hierzu wird im Verlauf der Arbeit noch ausführlich Stellung genommen.

Nach Willke (1989) verfügen komplexe soziale Systeme über folgende Charakteristika (Abb. 12):

Charakteristika komplexer sozialer Systeme

Komplexe Systeme sind **nicht-linear vernetzt.**
Somit ist ihr Verhalten **nicht-vorhersagbar** und **kontra-intuitiv.**

Komplexe Systeme reagieren auf die **Veränderung vieler Systemparameter relativ gering.**
Infolgedessen sprechen sie auf viele externe Interventionen überhaupt nicht an.

Auf die nur **geringfügige Veränderung einiger bestimmter Parameter** reagieren komplexe Systeme hingegen **überraschend heftig**

(Schmetterlingseffekt, Bifurkationspunkte)

Abb. 12: Charakteristika komplexer sozialer Systeme (eigene Darstellung nach Forrester, 1971, S. 95f., zitiert nach Willke, 1994, S. 72f.)

Willke erklärt die Dynamik komplexer Systeme folgendermaßen: Als hätte man sein Leben lang Dame gespielt und sollte nun Schach lernen, mit der Besonderheit, dass die Regeln des Spiels nicht feststehen, sondern laufend neu erfunden werden und zwar nicht von den Spielern, sondern vom Spiel selbst (Willke, 1994, S. 11).

Wann bezeichnet man nun ein System als komplex? Ganz allgemein bezeichnet Komplexität für Willke (1993, S. 24) den Grad der Vielschichtigkeit = Grad der funktionalen Differenzierung eines Sozialsystems und die Zahl der bedeutsamen Referenzebene, Vernetzung = wechselseitige Abhängigkeiten und Folgelastigkeit = Zahl und Gewicht der in Gang gesetzten Kausalketten und Folgeprozesse einer Entscheidung. Komplexität gibt es nicht an sich, sondern nur im Hinblick auf ein bestimmtes System.

Nach Dörner (1989) wird der Komplexitätsgrad eines Problems durch sechs Kriterien bestimmt:

- Eine hohe Anzahl von Elementen eines Problems

- Der Grad der Verknüpfung der Elemente (Vernetzung)

- Die Anzahl widersprüchlicher Ziele (Konflikte)

- Intransparenz, d.h. die Beschaffenheit eines Problems ist für den Problemlöser nicht klar erkennbar

- Eine hohe Unsicherheit, d.h. geringes Ausmaß an Kontrolle über die Situation

- Eine hohe Eigendynamik, d.h. der Ist- Zustand wandelt sich auch ohne Eingreifen des Problemlösers

Willke (1993, S. 91ff.) unterscheidet in sozialen Systemen fünf Formen der Komplexität:

- **Sachliche Komplexität**

  bezeichnet eine Vielfalt von Einheiten, die aufeinander wirken, wie Dinge, Zellen, Elemente, Menschen, Gruppen oder Institutionen. Je mehr Einheiten es gibt und je dichter deren Verteilung im Raum/Zeitabschnitt, desto komplexer ist das System – aber nur, wenn die Einheiten sich aufeinander auswirken! Auf der Ebene sozialer Systeme entsteht sachliche Komplexität durch die Einrichtung immer neuer Subsysteme. Dies bewirkt verstärkte Kommunikation und Konkurrenz.

- **Soziale Komplexität**

  bezeichnet das Fehlen ausdifferenzierter Rollen wie sie durch Arbeitsteilung entstehen. Jeder ist also insgesamt und für alles zuständig. Rollendifferenzierung bewirkt demgegenüber allerdings auch wieder eine Zunahme der Interdependenzen und somit Kompliziertheit und Vernetzung der Interaktionen, Abstimmungsbedarf, Kausalketten, kurz: eine neue Form der Eigenkomplexität.

- **Zeitliche Komplexität**

  Systeme haben eine Systemgeschichte und eine wählbare Gegenwart und Zukunft. Die Zukunft wirkt auf die Gegenwart in Form von Antizipationen. Im Laufe ihrer zeitlichen Entwicklung lösen Systeme das Problem zeitlicher Komplexität durch die Differenzierung von Struktur und Prozess. Dadurch werden Systemziele systemintern frei wählbar.

- **Operative Komplexität**

  bezeichnet die Fähigkeit des Systems, sich eigenständig aus sich selbst heraus neue Ziele zu setzen. Handlungssteuernde Konzepte ermöglichen und steuern das Verhalten, so dass daraus Handeln im Sinn einer aktiven Orientierung gegenüber der Umwelt wird. Dazu muss die Eigenkomplexität des Systems ausreichen, interne Umweltmodelle herzustellen. Das Vermögen aktiver Selbst-Organisation gegenüber einer variablen Umwelt markiert den Übergang vom Quasi-System zum System - aus dem Zwang zur Reaktion wird die Möglichkeit zur Aktion. Nun wird sich allerdings das System aufgrund seiner operativen Komplexität selbst zum Problem - es produziert zu viele Optionen. Da aber nur theoretisch alles möglich ist und das System sich immer in Abhängigkeiten von anderen Systemen befindet, sind die Handlungsmöglichkeiten in der Realität doch wieder begrenzt.

- **Kognitive Komplexität**

  bezeichnet eine neue, emergente Systemeigenschaft, zu der Expertenwissen, aggregierte Wirkungen des Ausbildungsniveaus und Entwicklungsstand des Wissenssystems zählen; eine kollektive Identität. Kognitive Komplexität wird für die Reflexionsfähigkeit benötigt.

Komplexität ist dabei nicht mit Kompliziertheit zu verwechseln (vgl. Abb. 13):

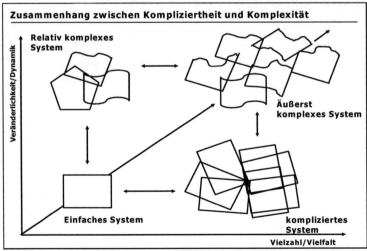

Abb. 13: Zusammenhang zwischen Kompliziertheit und Komplexität (eigene Darstellung nach Ulrich/Probst, 1988, S. 61)

86

Kompliziertheit betrifft die Anzahl der unterschiedlichen Systemkomponenten und deren Interdependenzen. Ein kompliziertes System besteht aus vielen verschiedenen Elementen, die unterschiedlich verknüpft sein können. Es bleibt aber immer statisch und verändert sich im Zeitverlauf nicht. Beispiel für ein kompliziertes System ist ein Buch, das viele schwierige Wörter und Kapitel enthält. Habe ich es aber einmal durchgearbeitet und hole es nach zehn Jahren wieder hervor, so ist es immer noch das Gleiche (vgl. Ulrich/Probst, 1988, S. 61). Komplexität bezieht sich demgegenüber auf die **Dynamik** eines Systems. Der Fokus liegt auf der Vielfalt der Verhaltensmöglichkeiten der Elemente und der Veränderlichkeit der Wirkungsverläufe zwischen den Elementen, also der Veränderlichkeit ihrer Beziehungen im Zeitverlauf.

Der Begriff Hysterese

Gerade diese Dynamik im Zeitverlauf ist ein wesentliches Charakteristikum komplexer Systeme und für die Organisationsforschung von besonderer Bedeutung. Diese impliziert nämlich den nachhaltigen Einfluss der eigenen Systemgeschichte auf die zukünftige Entwicklung eines Systems. In diesem Zusammenhang wird in der Systemtheorie der Begriff der Hysterese gebraucht.

Hysterese Beispiel 1

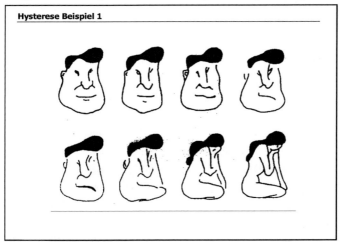

Abb. 14: Hysterese Beispiel I

Betrachtet man die Bildfolge zuerst in der oberen Reihe von links nach rechts und dann in der unteren Reihe ebenso, so erfolgt der Umschlag der Wahrnehmung Männergesicht zu Frauengestalt erst in der Mitte der unteren Reihe. Betrachtet man die Bildfolge in umgekehrter Richtung, d.h. von rechts nach links in der unteren Reihe und dann ebenso in der oberen, so erfolgt der Umschlag Frauengestalt zu Männergesicht in der Mitte der oberen Reihe.

Hysterese Beispiel 2

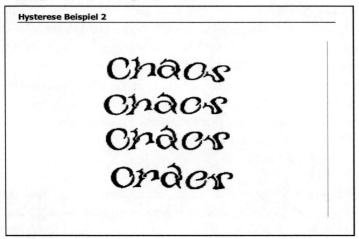

Abb. 15: Hysterese Beispiel II

Betrachtet man das Bild von oben nach unten, so findet der Umschlag der Wahrnehmung des Wortes „Chaos" zu „Order" in der dritten Zeile von oben statt. Betrachtet man das Bild von unten nach oben, so findet der Umschlag der Wahrnehmung des Wortes „Order" zu „Chaos" in der dritten Zeile von unten statt. Die Bedeutungszuschreibung einer Figur hängt also von der zuvor wahrgenommenen Figur ab.

Hysterese bezeichnet wörtlich „das Nachwirken nach Aufhören der einwirkenden Kraft". Jede Kraft, die auf ein System eingewirkt hat, kann potentiell eine derartige Kraft hinterlassen. Stellt man sich beispielsweise eine Automatik an einem Fahrzeug vor, die das Licht abhängig von der Helligkeit der Umgebung selbständig ein- oder ausschaltet, so hätte man ohne Hysterese im Zwielicht abhängig von verschiedenen Schatten und Helligkeitsverläufen eher ein Blinklicht als eine kontinuierliche Beleuchtung. Ständiges Steigen über und Fallen unter den einen einzigen Schwellenwert hätte das stete Ein- und Ausschalten des Lichts zur Folge. Eine Modifikation des Entscheidungsmodells schafft Abhilfe: zum einen Schwellenwert tritt noch ein zweiter hinzu. Ist die Helligkeit der Umgebung erst einmal unter die Einschalt-Schwelle gesunken und die Beleuchtung aktiviert, so wird diese erst wieder deaktiviert, sobald die Umgebungshelligkeit über eine andere, deutlich höher liegende Schwelle gestiegen ist. Somit hat man einen Grenzbereich gebildet, innerhalb dessen die vorher getroffene Entscheidung, unabhängig von den aktuellen Umweltbedingungen, stabil bleibt; man hat eine künstliche Hysterese in das System eingeführt.

Das systemtheoretische Konzept der Hysterese unterstreicht die Abhängigkeit des weiteren Systemverlaufs von seiner eigenen Geschichte. Dies hat im betrieblichen Kontext durchaus praktische Implikationen. So sinkt beispielsweise die Wahrscheinlichkeit, ein Projekt erfolgreich zu Ende zu führen, mit der Zeitdauer, die es schon wirkungslos in der Schwebe hängt. Eine Umstrukturierung eines Unternehmens ist ebenfalls kein Unterfangen, das bei null ansetzt, sondern baut auf der Unternehmensgeschichte auf. Dies bedeutet aber auch, dass ein und dasselbe Konzept bei verschiedenen Unternehmen in Abhängigkeit ihrer jeweiligen Geschichte verschiedene Wirkungen hat!

Zurück zur Komplexität. Im Unternehmenskontext wird der Begriff der Komplexität oft etwas unscharf auf eine Vielzahl von Phänomenen angewendet, vgl. z.B. Baecker (1992, S. 55) für eine zu große Produktvielfalt, zu lange Wertschöpfungsketten und zu starke Zentralisierung.

Komplexität wurde im betriebswirtschaftlichen Zusammenhang relativ undifferenziert als Nachteil durch hohe „Komplexitätskosten" (vgl. Neubauer 1993 definiert als die Kosten, die bei geringerer Komplexität nicht entstehen würden) aufgrund hoher interner Produktvielfalt und Prozessvielfalt gesehen. Die Folge war der Siegeszug des Lean Managements (vgl. Womack/Jones/Roos 1990), das jeder Form von Komplexität den Kampf ansagt („just in time production").

Systemtheoretisch gesehen stellt aber gerade die interne Systemkomplexität ein zentrales Erfordernis für den Umgang mit einer komplexen, turbulenten Umwelt dar. Die im Lean Management als „organisationale Schlacken" bezeichneten internen Redundanzen sind zur Fehlerbewältigung sowie zur Erhöhung des Möglichkeitsraumes enorm wichtig, ja sogar Voraussetzung! Aus der System/ Umwelt Differenz entsteht nämlich zwangsläufig ein Komplexitätsgefälle, wobei die Umweltkomplexität vom System als Unsicherheit erfahren wird. Luhman (1993, S. 250) hierzu:

„Die Differenz von Umwelt und System stabilisiert (...) ein Komplexitätsgefälle. Deshalb ist die Beziehung von Umwelt und System notwendigerweise asymmetrisch. Das Gefälle geht in eine Richtung, es lässt sich nicht revertieren. Jedes System hat sich gegen die überwältigende Komplexität seiner Umwelt zu behaupten, und jeder Erfolg dieser Art, jeder Bestand, jede Reproduktion macht die Umwelt aller anderen Systeme komplexer."

Willke spricht in diesem Zusammenhang vom Unterschied zwischen Komplexität und Kontingenz. Komplexität bezieht sich dabei immer auf eine System-Umwelt- Relation, in der die Komplexität der Umwelt dem System zum Problem wird. Kontingenz bezieht sich demgegenüber auf die dem System selbst zur Verfügung stehenden Handlungsalternativen, ist somit eine Eigenschaft des Systems selbst. Eine Bewertung dieser Alternativen erfolgt im Hinblick auf die Umwelt. Die Kontingenz anderer Systeme wird als Problem mangelnder Erwartungssicherheit gesehen, die eigene hingegen als Freiheitsgrade und Spielraum.

Somit konstituiert die Kontingenz des einen Systems die Umweltkomplexität für das andere System! Deshalb muss das betrachtete System eine der Umweltkomplexität angemessene eigene Komplexität entwickeln und somit oftmals eine erhöhte Kontingenz, um in einer komplexen Umwelt agieren zu können.

Daraus erklärt sich eine evolutionäre Entwicklung in Richtung immer höherer Komplexität und Kontingenz. Trotzdem gibt es auch Beziehungen mit hoher Kontingenz und geringer Komplexität (z.B. Freitag und Robinson) und geringer Kontingenz und hoher Komplexität (z.B. Bürokratie).

Ähnlich argumentiert Ashby (1974). Im Sinne des „Law of Requisite Variety" produziert das System interne Komplexität, um zwischen System- und Umweltkomplexität eine Entsprechung herzustellen. Unter Variety versteht er die Zahl unterscheidbarer Elemente, also Handlungsalternativen, Umweltzustände und die verschiedenen Ergebnisse. Somit ist die Produktion interner Systemkomplexität eine notwendige Voraussetzung für ein Unternehmen, das in hochveränderlichen Märkten operiert. Damit ist die Reduzierung der strukturellen Komplexität eines Konzerns der falsche Weg.

Laut Ashby bedeutet die Bildung von Untersystemen in einem System eine deutliche Zunahme der Komplexitätsverarbeitungskapazität. Die Umweltstörungen treffen nur das jeweilige Subsystem und übertragen sich idealerweise nicht auf andere Subsysteme oder das Gesamtsystem, da die Teilsysteme partiell unabhängig voneinander sind. Durch diese interne Differenzierung entstehen ein Zeitgewinn bei der Verarbeitung von Umweltstörungen sowie eine Entlastung des Gesamtsystems, da die Änderungen nur in den betroffenen Teilsystemen vollzogen werden. Somit ist die Verarbeitung von deutlich höherer Umweltkomplexität möglich, als dies in einem „einfachen", nicht differenzierten System möglich wäre. Hier würden Störungen nämlich direkt auf das Gesamtsystem durchschlagen, mit der Folge, dass die Ressourcen und Kapazitäten zur Problembewältigung schnell erschöpft wären.

Dies deckt sich auch mit der Forderung des sozio-technischen Systemansatzes nach relativ unabhängigen Organisationseinheiten, denen ganzheitliche Aufgaben zu übertragen sind. Dadurch werden diese in die Lage versetzt, Schwankungen und Störungen am Entstehungsort aufzufangen und selbst zu regulieren, so dass sie sich nicht unkontrolliert über die Organisation hinweg fortpflanzen können (Ulich, 2001, S. 188).

In diesem Zusammenhang spricht man auch von fester und loser Koppelung: Sind Teilsysteme **lose gekoppelt**, so kann aus dem Verhalten des Subsystems A nicht auf das Verhalten des Subsystems B geschlossen werden. Die Organisation wird zur nicht-trivialen Maschine an und somit indeterminierbar.

Eine **feste Kopplung** hingegen besteht, wenn zwischen den Teilsystemen starke Interdependenzen herrschen. Dies bedeutet allerdings auch, dass sich Störungen eines Teilsystems auf das gesamte System fortpflanzen. Somit hat jede Veränderung an einer Stelle des Systems Auswirkungen an anderen Stellen des Systems. Eine lose Kopplung soll genau dies durch den Aufbau von Barrieren und Pufferzonen zwischen den Teilsystemen verhindern. Dadurch entstehen zwar Redundanzen und Varietäten, aber der Ausfall eines Teils kann den Bestand des Gesamtsystems nicht mehr gefährden.

Eine Vereinfachung der formalen Organisationsstrukturen hat ja auch nicht notwendigerweise eine vereinfachte Organisationsrealität zur Folge. In der Selbstorganisationsforschung gibt es zahlreiche Beispiele für die Regel „Einfache Regeln erzeugen höchst komplexe Phänomene", z.B. die Simulation eines Vogelschwarms im Computer. Die einzelnen Systemelemente („Vögel", repräsentiert durch einen Punkt) bekommen nur drei einfache Verhaltensregeln zugewiesen: „Mindestabstand zu anderen Objekten wahren", „Geschwindigkeit an die Anderen anpassen" und „dahin gehen, wo die Anderen sind". Lässt man die Simulation laufen, so entsteht das Verhalten eines Vogelschwarms – ohne dass die einzelnen Schritte und Positionen je eingegeben worden wären (Waldrop, 1996, S. 305f.). Ein weiteres Beispiel ist das Schachspiel. Einfache Regeln führen hier zu hochkomplexen Abfolgen und Variationen.

Somit ermöglicht nicht die Reduktion der internen Komplexität den Unternehmenserfolg, sondern in gewisser Weise deren Erhöhung, die ein flexibles Eingehen auf eine turbulente Umwelt ermöglicht. Der Wandel von organisationalen

Strukturen sollte also nicht zwangsläufig weniger komplexe Strukturen schaffen, sondern es müssen Mechanismen zur Handhabung der notwendigen internen Systemkomplexität gefunden werden. Ein Experiment am MIT verdeutlicht diesen Zusammenhang: Es wurde ein Computernetzwerk angelegt, das aus ausrangierten Modulen bestand, die nur noch teilweise funktionsfähig, dafür aber sehr viele waren (Redundanz). Im Verlauf des Experiments bildeten sich selbstorganisiert Verknüpfungen, bis ein funktionstüchtiges Netzwerk entstanden war. Entnimmt man nun ein einzelnes Modul, so ist das Netzwerk in der Lage, eine neue Verknüpfung zu bilden, also einen neuen Lösungsweg zu suchen und wird nicht funktionsuntüchtig, wie man es von einem konventionellen Computer kennt (Waldrop 1993).

Es gilt also, den Glauben an den „one best way" abzulegen. Aktivitäten innerhalb einer Organisation, die nicht unmittelbar zielgerichtet erschienen, sind deshalb nicht überflüssig, sondern können dann überlebenswichtig werden, wenn sich die Umwelt drastisch verändert und neue Problemlösungen angefragt werden. Oder, um mit einer Analogie von Baecker zu sprechen:

„Vom Skifahren weiß man, dass Unfälle dort zu erwarten sind, wo nach einem optimalen Weg gesucht wurde und die kleinste Störung genau diesen Weg versperrt. Wer keine Reservemöglichkeiten vorhält, kann nicht ausweichen. Wer nicht ausweichen kann, riskiert zu stürzen."

Güldenberg (2001, S. 64) kommt diesbezüglich zu folgender Schlussfolgerung:

„...dass wir keine Zeit damit verschwenden dürfen, die Dinge unter Kontrolle zu halten, sondern uns vielmehr nach geeigneten und machtvollen Steuerungs- und Regelungsmechanismen umsehen müssen, um den eigenen Wirkungsgrad zu verbessern und damit letztendlich die Überlebensfähigkeit des Unternehmens zu erhöhen."

3.3.1 Zur Frage der Systemelemente

Wenn ein Unternehmen als soziales System bezeichnet wird, so stellt sich auch die Frage nach der Natur der Elemente, aus denen dieses soziale System bestehen soll. Ein System wird definiert als eine Menge von mehreren Elementen, die sich in ihrem Verhalten gegenseitig beeinflussen und voneinander abhängig sind (vgl. Schiemenz 1994).

Doch was sind die Systemelemente? Dies ist eine Frage, die in der neueren Systemtheorie sehr gegensätzlich diskutiert wird.

Luhmann (1984) geht davon aus, dass **Kommunikationen** die konstitutiven Elemente eines sozialen Systems sind, wohingegen Maturana, der Gründervater des Autopoiesebegriffs nur **Individuen** bzw. lebende Systeme als Elemente eines autopoietischen Systems anerkennt.

Speziell für betriebswirtschaftliche soziale Systeme hat sich Kirsch seit den siebziger Jahren mit dieser Fragestellung befasst. Damals stellte sich das Problem für ihn folgendermaßen dar:

„Eine Organisation ist eine noch näher zu charakterisierende Kategorie sozialer Systeme. Ein soziales System besteht aus einer Menge sozialer Aktoren. Soziale Aktoren sind entweder Menschen oder selbst soziale Systeme." (Kirsch, 1976, S. 15).

Somit sieht Kirsch einzelne Individuen als konstitutive Elemente des sozialen Systems und nicht wie Luhmann deren Handlungen, ihre organisationalen Rollen oder Kommunikationen. Aus dieser Position heraus entwickelte sich im Verlauf der achtziger Jahre eine lebhafte methodologische Grundsatzdiskussion um die Frage, ob Individuen oder aber deren Handlungen bzw. Kommunikationen als Elemente des sozialen Systems anzusehen seien.

Die Position „Individuen als konstituierende Elemente" impliziert, dass deren Eigenheiten oder deren individuellen Kognitionen genügen, um die Eigenschaften eines Systems zu erklären. Vertreter der gegnerischen Position argumentieren, dass auf diese Weise die Individualität des Einzelnen zu sehr in den Vordergrund geriete und dadurch die Eigenständigkeit des Systems übersehen werde, das sich vielmehr über inneliegende Handlungen, Kommunikationen, Regeln oder Rollen erkläre. Eine Zusammenführung beider Sichtweisen versucht zu Knyphausen in einer von ihm angestrebten Konstruktion einer evolutionären Führungslehre (1988, S. 138):

„Der Perspektivenwechsel ermöglicht es, ein System das eine Mal als „Person" und das andere mal als „Konversation" zu sehen."

Gemeint ist, dass das System aus der Innenperspektive eines Teilnehmers als Ansammlung von Individuen oder als Netz von Kommunikationen erscheint, in das der teilnehmende Beobachter eingebunden ist. Aus der Außenperspektive des unbeteiligten Beobachters hingegen erscheint das System als Ansammlung von Kommunikationen und Regeln, über die und deren Beziehungen untereinander sich das System definiert.

Von Kirsch wurde diese Erklärung als nicht befriedigend eingestuft, da der Anteil des Akteurs für die Konstitution des Systems nicht befriedigend geklärt sei. Ein an einer Kommunikation teilnehmender Akteur sei nämlich durchaus in der Lage, mit unterschiedlicher Orientierung zu agieren. Kirschs weiterentwickelte Position (1992, S. 23) stellt sich so dar:

„Ich möchte gegen Luhmann die Idee eines methodologischen Individualismus verteidigen, der freilich insofern „geläutert" ist, als nicht mehr Menschen als Elemente sozialer Systeme begriffen werden, sondern nur noch davon ausgegangen wird, dass alle Beobachtungen (bzw. Konstruktionen der Wirklichkeit), die in sozialen Systemen eine Rolle spielen, letztlich individuellen Gehirnen zugerechnet werden können."

Bei Hejl (1990, S. 270) werden Elemente sozialer Systeme wiederum als Individuen definiert, die

„die gleiche Wirklichkeitskonstruktion ausgebildet haben sowie mit Bezug auf sie in einer spezifischen und ihr zugeordneten Weise handeln können(...) und sie müssen mit Bezug auf diese Wirklichkeitskonstruktionen tatsächlich handeln und interagieren."

Er warnt vor einer eins zu eins Übertragung autopoietischer Konzepte auf soziale Systeme, denn Organisationsmitglieder sind immer auch Mitglieder anderer sozialer Systeme, was für biologische autopoietische Systeme wie den Organismus oder die Zelle nicht gelten kann. Es sind vor allem

„letztlich Individuen, die aufgrund ihrer (...) Interaktion die kognitiven Leistungen erbringen, die die Bildung von Sozialsystemen ermöglichen (...) und in alle Systemprozesse involviert sind."

Auch erzeugen sich nach Ansicht Hejls soziale Systeme nicht selbst, wie es von der autopoietischen Theorie gefordert ist, sondern bestehen aus Individuen, die nicht innerhalb des Systems durch einen geschlossenen Prozess erzeugt werden.

Gegen ein Verständnis von Organisationen als autopoietischen Systemen spricht also, dass dieses die Organisation auf das Element Kommunikation reduziert. Somit kann weder auf die Persönlichkeit des Einzelnen, die aber durchaus eine Rolle spielen kann (vgl. zum Beispiel charismatische Führungspersönlichkeiten), noch auf materielle Vorgänge noch auf unveränderliche Strukturen eingegangen werden. Diese Punkte sind aber in Organisationen existent und wichtig. Scheidet beispielsweise ein Organisationsmitglied aus und wird durch ein anderes ersetzt, können sich durchaus gravierende Änderungen in der Organisation ergeben – je nach Persönlichkeitsstärke des Individuums und zu besetzender Position bzw. Rolle.

Im Rahmen der noch zu behandelnden Synergetik geht Beisel (1996) davon aus, dass als Systemelemente Individuen zu verstehen sind. Diese ordnen sich zu Gruppen, deren Ordnungsprozesse sie aus synergetischer Sicht beschreibt.

Auf der anderen Seite werden Organisationen durchaus über die Anschließbarkeit von Kommunikationen und Entscheidungen strukturiert, gesteuert und definiert. Hierüber werden Sinnzusammenhänge sowie offizielle und inoffizielle Verhaltensregeln transportiert. Ein Individuum muss bei einem Neueintritt in ein Unternehmen normalerweise die vorherrschenden Regeln lernen, um sich bestmöglich anzupassen und „die gleiche Sprache" zu sprechen, um verstanden zu werden und Aktionen zu bewirken.

Ohne endgültig Position zu beziehen, soll das Gesagte deutlich machen, dass sich die einzelnen Ansätze der neueren Systemtheorie in ihren Prämissen durchaus unterscheiden können. Gesellschaftlich orientierte Theorien lassen sich, da sie teilweise andere Schwerpunkte setzen, nicht eins zu eins auf betriebswissenschaftliche Fragestellungen übertragen. Im großen Gesamtsystem Gesellschaft spielt der Einzelne normalerweise eine viel untergeordnetere Rolle als im System Unternehmen. Dieses ist in Entwicklung und Verlauf oftmals sehr stark von Einzelpersönlichkeiten geprägt, so dass hier Systemeigenschaften durchaus auf Individuen zurückgeführt werden könnten. Somit ist also davon auszugehen, dass soziale Systeme einerseits aus handelnden Menschen, andererseits aus einem emergenten selbstorganisierenden Prozess bestehen. Je nach Fragestellung empfiehlt es sich, das in der theoretischen Konstruktion am besten geeignete Modell zu wählen.

3.3.2 Probleme der Steuerung

Folgt man den Konzepten der Selbstorganisation und Evolution, so scheint es verlockend, Aufbau und Entwicklung dem System selbst zu überlassen – „das System wirds schon richten".

Es steht außer Zweifel, dass das System sich in irgendeiner Form entwickeln wird und auch in seinen Ausprägungen durch die Umwelt selektiert wird. Leider garantiert das aber nicht die bestmögliche Zielerreichung (vgl. nicht „survivor of the fittest" sondern „survivor of the survivor", Beisel 1996). Beispiel für derartige Fälle sind die Entwicklung der QWERT Tastatur, die VHS-Video-Kassette oder das Computersystem Microsoft. Alle drei sind nicht unbedingt die der Problemlage am besten angepassten Produkte (vgl. Waldrop, 1996, S. 20f.). Es waren aber diejenigen, die bei Markteinführung einen winzigen Vorteil durch größere Präsenz hatten, der sich rasch zu einem uneinholbaren Vorteil entwickelt hat (vgl. „Theorie der zunehmenden Erträge", Arthur 1990). Wer sich erst einmal einen VHS Rekorder gekauft hat, benutzt keine Beta Kassetten mehr, wer auf der QWERT Tastatur zu tippen gelernt hat, möchte nicht umlernen usw.. All diese Produkte konnten sich auch deshalb durchsetzen, weil sie selbst die Voraussetzungen geschaffen haben, in denen sie erfolgreich sein konnten und auf diesen selbst geschaffenen Prämissen aufbauen – der kybernetische Regelkreis.

Will man nun das Schicksal der Organisation nicht dem evolutionären Zufall des „zur richtigen Zeit am richtige Ort seins" überlassen, so wird eine aktive Steuerung unumgänglich. Ulrich/Probst (1988, S. 79) definieren „Steuerung" im kybernetisch-systemtheoretischen Sinne folgendermaßen:

„Steuerung ist eine informationelle Anweisung an ein System und die Einwirkung auf ein System, damit es sich in einer bestimmten Art verhält und ein Ziel erreicht."

Die Autoren unterscheiden zwischen zwei Arten der Lenkung, nämlich Steuerung und Regelung: **Steuerung** wird als externe Verhaltensbeeinflussung des Hinwirkens auf einen Prozess verstanden, der erst ablaufen soll, d.h. als direkte Fremdsteuerung über eine offene Steuerungskette. **Regelung** ist demgegenüber eine reaktive Abweichungskorrektur über informationelle Rückkopplung, d.h. eine Selbstregulierung. Bei der Regelung wird dem System das zu erreichende Ziel von außen vorgegeben und es verändert sein Verhalten so, dass der Sollwert erreicht wird. Das klassische Beispiel für Regelung ist der Heizungsthermostat.

Das Problem bei der Steuerung komplexer sozialer Systeme ist nun, dass Einflüsse, die von außen auf das System einwirken sollen, möglicherweise zu den internen Operationen nicht anschlussfähig sind. Somit werden sie entweder vom System nicht in der gewünschten Weise wahrgenommen oder aber aufgrund der internen Weiterverarbeitung und der internen komplexen Zusammenhänge nicht die intendierte Wirkung zeigen. Besonders kritisch wird die Steuerungsfähigkeit selbstreferentieller autopoietischer Systeme im Sinne Luhmanns beurteilt, da es sich hier um große gesellschaftliche oder politische Systeme mit vielen Elementen handelt. Luhmann (1993, S. 63) hierzu

„Eine wichtige strukturelle Konsequenz, die sich aus einem selbstreferentiellen Systemaufbau zwangsläufig ergibt, muss besonders erwähnt werden. Es ist der Verzicht auf Möglichkeiten der unilateralen Kontrolle."

Diese pessimistische Einschätzung der Steuerungsmöglichkeiten ist nicht unbedingt eins zu eins auf organisationale Systeme im betriebswirtschaftlichen Sinne zu übertragen. Dennoch kann man auch hier davon ausgehen, dass eine direkte Steuerung aufgrund der emergenten systemischen Eigenschaften eher im Ausnahmefall zum gewünschten Erfolg führt.

Willke spricht daher lieber von einer „paradoxen Steuerungsskepsis." Er schließt direkte externe Beeinflussung des Systems aus, eröffnet jedoch Möglichkeiten zur Selbststeuerung. Die Impulse der Umwelt werden im System nach systeminternen Kriterien verarbeitet. Diese internen Kriterien sind maßgeblich von der eigenen Systemgeschichte geprägt und erschließen sich dem außenstehenden Beobachter nur unzureichend. Dies bedeutet aber nicht, dass das System gar keiner Logik folgt. Nur führt eben nicht ein Input zu immer dem gleichen Output, sondern das System verarbeitet den gleichen Input je nach vorliegendem Systemzustand anders. Systemimpulse haben somit keinen direktiven Einfluss sondern gleichen eher „Perturbationen", die den vorliegenden Systemzustand aufstören und verändern – in welche Richtung hängt nicht ausschließlich vom Umweltreiz ab, sondern von dem Möglichkeiten und Strukturen **innerhalb** des Systems. Daraus folgt, dass die Umwelt keinen bestimmten Systemzustand erzwingen kann, sondern nur Veränderungen bewirken, die in dem vom System erreichbaren Bereich liegen. Die Organisation und Struktur eines strukturdeterminierten Systems legen also den Bereich der Beeinflussbarkeit von außen fest – je nach interner Struktur und Organisation sind Perturbationen in unterschiedlichem Ausmaß und mit unterschiedlichem Erfolg möglich.

Eine Organisation ist grundsätzlich kein Selbstzweck, sondern Mittel zum Zweck, Instrument zur Zielerreichung. Dies beinhaltet gleichzeitig die Annahme einer bewussten Gestaltbarkeit und Beeinflussbarkeit von Organisationen bzw. organisatorischen Parametern. Bedingt durch die Arbeitsteilung als effizienteste Form der Aufgabenerfüllung ist vor allem Koordination, Kontrolle und Optimierung der arbeitsteiligen Strukturen und Prozesse vordringlichste Aufgabe der Organisation. Die Zielsetzung der betriebswirtschaftlichen Ansätze ist demzufolge das Auffinden und Gestalten solcher Strukturen, Prinzipien und Regeln, die die Organisation bestimmen. Ein betriebswissenschaftlicher Ansatz ist somit immer ein pragmatischer Ansatz, der letzten Endes darauf abzielt, praxisrelevante Lösungen für konkrete Probleme zu finden.

In Anlehnung an Stünzner (1996, S. 22) lässt sich die betriebliche Organisationsforschung durch folgende Punkte charakterisieren: Zweckausrichtung, Optimierungsanspruch, Effizienzorientierung, Steuerungs- und Kontrollforderung, Prämisse der bewussten Gestaltbarkeit und Beeinflussbarkeit organisationaler Prozesse und rationalistische Grundauffassung. Ein theoretisches Modell, das von einer Unmöglichkeit der Steuerung eines organisationalen Systems ausgeht, ist deshalb für die Organisationsforschung nur von begrenztem Wert. Dieser Arbeit liegt deshalb nicht der Luhmannsche Ansatz zugrunde, sondern die Theorie sozialer Systeme von Willke sowie die Synergetik. Diese befassen sich mit den Möglichkeiten der Steuerung bzw. der Selbstorganisation innerhalb eines komplexen Systems bei Perturbationen von außen.

3.3.3 Selbstorganisation

Die selbstorganisierte Entwicklung einer Organisation ist in Anlehnung an die Modelle der Kybernetik, Autopoiese und Synergetik als Interaktionssystem zu verstehen, das auf Selbstlenkung und Rückkopplungsschleifen basiert. Verschiedene Verhaltensregeln werden innerhalb des Systems in einem geschlossenen, sich selbst organisierenden Prozess herausgebildet, einzelne davon verstärkt, als verhaltensleitend ausgewählt und internalisiert. Dabei ist der zentrale Mechanismus zur Ordnungsausbildung im Zuge der Selbstorganisation von Systemen das Prinzip der Rückkopplung. Durch positive und negative Rückkopplung wird die Entstehung von Strukturen entweder gehemmt oder verstärkt. Negative Rückkopplung ermöglicht eine Stabilitätserhaltung auf der einen Seite, positive Rückkopplung demgegenüber eine Verstärkung von neuen Verhaltensregeln und Strukturen, allgemein von Veränderungen. Dieses Gleichgewichtsprinzip ähnelt dem in der Kybernetik mit Homöostase (Fließgleichgewicht) bezeichneten.

Menschliches Handeln und Verhalten ist im organisationalen Kontext also der Koordinationsmechanismus der Selbstorganisation. Die soziale Ordnung oder Koordination resultiert somit aus Verhaltensregeln, konkret aus Werten, Normen, Meinungen, informellen und formellen Interaktionsbeziehungen, die ihrerseits in einem Entwicklungsprozess durch komplexe Rückkopplungen spontan entstehen. Im Zuge dieser Entwicklung bilden sich Verhaltensregeln und Sinnzusammenhänge heraus, die über die Organisationskultur als handlungsleitende Normen zu den Organisationsmitgliedern zurücktransportiert werden (vgl. Probst/Schwager, 1990, S. 225). Die Selbstregulierung, die z.B. in der Kybernetik durch autonome, selbstregulierende Regelkreise erzielt wird, kommt hier also durch Sinnstrukturen zustande, die das Verhalten der Organisationsmitglieder steuern.

Einige Beispiele für Selbstorganisation in verschiedenen Wissenschaftsdisziplinen sind in Tab. 19 aufgeführt.

Tab. 19: Beispiele für Selbstorganisation in verschiedenen Fachgebieten

Fachgebiet	Beispiel für Selbstorganisation
Biologie	neuronale Netzwerke Koordination von Muskelbewegungen Organismus als Gesamtheit
Chemie	Regelmäßigkeiten chemischer Reaktionen
Meteorologie	Wolkenformationen
Ökonomie	Dynamik des Marktes
Physik	Musterbildung in Flüssigkeiten **Übergang vom normalen Licht zum Laserlicht (Synergetik)**
Psychologie	Verhalten, Denken und Wahrnehmung
Soziologie	Bildung von Gesellschaften

Wie bereits dargestellt ist Varietät und Flexibilität aufgrund einer sich ständig verändernden Umwelt für das Unternehmen überlebenswichtig. Auf der anderen Seite haben soziale Systeme ihren Ursprung gerade in der Reduktion von Komplexität und dem damit einhergehenden Aufbau von Ordnung. Eine strukturlose Organisation kann sich von der Umwelt nicht mehr abgrenzen und als eigenständiges System behaupten.

Wie im Kapitel „4.2 Willke" näher ausgeführt, definiert sich die Organisation über den gemeinsam geteilten Sinn und dieser sollte sich durchaus durch eine gewisse Invarianz auszeichnen. Ein erfolgreiches Unternehmen kann nicht ständig die Grundüberzeugungen ändern und jedem Modetrend folgen. Selbstverständlich darf die Stabilität der Sinnebene sich nicht zu verfestigten Überzeugungen auswachsen, die gegenüber jeglicher Kritik immun sind.

Grundsätzlich muss ein Hinterfragen der Grundüberzeugungen noch möglich sein – jedoch kein ständiges „Alles-in-Frage-stellen". Es gilt die Balance zwischen Stabilität und Flexibilität zu finden.

Stabilität auf der Sinnebene muss jedoch nicht mit Starrheit auf der Strukturebene einhergehen. Strukturen können und müssen bezüglich ihrer Passung zu den aus der Umwelt herangetragenen Anforderungen hinterfragt werden.

Die Herstellung von Ordnung in sozialen Bereichen wird mit zunehmender Eigenkomplexität des Systems und ebenso zunehmender Umweltkomplexität immer drängender, aber auch immer schwieriger. Somit liegt der Gedankengang nahe, die Schaffung von Ordnung dem System selbst zu überlassen - durch Selbstorganisation. Leider ist das vom System selbst generierte, selbstorganisierte Ergebnis nicht automatisch zweckdienlich. Selbstorganisation hat verschiedene Facetten - zur Klärung der unterschiedlichen Formen von Selbstorganisation wird im Folgenden auf die von Göbel (1998) generierten Begrifflichkeiten autogene und autonome Selbstorganisation zurückgegriffen.

Autogene Selbstorganisation

Die autogene Selbstorganisation ist die Ordnung, die durch die Eigendynamik des komplexen dynamischen Systems **von selbst entsteht**. Sie liegt in der systemimmanenten Logik begründet und ist somit spontan gewachsen, evolutionär und nicht bewusst entworfen. Sie findet immer statt. Das System formiert sich zu einer bestimmten Ordnung, die es beizubehalten trachtet und nur durch einen gewissen Druck wieder verlässt.

Diese Ordnungsbildung kann entweder zu wünschenswerten Ergebnissen führen, dann ist eine weitere Gestaltung nicht mehr nötig. In diesem Fall lautet der Grundsatz: „Respektiere die Selbstorganisation".

Sie kann aber genauso gut zu unerwünschten Mustern führen, die man beeinflussen möchte. Beispiele hierfür sind Teufelskreise, heimliche Spielregeln, defensive Routinen, mikropolitische Techniken oder wandlungsblockierende Routinen. Die Organisation engt ihr Blickfeld und ihre Handlungsmöglichkeiten ein und sieht sich unerwarteten akkumulierten Folgen von Einzelhandlungen gegenüber. Diese negativen Automatismen müssen aufgedeckt und in die gewünschte Richtung verschoben werden. In diesem Fall lautet der Grundsatz „Kanalisiere die Selbstorganisation".

Autonome Selbstorganisation

In Abgrenzung zur autogenen Selbstorganisation definiert Göbel die autonome Selbstorganisation. Hier entsteht die Ordnung **selbstbestimmt**. Das bedeutet, dass alle Organisationsmitglieder an der sie betreffenden Ordnung eigenhändig mitbestimmen und mitwirken (=aktive Selbstgestaltung). Sie soll durch Förderung von Handlungs- und Entscheidungsspielräumen besser angepasst und effizienter werden. Hierbei handelt es sich also um den tatsächlichen und bewussten Wunsch der Unternehmensleitung, in selbstorganisierten Arbeitsgruppen zum Ziel zu gelangen (Bsp. teilautonome Arbeitsgruppen). Diese autonome Selbstorganisation kann bewusst eingesetzt, aber auch versagt werden und ist in der Regel das, was im Sprachgebrauch unter Selbstorganisation verstanden wird. Der Grundsatz lautet: „Kreiere die Selbstorganisation".

Nun ist aber Selbstorganisation, ob autogen oder autonom, nicht per se zielführend. Eine Arbeitsgruppe kann sich selbstbestimmt darauf einigen, zwei Tage in der Woche wechselseitig krank zu feiern (vgl. auch Kühl, 1995). Um die Selbstorganisation in die gewünschten Bahnen zu lenken, müssen äußere Randbedingungen vorgegeben werden. Bei sozialen Systemen muss untersucht werden, was eine wirkungsvolle Anreizstruktur darstellt. Gängige Motivatoren sind im betrieblichen Kontext Geld, Status, soziale Anerkennung, Befriedigung persönlicher Bedürfnisse nach Macht, Privilegien etc.

Dann kann Selbstorganisation zu einem deutlich besseren Ergebnis führen als Fremdorganisation, da das Ergebnis genau auf die vorherrschende Lage angepasst ist. Die Forderung lautet also: Selbstorganisation innerhalb eines vorgegeben Rahmens. Das Verhältnis von Selbstorganisation und Fremdorganisation differenziert Göbel dabei folgendermaßen:

Bei der autogenen Selbstorganisation

erweist sich die autogene, von selbst entstandene Entwicklung von Spielregeln menschlichen Umgangs miteinander mitunter als Störfaktor, z.B. Informationen nicht weiterleiten, keine Verantwortung abgeben etc.

Ist man der Ansicht, diese Spielregeln entstehen durch Evolution, so müssen nach Göbel die zugehörigen Selektionsmechanismen erforscht und die Bandbreite möglicher, zur Auswahl stehender Verhaltensweisen erhöht werden.

Hängt man der Auffassung an, diese Spielregeln entstehen durch Lernen, so muss z.B. das real vorhandene Belohnungssystem angepasst werden.

Bei der autonomen Selbstorganisation

bezeichnet die **komplementäre Selbstorganisation** die autonome, selbstbestimmte Organisation des betrieblichen Ablaufs, die Lücken in der Fremdorganisation sinnvoll schließt.

Die **korrektive Selbstorganisation** ist die autonome, selbstbestimmte Umgehung des vorgesehenen Dienstwegs, die die Fremdorganisation korrigiert („kleiner Dienstweg").

4 Zugrundegelegte Ansätze

4.1 Luhmann

Zwar liegt dieser Arbeit der Ansatz Luhmanns nicht direkt zugrunde, er soll aber aufgrund seiner Bedeutung als Begründer der Theorie sozialer Systeme dennoch in aller Kürze vorgestellt werden. Mit ihm wurde der Autopoiesis-Begriff Maturana/Varelas erstmalig auf den sozialen Kontext übertragen.

Luhmann knüpft in seiner Theorie sozialer Systeme (Erstausgabe 1984, im folgenden nach der 3. Auflage 1993) an die Theorien Talcott Parsons (1951) und Maturana/Varelas (1987) an.

Der soziologische Systemtheoretiker Parsons entwickelte in den 30er Jahren seine strukturell funktionale Theorie. Die Struktur eines Systems sieht er dabei als statisch an, die Funktion hingegen ist dynamisch. Funktionen sind die sozialen Prozesse, die das System am Leben erhalten sollen. Erst soll die Struktur eines sozialen Systems bestimmt werden, um dann die Funktion zu ermitteln.

Die besonderen Funktionen von sozialen Systemen hat Parsons 1951 in seinem AGIL Konzept zusammengefasst (vgl. Brandenburg 1971). A steht dabei für Adaption, den Zwang zur Anpassung an sich ändernde äußere Umstände, G für Goal Attainment, die Erreichung der gesetzten Ziele, I für Integration durch verbindlich gemachte Werte und Normen und L für Latent Pattern Maintenance, das Erfordernis, vorhandene Konflikte institutionell zu bewältigen.

Maturana/Varela (1987), zwei chilenische Neurobiologen, stehen für den Begriff der **Autopoiese**. Das autopoietische System erzeugt die Elemente selbst, aus denen es besteht – es ist also selbstherstellend, selbstorganisierend und selbsterhaltend. Autopoietische Systeme sind somit operational geschlossene Systeme, sie öffnen sich für die Umwelt nur für die Ressourcenaufnahme. Der Systemzustand wird nicht unmittelbar von Umwelteinflüssen verändert, sondern das System selbst bestimmt seinen Zustand.

Das Konzept der Autopoiese dient zur Abgrenzung lebensfähiger von unbelebten Systemen. Lebende Systeme sind komplexe Systeme, die autonom agieren und selbsterzeugend sind. Der Verlust der Selbsterzeugung ist gleichbedeutend mit dem Tod des Systems. Beispiel einer autopoietischen Organisation ist die Zelle als lebensfähiges System. Sie produziert alle Bestandteile aus denen sie besteht, selbst, gleichzeitig ermöglichen diese Zellbestandteile erst die Existenz einer Systemgrenze (Zellmembran) und damit die Identität des Systems. Alle

Prozesse im Inneren der Zelle sind auf Selbsterzeugung und Selbsterhaltung ausgerichtet und damit auf die Fortdauer der autopoietischen Organisation. Struktur eines Systems sind dabei die Bestandteile und Relationen, die ein System als Einheit konstituieren und seine Organisation verwirklichen. Für die Überlebensfähigkeit eines Systems innerhalb einer sich verändernden Umwelt ist demnach entscheidend, inwiefern die vorliegende Struktur des Systems Modifikationen erlaubt. Die Anzahl der potentiellen Veränderungsmöglichkeiten dieser Struktur wird als strukturelle Plastizität des Systems bezeichnet.

Luhmann entwickelte die traditionelle, vor allem durch Parsons geprägte Systemtheorie weiter. Sein funktionalstruktureller Ansatz überwindet den Strukturfunktionalismus Parsons. Der Funktionsbegriff wird von Luhmann der Struktur übergeordnet. Die Begriffe Selbstreferentialität und Autopoiesis werden zu grundlegenden Prämissen. Ein selbstreferentielles System ist in der Lage, sich selbst zu beobachten, sich auf sich selbst zu beziehen und sich selbst zum Thema zu machen (z. B. wachen Organisationen über Einhaltung der Mitgliedschaftsregeln und beschäftigen sich mit der Entwicklung der Mitgliederzahlen, Interaktionsgruppen machen das Gespräch oder die Beziehungen zwischen den Anwesenden selber zum Thema). Der jeweilige Umweltbezug wird durch die Gesetzmäßigkeiten der autonomen Operationsweise des Systems bestimmt. Grenzen und Möglichkeiten der Systembeeinflussung werden somit von der Umwelt vorgeprägt, innerhalb des jeweiligen Systems wird jedoch der konkrete Umgang mit den Vorgaben durch die systeminterne Selbstorganisation vollzogen – hier erkennt man die Autonomie des Systems. Oder anders gesagt: Selbstreferentialität bezeichnet die Fähigkeit jedes lebendigen Systems, einen Bezug zu sich selbst in Abgrenzung zur Umwelt herzustellen.

In diesem Zusammenhang kommt auch der Begriff der Kontingenz ins Spiel. Sie bezeichnet die einem System in einer bestimmten Situation zur Verfügung stehenden Handlungsalternativen. Die Kontingenz anderer Systeme wird dabei als Problem mangelnder Erwartungssicherheit erfahren, die eigene Kontingenz hingegen als Freiheitsgrade und Alternativenspielraum (Willke 1993). Das bedeutet aber auch, dass die zur Bewältigung der Umweltkomplexität nötige Eigenkomplexität eines Systems notwendigerweise wieder eine erhöhte Umweltkomplexität für ein anderes System darstellt.

Wenn Systeme miteinander interagieren, spricht Luhmann von Interpenetration. Beide Systeme durchdringen sich und stellen sich ihre Komplexität zur Verfügung, sind in ihrem Sinnverarbeiten und Sinnproduzieren jedoch eigenständig. Luhmann überträgt in seiner Theorie einen etwas abgewandelten Autopoiesis-Begriff auf lebende, neuronale, psychische und soziale Systeme. Beispielsweise begreift er das Bewusstseinssystem als autopoietisches System. Es produziert Gedanken für Gedanken selbst und bezieht sie nicht aus seiner Umwelt „Gehirn". Bei der Produktion von Gedanken ist das Bewusstsein auf Gehirntätigkeiten angewiesen, die Gehirntätigkeit und die Gedanken sind aber zwei verschiedene, voneinander getrennte Systeme. Das Gehirn ist für das Bewusstsein unzugänglich und umgekehrt. Das Bewusstsein ist für das Gehirn eine emergente, übergeordnete Ordnungsebene. Beide bedingen sich gegenseitig, operieren aber autonom. In Abgrenzung zum naturwissenschaftlichen Autopoiesis-Begriff operieren soziale Systeme im Gegensatz zu Maschinen und Organismen auf der Basis von Sinn und Sinnzusammenhängen.

In Anwendung des Autopoiesis-Begriffs auf soziale Systeme sind die Elemente des sozialen Systems für Luhmann **Kommunikationen**, nicht das Individuum. Soziale Systeme sind für ihn nicht auf ihre einzelnen Mitglieder reduzierbar – die Summe der Mitglieder bzw. deren Ziele machen nicht das Ganze aus. Kommunikation ist in dieser Konzeption also kein Ergebnis des menschlichen Handelns, sondern ein Produkt des sozialen Systems. Somit folgt, dass nicht der Mensch kommuniziert, sondern ausschließlich das Kommunikationssystem „nur die Kommunikation kann kommunizieren" (Luhmann, 1995, S. 113). Kommunikationen müssen an Kommunikationen anschließen, damit das System erhalten bleibt. Bei sozialen Systemen, die nicht durch dauerhaft stabile Elemente gebildet werden, wird die Notwendigkeit von Autopoiesis in besonderer Weise deutlich: hier ist eine ständige Selbstreproduzierung unumgänglich. Jede Kommunikation vergeht sofort wieder, wenn sich nicht weitere Kommunikationen daran anschließen. Die Elemente des sozialen Systems sind die Kommunikationsereignisse. Durch Autopoiesis werden diese Elemente reproduziert, jedoch nicht im Sinne einer identischen Verdoppelung, sondern durch den Anschluss an die vorhergehenden Elemente. Dies bedeutet auch, dass ein System aus einer unendlichen Menge von Kommunikations- und Anschlussmöglichkeiten auswählt und dabei nur eine Möglichkeit aktualisiert. Im Laufe der Zeit verliert nun diese Möglichkeit ihre Aktualität und es kommt zur neuerlichen Auswahl auf Grundlage der bestehenden Kommunikations- und Regelstrukturen. Ein soziales System ist somit beständig auf anschlussfähiges kommunikatives Handeln angewiesen. Autopoiesis ist das Neuhervorbringen anschlussfähiger Kommunikation. Hierin zeigt sich aber auch die Instabilität dieses Systems, denn Autopoiesis ist ständig erforderlich, damit überhaupt von einem System die Rede sein kann:

"Das soziale System gründet sich mithin auf Instabilität. Es realisiert sich deshalb zwangsläufig als autopoietisches System. Es arbeitet mit einer zirkulär geschlossenen Grundstruktur, die von Moment zu Moment zerfällt, wenn dem nicht entgegengewirkt wird." (Luhmann, 1993, S. 167).

Diese Konzeption eines sozialen Systems als autopoietisches System ist nicht unumstritten. Auch ist die Frage, ob Kommunikationen oder Individuen das unterste Element des sozialen Systems darstellen, in der Literatur keineswegs abschließend geklärt (vgl. Kapitel „3.3.1 Zur Frage der Systemelemente").

Insbesondere ist der Ansatz Luhmanns ein ausgesprochen theoretischer und analytischer, der den Fokus auf die Deskription, nicht auf die Intervention legt. Intervention in sozialen Systemen ist aufgrund deren operationaler Geschlossenheit in dieser engen theoretischen Fassung sogar unmöglich. Da das Anliegen dieser Arbeit aber gerade die Konzeption einer systemgerechten Intervention in das soziale System in Form eines Change Prozesses ist, wurde für die weitere Argumentation als soziologische Grundlage der weiter gefasste Ansatz von Willke zugrunde gelegt.

4.2 Willke

Der Soziologe Helmut Willke beschäftigt sich schwerpunktmäßig mit der Intervention und Steuerbarkeit in sozialen Systemen. In Erweiterung zur Luhmannschen Theorie hält er Interventionen in Systemen grundsätzlich für notwendig und möglich. Der Problematik der Autonomie und prinzipiellen Nicht-Steuerbarkeit eines komplexen sozialen Systems begegnet er mit dem Konzept der Kontextsteuerung. Dieses Kapitel folgt den Bänden Systemtheorie I-III von Willke (1993-1995).

Als soziales System kann nach Willke (1993, S. 56ff.) bezeichnet werden, was

- Sich durch spezifische Werte und Handlungsmuster von der Umwelt abgrenzen und unterscheiden lässt und

- kontextsensitiv ist, d.h. die Prozesse innerhalb des sozialen Systems sind nur aus dem Systemzusammenhang heraus zu verstehen.

Ein soziales System befindet sich immer im Konflikt mit seiner Umwelt. Dabei unterscheidet Willke zwischen dem Problem der Komplexität und dem der Kontingenz.

Komplexität erzeugt ein Konfliktpotenzial für das System aufgrund der überschüssigen Möglichkeiten der Umwelt, die unter dem Gesichtspunkt der Handlungsfähigkeit des Systems reduziert werden müssen. Anders gesagt geht es um eine Reduktion von Umweltereignissen (Willke, 1993, S. 18ff.).

Kontingenz dagegen erzeugt Konflikte innerhalb des Systems aufgrund von zahlreichen Handlungsalternativen, die im Hinblick auf bestimmte Umweltbedingungen vom System bewertet und entschieden werden müssen. Hier handelt es sich um die Produktion von Wirklichkeiten in der Umwelt aufgrund der im System erarbeiteten Möglichkeiten (Willke, 1993, S. 28ff.).

Dabei sind in der Realität die Ressourcen eines Systems wie Zeit, Energie, Geld oder Information immer begrenzt. Auf der Input Seite des sozialen Systems wird die Reduktion der Umweltkomplexität durch die begrenzte Informationsverarbeitungskapazität der Perzeptoren erzwungen. Auf der Output Seite erfordert die Knappheit der Ressourcen eine Auswahl aus den Handlungsalternativen - man kann weder alles wahrnehmen noch alles ausführen. Dem entsprechen Konflikte über Relevanzen (= Input-Konflikte) einerseits und Konflikte über Strategien (= Output-Konflikte) andererseits (Willke, 1993, S. 34ff.). Input und Output Konflikte sind jedoch nicht gänzlich voneinander unabhängig: nach der Entscheidung für eine bestimmte Handlungsstrategie wird oftmals die Wahrnehmung der Umwelt entsprechend der neuen Systemstruktur angepasst (vgl. auch Piaget (1975): Assimilation und Akkomodation).

Die Perzeptoren des Systems selektieren bestimmte Daten aus der Umwelt, diese werden dann systemintern aufbereitet. Je nach eigener Systemkomplexität, d.h. aufgrund funktionaler Binnendifferenzierung und der Fähigkeit zum Aufbau innerer Modelle der Außenwelt, ist das System in der Lage, Komplexität zu verarbeiten und aufzubereiten. Eigenkomplexität ermöglicht dabei nicht nur die Fähigkeit, Umweltkomplexität zu reduzieren, sondern auch interne Komplexität (Kreativität, geistige Produktivität) zu produzieren. Diese muss dann unter Handlungsgesichtspunkten wieder auf die machbaren Handlungsoptionen reduziert werden. Allgemein gesprochen handelt es sich bei der Verarbeitung von Komplexität um einen mehrstufigen Prozess der Reduktion von Umweltkomplexität, Reproduktion interner Komplexität und erneuter Selektion von Handlungsoptionen (Willke, 1993, S. 38ff.).

Ordnung durch Sinn

Was ist nun die ordnende Instanz im sozialen System? Wer nimmt die Relevanzen vor, nach denen selektiert wird, was ist das Steuerungskriterium? Nach Willke (1993, S. 43ff.) ist die Ordnungsform sozialen Handelns die gemeinsam geteilte Sinnzuschreibung. Symbolische Sinnsysteme oder Sinnwelten schaffen Ordnung (z.b. Religionskriege). Sie grenzen durch selektive Mechanismen, die nach zum System zugehörigen oder nicht zugehörigen Interaktionen differenzieren, ein System vom anderen ab. Der intersubjektiv geteilte Sinn grenzt also auch ab, was im jeweiligen System als sinnvoll zu gelten hat.

Um ein System zu bilden, muss also die Selektion von Umweltdaten durch eine nach Sinnkriterien gebildete Präferenzordnung gesteuert werden - vorstellbar als „Magnetlinien" (Willke, 1993, S. 53), die das Sinnvolle vom Sinnlosen nach dazu gehörig oder nicht dazu gehörig differenzieren. Damit grenzt sich also das System über den Sinn nach außen hin ab: „Der Sinn von Grenzen liegt in der Begrenzung von Sinn" (Willke, 1993, S. 56) – denn nicht alles was passiert, kann auch berücksichtigt werden. Das Sozialsystem muss seine Aufmerksamkeit auf das systemspezifisch Sinnvolle beschränken. Das System wird als Netz zusammengehöriger Operationen verstanden und als Stabilisierung einer Differenz zwischen innen und außen.

Sinn leistet also Doppeltes: die grundlegende Orientierung zwischen den Handelnden innerhalb eines Systems durch geteilte Symbolsysteme (z.B. Kirche: heiliges Abendmahl) und zwischen ihnen und der Welt durch die Klassifizierung eines bestimmten Systems unter dessen Symbolsystem (z.B. Kirche: Kreuz).

Was bedeutet das für die Analyse von Systemprozessen? Von zentraler Bedeutung für die Analyse des sozialen Systems sind dessen handlungsleitende interne Modelle, das so genannte „Präferenzsystem" (Willke, 1993, S. 46f.). Auch die intern abgebildeten Außenweltprozesse sind Teil des Präferenzsystems (Thomas-Theorem: Was man für wahr hält, ist wahr). Welche Umweltinformation das System aufnimmt, hängt von den Präferenzen des Systems ab. Beispiele für organisationale Präferenzsysteme reichen von der „Spezialsprache" bis zur Ideologie. Hier findet sich auch wieder der Bezug zum schon erwähnten Konzept der Unternehmenskultur bzw. dem noch zu besprechenden Konzept der „heimliche

Spielregeln". Diese sind als Präferenzsysteme des zu intervenierenden Systems für dieses handlungsleitend und müssen deshalb bei einem Veränderungsvorhaben im Besonderen untersucht werden.

Die empirische Analyse von Präferenzsystemen und somit Sinngehalten ist zwar schwieriger als das Abfragen „harter" Daten, aber auch die einzige Möglichkeit, nicht-triviale Aussagen zu machen, da Relevanz und Aussagekraft ungleich größer sind (Willke, 1993, S. 50).

Beobachten, Beschreiben, Verstehen

Die Beobachtung ist das Instrument zur Erschließung von Wirklichkeit (Willke, 1994, S. 22). Das beobachtende System ist zwar an die eigenen Mittel des Beobachtens und Verstehens gebunden, die Erklärung, die es findet, muss aber dennoch zum zu beobachtenden System „passen". Eine zur Diagnose führende Beobachtung eines fremden Sozialsystems muss nicht mit dem Selbstverständnis des zu beobachtenden Systems übereinstimmen.

Beobachtung findet statt, wenn der Beobachter den zu beobachtenden Gegenstand beschreiben und dessen interne Funktionslogik abgrenzen kann, also im Sinne von Bateson (1972, S. 453) einen bedeutsamen Unterschied feststellt („a difference which makes a difference"). Beobachten lässt sich alles, was in Form irgendeiner Differenz vorliegt, vorausgesetzt die Form der Differenz macht für den Beobachter Sinn. Erkennbar ist nur, was im Bezugsrahmen des beobachtenden Systems Sinn macht.

Folgende Merkpunkte zur systemischen Beobachtung stellt Willke (1994, S. 22ff.) zusammen:

- Die Logik der Beobachtung ist die Logik des **beobachtenden** Systems und seiner kognitiven Struktur.

- Der Gegenstand einer Beobachtung ist erst dann einer, wenn er bezeichnet und beschrieben werden kann. Wenn man keine Begriffe für ein Phänomen hat, existiert es nicht. Somit kommt jeder Beobachter zu einer eigenen Beschreibung des Phänomens – problematisch ist es dann, verschiedene Beschreibungen zu vereinheitlichen. Je nach Perspektive entstehen unterschiedliche Realitäten eines Systems.

- Die Referenz der Beobachtung ist nur vordergründig der beobachtete Gegenstand. Die Referenz der Beobachtung ist der Beobachter, also Selbstreferenz.

- Die Beobachtung der Beobachtung kompliziert das Problem der Referenz.
- Die Unterscheidung von Fremdbeobachtung und Selbstbeobachtung als potentielle zwei Möglichkeiten. Wie soll man herausfinden, ob eine Information von außen kommt oder selbst produziert ist?

Zur operativen Geschlossenheit

Ein System produziert selbst die Grenze für sich, die es ihm erlaubt, die eigene Identität nach internen Regeln zu erzeugen und gegenüber der externen Realität durchzuhalten. Die eigene Identität und die internen Regeln sind damit selbstrefentiell (Willke, 1994, S. 73ff.). Autopoietische Systeme sind operativ geschlossene Systeme, die sich in einer basalen Zirkularität selbst reproduzieren: sie reproduzieren die Elemente, aus denen sie bestehen mit Hilfe der Elemente, aus denen sie bestehen. Daraus kann auf eine Geschlossenheit der Tiefenstrukturen der Selbststeuerung des lebenden Systems geschlossen werden.

Daraus folgt: Entgegen dem systemtheoretischen Postulat der Offenheit lebender Systeme sind diese in ihrem Kernbereich, also in ihrer Steuerungsstruktur, geschlossene Systeme. Man spricht in diesem Zusammenhang auch von interner Strukturdeterminiertheit. Allerdings **nur** in diesem Bereich der Selbststeuerung der eigenen Reproduktion.

Anders gesagt: **soziale Systeme sind energetisch und materiell offen, aber informationell geschlossen**, d.h. sie nehmen von der Umwelt nur das wahr, was an ihre innere Struktur anschlussfähig ist und somit zu einer systemeigenen Operation werden kann (Willke, 1994, S. 103f.) Wahrnehmungen aus der Umwelt können also nur benutzt werden, wenn sie in die interne Operationslogik des Systems übersetzt werden können. Die Umwelt wirkt auf das System nicht nur als Störung, Irritation oder Rauschen, sondern auch als Energiequelle. Diese wird jedoch nur dann sinnvoll, wenn sie vom System als bedeutsam wahrgenommen wird, also an die internen Operationen anschließt („gleiche Sprache").

Menschen sind insofern autopoietische Systeme, als ihr Nervensystem Gedanken und Vorstellungen und ein Bewusstsein erzeugt, dessen Konstitution – nicht der Inhalt! - ausschließlich aus der Organisationsweise und Struktur des neuronalen Systems folgt. Umweltereignisse stoßen neuronale Relationen an, determinieren sie jedoch nicht. Gedanken, die eine Person als psychisches System hat, können nur von anderen Gedanken dieser Person wahrgenommen werden – aber weder von außen eingebracht noch beobachtet. Daraus folgt: Es gibt keinen unmittelbaren Kontakt zwischen verschiedenen Bewusstseinssystemen. Man kann nicht wissen, was der andere denkt, sondern sich nur seine eigenen Vorstellungen darüber bilden (Willke, 1994, S. 92ff.).

Zur Frage des Systemelemente

Die Mitglieder eines sozialen Systems gehören für Willke (1993, S. 59ff.) als Personen zur Umwelt dieses Systems, denn sie gehören ja nur mit bestimmten Rollen und in bestimmten Hinsichten zum System; sie nehmen stets auch noch außersystemische Rollenbezüge wahr, z.b. Familie, Vereine etc. Die Innenwelt des Systems besteht aus den Relationen des Systems mit seinen Mitgliedern. Diese müssen untereinander abgestimmt werden, weil sie durch unterschiedliche eigene Umweltbezüge divergente Orientierungen entwickeln. Abstimmungsprobleme entstehen (mindestens) zwischen der Innenwelt des Systems und der es umgebenden Umwelt.

Sieht man Kommunikationen und darauf fußend Entscheidungen als zentrales Element der Organisation an, dann muss jede Veränderung des Systems aus einer Veränderung der das System konstituierenden Kommunikationsmuster und Kommunikationsregeln folgen. Somit wird für ein Verstehen und Beeinflussen des Systems durch die Personen hindurch auf die sich hinter ihnen verbergenden Kommunikationsstrukturen und -regeln verwiesen. Die Personen sind als Bewusstseinssysteme durch die strukturelle Kopplung an den stattfindenden Kommunikationsprozessen beteiligt. Aber die Regeln der Kommunikation spezifizieren sich durch die systemeigene Selbstreferenz selbst. Deshalb kann es zu Differenzen kommen zwischen (sozialen) Kommunikationen und dem, was Personen mit Kommunikation vorhaben. Kommunikationen lassen sich verstehen als kondensierte Traditionen, Lernerfahrungen und Selbstidentifikationen der Systemgeschichte. Um zu intervenieren ist es also wichtig, die spezifische Operationslogik des Systems zu erschließen. Dann erst kann man wissen, was eine bestimmte Handlung oder Entscheidung bedeutet (Willke, 1994, S. 36f.).

Steuerungsprobleme komplexer Sozialsysteme

Gründe für das Steuerungsproblem komplexer Sozialsysteme sind nach Willke (1993, S. 265ff.):

- Die Steigerung der Eigenkomplexität und internen Differenziertheit, Autonomie und operative Geschlossenheit der gesellschaftlichen Teilsysteme.

- Die Steigerung der Weltkomplexität und Herausbildung lateraler Weltsysteme.

- Die Verlagerung des Zeithorizontes und der operativen Perspektive in die Zukunft: Probleme werden in die Zukunft abgeschoben, aggregierte und dynamische Wirkung der Prozesse wird nicht beachtet.

Zum Verständnis und zur Intervention eines sozialen Systems ist es nötig, Komplexität zu reduzieren (Willke, 1993:214ff.). Allerdings nicht, indem man diejenigen Variablen isoliert, die sich leicht messen lassen, sondern in einer systemadäquaten Analyse der „kritischen" Variablen. Damit beginnt die Systemanalyse mit der Frage, welche Faktoren für das System repräsentativ sind. Dabei ist zu beachten: Teile oder Prozesse stellen sich unterschiedlich dar, je nachdem ob sie isoliert für sich oder im Kontext des systemischen Zusammenhangs untersucht werden (entgegen der „Teilchentheorie des Ganzen"). Untersucht man die einzelnen Ursache-Wirkungs-Mechanismen, so erscheinen sie oft harmlos, aber deren dynamische Verknüpfung hat ungeahnte, oftmals auch kontraintuitive Folgen (Klimakatastrophe, Überbevölkerung). Erforderlich sind also entsprechend komplexe Steuerungsinstrumente/ Mechanismen.

Für reflektierte Abstimmungsprozesse der gesellschaftlichen Teilsysteme fordert Willke (1993, S. 275) drei grundsätzliche Vorkehrungen:

- Die wechselseitige Akzeptanz der operativen Geschlossenheit und Autonomie der Teilsysteme.

- Die Berücksichtigung der operativen Restriktionen, die sich aus spezialisierten aber nicht zusammenhängenden Funktionen ergeben.

- Berücksichtigung der operativen Kontexte (im Sinne von Gesamtentwürfen für die Bewegungsmuster und die Prozessmuster der Gesellschaft). Dieses darf für die Teilbereiche aber nicht gleichbedeutend mit einer Aufgabe ihrer Autonomiespielräume werden.

Somit ist eine Stärkung der Teilbereichsautonomie und der Steuerungswirkung von Kontexten nötig. Dies ist möglich, wenn die Kontrolle der Kontrolle in die Teilbereiche zurückverlagert wird. Die Gesellschaftsordnung wird somit nicht von einem Teilsystem des Ganzen (z.B. der Politik) formuliert, sondern folgt aus

den Interaktionen aller Akteure, die ihre Kontrollkompetenz aus einem übergeordneten, ganzheitlichen Interaktionszusammenhang herleiten. Also: Selbstverantwortung aller Teilsysteme im Hinblick auf das Gesamtsystem (Kontext).
Es kommt darauf an, die Besonderheiten komplexer Zusammenhänge zu verstehen. Beispiel Tragödie (Ödipus): Wirkungen schlagen auf ihre Ursachen zurück.
Beispiel Troja: Versetze dich in die Lage des zu verändernden Systems, trans-
poniere dessen Eigenlogik und lasse es selbst die gewünschten Veränderungen
bewirken (Willke, 1994, S. 7f.).

Die Möglichkeiten der Steuerung komplexer Systeme sind nach Willke (1995)
begrenzt auf (interne) Selbststeuerung und (externe) Kontextsteuerung. Haupt-
modelle der Koordination und Steuerung gesellschaftlicher Systeme sind für ihn
Demokratie, Hierarchie und Verhandlungssysteme. Medien für die Steuerung
sind Macht, Geld und Wissen - je nach systeminterner Logik und „Sprache".

4.3   Weitere Ansätze und Konzepte

4.3.1 Heimliche Spielregeln

Ausgangspunkt einer Intervention ist immer die Analyse des zu verändernden
Systems. Leider lässt die direkte Beobachtung von Handlungen ohne tieferge-
hende Kenntnis des zu beobachtenden Systems deren zugeordneten Sinn nicht
ohne weiteres erkennen. So ist beispielsweise das kirchliche Abendmahl ohne
Kenntnis des symbolischen Hintergrundes lediglich eine Form der Nahrungs-
aufnahme. Die direkte Beobachtung findet zunächst nur auf der sichtbaren Ebene der Oberflächenstruktur statt. Dies reicht zur Erklärung des Systemverhaltens
aber meist nicht aus.

„Ein Beobachter, der die Oberflächenstruktur sieht und glaubt, das System verstanden zu haben, wird deshalb ziemlich voraussagbar Überraschungen erleben." (Willke, 1994, S. 111).

Der Beobachter nimmt also möglicherweise bestimmte Differenzen in der Tiefenstruktur, an denen das System seine Entscheidungen ausrichtet, nicht wahr.
Watzlawick (1994, S. 153) bringt hierzu folgendes Beispiel: In einem Unternehmen wurde innerhalb eines halben Jahres dreimal der Vizedirektor ausgewechselt, weil die einzelnen Stelleninhaber angeblich immer versagt hätten.
Eine eingehende Untersuchung der Tiefenstruktur durch externe Experten zeigte
hingegen, dass die verantwortungsvolle Position mit deutlich zu geringen Ent-
scheidungsfreiheiten ausgestattet war, so dass eine erfolgreiche Arbeit bereits
von der Struktur her gar nicht möglich war.

Es gibt jenseits der offiziellen Richtlinien und verschrifteten Prozessabläufe, noch eine zweite Realität, die die Verhaltensweisen der Organisationsmitglieder steuert. Unter dem Begriff Unternehmenskultur, Schattenkultur (Schein 1987, Steinmann/Schreyögg 1993) oder geheime Spielregeln werden diejenigen Verhaltensregeln zusammengefasst, die das Verhalten der Mitarbeiter wirkungsvoll und nachhaltig steuern, aber in keiner Dokumentation erfasst sind. Dies ist im Falle einer gewünschten Verhaltensänderung die zu betrachtende Tiefenstruktur des Systems! Vergleiche hierzu auch Probst (1992, S. 195):

„Unter Unternehmenskultur lässt sich die Gesamtheit aller Werte, Normen und Denkmuster verstehen, die das Verhalten der Mitglieder einer Organisation und den betrieblichen Bezugsrahmen bestimmen."

Problematisch an Modellen der Unternehmenskultur ist deren überwiegend deskriptiver Charakter. Zwar ist man sich über die handlungsleitende Bedeutung der Unternehmenskultur einig, es werden aber kaum konkrete Möglichkeiten zu deren Veränderung aufgezeigt. Stärker interventionsorientiert ist hingegen das Konzept der Beschreibung vorherrschender Verhaltensregeln als „heimliche Spielregeln" von Scott-Morgan (1994), das im Folgenden erläutert werden soll.

Nach Hammer & Champy führen 70 % aller einschlägigen Anstrengungen in Veränderungsprojekten zu keinem Ergebnis (zitiert nach Scott-Morgan, 1994, S. 19). Woran liegt das? Das Mitarbeiterverhalten und die Verhaltensbarrieren in den Köpfen der Mitarbeiter ändern sich nicht stillschweigend von selbst, denn die Mitarbeiter haben für ihr Verhalten oftmals gute Gründe.

Im Unternehmen gibt es zwei Realitäten, an denen sich das Organisationsmitglied orientiert. Von den Führungsetagen gehen durch Handlungen und Aussagen offen kommunizierte, teilweise niedergeschriebene Spielregeln oder Handlungsanweisungen aus. Gleichzeitig gibt es „heimliche Spielregeln", die dem Mitarbeiter dabei helfen, die offiziellen Spielregeln zu verfolgen und die gesetzten Ziele zu erreichen. Es gibt Zu- und Abneigungen, unterschiedliche Machtverhältnisse, unterschiedliche Wissensstände etc., oft unter dem Begriff Mikropolitik zusammengefasst (Neuberger 1995), die das tatsächliche Handeln bestimmen. Im Extremfall kommt es zu einer Situation, die man in der Psychotherapie als „Double Bind" (Bateson 1972) bezeichnet: Die offen ausgesprochene und die unterschwellig auf der Beziehungsebene eingeforderte Handlungsanweisung widersprechen sich. Ein Beispiel dafür ist eine offizielle „Politik der Fehlertoleranz", die bei Inanspruchnahme zum öffentlichen Anprangern des Fehlerverursachers führt. Sprenger (1995, S. 234) hierzu:

„Im Unternehmen (sind) die verbalen Botschaften völlig unwichtig. Allein wichtig – und von den Mitarbeitern seismographisch aufgespürt – sind die unausgesprochenen Botschaften, wie sie in konkreten Verhaltensmustern, Organisationsstrukturen und Traditionen deutlich werden."

Diese „heimlichen Spielregeln" sind aber keineswegs als Organisationspathologien zu betrachten, sondern im Gegenteil unabdingbare Effekte, die sich im Sinne der autogenen Selbstorganisation aus der Systemstruktur ergeben. Darüber hinaus sind sie auch sinnvolle Verhaltensstrategien, um das eigene Fortkommen in der Organisation zu sichern. Hierzu auch Kühl (2000, S. 92):

„aus dieser Perspektive (der heimlichen Spielregeln als Organisationspathologien, Anm. d. V.) erscheint der Mensch als Sandkorn im Getriebe einer an sich effektiven und im Prinzip gut funktionierenden Maschine. Vertuschen von Fehlern, Vorspiegeln falscher Tatsachen, Günstlings- und Vetternwirtschaft, Intrigen, Vorbehalte oder Manipulieren von Informationen sind aus dieser Perspektive Fehlentwicklungen und Perversionen rationaler Entwürfe und nicht systembedingte Effekte oder gar organisatorisch sinnvolle Strategien."

Heimliche Spielregeln sind also keine Ausnahmeerscheinungen illoyaler Mitarbeiter dem Unternehmen gegenüber. Niemand ist „schuld" an „unprofessionellem Verhalten". Die Gründe liegen in der Struktur des Systems:

Über das Anreiz- und Motivationssystem wird erwünschtes Verhalten verstärkt und unerwünschtes bestraft. Dabei zählen nicht nur Gehalt, sondern auch Statussymbole, Karrierechancen, oder persönliche Anerkennung als Verstärker. Die Organisation teilt dem Mitarbeiter durch schriftliche Richtlinien und Handbücher, mündliche Anleitung etc. offiziell mit, welches Verhalten erwartet wird. Problematisch ist nun, dass die tatsächlichen Anreize im Unternehmen oft ein gänzlich anderes Verhalten nahe legen, als es die offiziellen Normen vorschreiben. Der Mitarbeiter lernt durch das Modell der Führungskräfte und Kollegen sowie seine persönlichen Erfahrungen die geltenden Spielregeln zur Erreichung seiner Interessen. Diese müssen aber nicht mit dem Organisationsinteresse konform gehen, sondern können lauten: Informationen zurückhalten oder verfälschen, kurzfristige Erfolge auf Kosten langfristiger Lösungen, Fehler vertuschen. Dass diese Verhaltensregeln kontraproduktiv und schädlich für das Gesamtinteresse der Organisation sind, ist den Organisationsmitgliedern dabei durchaus bekannt. Wollte der Einzelne aber die geltenden Verhaltensregeln ändern, wären damit enorme persönliche Unannehmlichkeiten möglicherweise bis hin zum Jobverlust verbunden. Wer die heimlichen Spielregeln nicht beherrscht, wird im Unternehmen keinen Erfolg haben!

Somit liegen die Gründe für Entstehung und Befolgung der ungeschriebenen Gesetze im gesunden Menschenverstand, dem vorliegenden Anreiz- und Motivationssystem sowie dem Gruppendruck, dem der Mitarbeiter in einem Unternehmen unterliegt. Aufgrund der Wirksamkeit gemeinsam geteilter Vorstellungen und Handlungsstrategien (vgl. das Konzept des Ordnungsparameters im Kapitel „4.5 Synergetik") ist es für den Einzelnen so gut wie unmöglich auszuscheren und eigene Regeln zu verfolgen – es ist auch nicht klug.

Um also vermeintliche Widerstände auszuräumen, ist es notwendig, nach deren wirklichen Ursachen in Form heimlicher Spielregeln zu forschen, anstatt ein nicht Übereinstimmen der tatsächlichen Verhaltensweisen mit den offiziell geforderten Verhaltensweisen als Widerstand zu titulieren! In vielen Fällen hat der „Widerstand" gute Gründe und ist systembedingt.

Wie deckt man nun die ungeschriebenen Gesetze im Unternehmen auf? Nahezu alle Mitarbeiter eines Unternehmens folgen den gleichen Spielregeln. Unterschiede liegen darin, dass nicht alle Leute den gleichen motivierenden Kräften folgen und die Spielregeln deshalb unterschiedlich interpretieren und unterschiedlich stark befolgen. Scott-Morgan unterteilt die heimlichen Spielregeln nach drei „Magneten":

- **Motivierende Kräfte**

  leiten sich ab aus Politik und Verhalten der Führungsebene im Hinblick auf Dinge wie Gehalt, Arbeitsinhalte, Karrierewege, Status, Ausbildung, Einstellungskriterien und Kündigung → Was ist den Organisationsmitgliedern wichtig und wie verhalten sie sich demzufolge?

- **Machtausübende Kräfte**

  haben zu tun mit Aufgabenbeschreibungen, Organisationsplänen, Rechten und Pflichten → Wer ist, ausgehend von den motivierenden Kräften, wichtig und wie verhalten sich die Organisationsmitglieder demzufolge?

- **Handlungsauslösende Kräfte**

  resultieren aus Leistungsmaßstäben, Zielvorgaben, Beurteilungen und Strategie → Wie werden die Organisationsmitglieder beurteilt und wie verhalten sie sich demzufolge?

Eine derartige Unterteilung ist m. E. sicherlich eine gute Hilfestellung zur Gliederung der Fragenkomplexe, jedoch nicht zwingend nötig und auch nicht theoretisch fundiert. Festzuhalten bleibt in jedem Fall, dass gezielt Fragen nach den verhaltensauslösenden Kräften gestellt werden müssen.

Wie hat man sich die Aufdeckung heimlicher Spielregeln nun konkret vorzustellen? Ein Beispiel für eine Vorgehensweise entnehme ich von Scott-Morgan (1994). Im Beispielfall wird vom Mitarbeiter für eine von ihm gewünschte schnelle Beförderung offiziell der Nachweis von Erfahrung und Verantwortlichkeit gefordert. Durch diese Forderungen bedingt man aber gleichzeitig ein Verhalten, das nötig ist, um die Forderungen zu erfüllen. So bedingt die geforderte Erfahrung im Beispielunternehmen einen häufigen Stellenwechsel. Dieser geht wiederum auf Kosten der Kontinuität der Leitungsfunktion im Unternehmen, da ja jeder Mitarbeiter nur für zwei Jahre an seinem Platz ist und entsprechend auch nur für diesen Zeitraum plant. Wer nun für seinen Bereich verantwortlich ist, achtet vordringlich auf die eigenen Quartalsergebnisse und schützt das eigene Revier und Wissen – dies läuft der Gesamtorientierung des Unternehmens sowie erfolgreichem Wissensmanagement entgegen. Kriterien für eine Beförderung sind im Beispielunternehmen außerdem ein guter und kompetenter Eindruck sowie eine gute Beziehung zum Vorgesetzten. Dies führt dazu, dass nicht unbedingt die Qualität der Arbeit für die Beförderung entscheidend wird, sondern die Fähigkeit des Mitarbeiters, aufzufallen und den persönlichen Geschmack der Führungskraft zu treffen. Um das eigene Ansehen nicht zu beschädigen, sollte man sich keinesfalls in Fehlschläge verwickeln lassen. Dies führt zu einer Orientierung auf minimales Risiko – und damit werden Innovationen sicherheitshalber abgelehnt. Dieser Ablauf wird in Abb. 16 dargestellt.

Offizielle Spielregel	Heimliche Spielregel
Offiziell herausgestellt werden:	Das führt zu:
Erfahrung	Zu schneller Stellenwechsel
Guter Eindruck	Vorgesetzten zufrieden stellen
	Sich von den Anderen abheben
	Sich nicht in Fehlschläge verwickeln lassen
Verantwortlichkeit	Das eigene Revier schützen
	Auf die eigenen Quartalsergebnisse achten

Abb. 16: Verhältnis offizielle und heimliche Spielregeln (eigene Darstellung nach Scott-Morgan 1994)

Die entsprechenden, daraus folgenden Auswirkungen lauten:

- Keine Kontinuität in der Zusammenarbeit
- Keine fachübergreifende Kooperation
- Chronische Kurzfristigkeit
- Keine Risikobereitschaft

Die logische Kausalkette zwischen der offiziellen Spielregel und der negativen Auswirkung ist ohne das Zwischenglied der heimlichen Spielregel schwer zu fassen oder vorherzusehen. Die heimliche Spielregel ist manchmal expliziter, häufiger aber impliziter Natur - man kann sie kennen und befolgen, auch ohne dass sie ausdrücklich formuliert wurde. Nicht selten kommt es vor, dass sich offizielle Verhaltensregel und heimliche Spielregel völlig widersprechen. In diesem Fall ist immer die heimliche Spielregel verhaltensleitend. Vergleiche hierzu auch Titscher/Königswieser (1985, S. 60): In ihrem Beispiel lauten die gefundenen offiziellen Regeln z.B. „Du sollst kommunizieren. Man darf Fehler machen. Du sollst im Team arbeiten. Jede Arbeit ist gleich wichtig" Die tatsächlichen Verhaltensregeln lauteten demgegenüber: „Konflikte dürfen nicht ausdiskutiert werden. Du sollst den Schuldigen suchen. Jeder soll seine Leistung alleine bringen. Die Oberen sind schöner, besser und gescheiter als die Unteren."

4.3.2 Regeln als konstituierendes Merkmal organisationaler Systeme

Ordnung und gemeinsame Sinnstiftung in sozialen Systemen entstehen durch die Befolgung gemeinsam als verbindlich anerkannter Regeln. Regeln bieten Orientierung und dienen als Leitlinien für individuelles Verhalten.

„Regeln sind Kriterien des Handelns, auf die der Akteur – ob er will oder nicht – zurückgreifen muss. Mit Hilfe von kollektiv geteilten Regeln bringen die Akteure die beobachtbare Geordnetheit dieser sozialen Welt hervor." (Reckwitz 1997, S. 33).

Dabei spielt es keine Rolle, ob diese Regeln formal in Regularien festgeschrieben sind, bewusst verbalisiert werden („Freitags kommen Sie bitte im Leisure Dress") oder implizite Verhaltensregeln im Sinne von Scott-Morgans heimlichen Spielregeln darstellen. Wichtig ist, dass sie für alle Mitglieder des Systems verbindlich sind und so das System definieren und gegenüber seiner Umwelt abgrenzen. Komplexität aus der Umwelt wie aus dem System selbst wird durch Regeln reduziert – Regeln lassen bestimmte Handlungen erwarten und machen andere unwahrscheinlich oder gar unmöglich. Regeln steuern das Verhalten der Organisationsmitglieder ebenso, wie sie von ihm beeinflusst werden bzw. sich aus ihm ergeben – erfüllen also die Definition eines synergetischen Ordnungsparameters (vgl. Kapitel „4.5 Synergetik").

Verschiedene Autoren führen, meist mit negativer Konnotation, zur Definition von verhaltensleitenden Regeln und somit auf der Verhaltensebene systembestimmenden Strukturen z.b. die Begrifflichkeiten Teufelskreise (Crozier 1971), defensive Routinen (Argyris, 1993), mikropolitische Techniken (Neuberger 1995), stereotypes „groupthink" (Rosenstiel et. al.) oder wandlungsblockierende Routinen (Weick 1985) ein. Weick/Westley (1996, S. 287):

„Viewed as bodies of thought, organizations can be described in terms of dominant rules for combining cognitions, routine utterances, mixtures of habituation and reflection, nature of rehearsing, and preferences for simplification."

Probst (1992) unterscheidet zwischen rationalen, beobachtbaren, formalen Aspekten der Organisation und affektiven, verdeckten, informalen Aspekten.

Formale Aspekte: Unternehmenspolitik, Planung, Einstellungsverfahren, Beförderung, Stellenbeschreibung, Produktionsprozesse.

Informale Aspekte: Machtverteilung, Beziehungsverhältnisse, Interaktionen, Vertrauen, Risikofreude, Wertgefüge, Motivation, Unternehmenskultur, Rollen, Bedürfnisse, Erwartungen.

Göbel (1998) definiert hingegen drei Arten von Regeln oder Normen, die den organisationalen Alltag bestimmen:

- **Technische Normen:**

  Richtlinien, DIN Normen

- **Soziale Handlungsnormen:**

  z. B. Führungsrichtlinien auf offizieller Ebene; im Widerspruch oder in Ergänzung dazu heimliche Spielregeln wie Informationen horten, andere Abteilungen als Konkurrenz sehen.

- **Deutungsnormen:**

  Unternehmensphilosophie und Unternehmensleitbild, die die Wahrnehmung zielgerichtet vereinfachen sollen. Ein Problem entsteht bei der Gestaltbarkeit von Deutungsnormen, da sie größtenteils autogen entstehen. Diese „Wirklichkeitskonstruktionen" sind als Wahrnehmungs- und Denkmuster unbewusst und schwer zu ändern, da sie ja nicht als Interpretationsmöglichkeit angesehen werden, sondern als die selbstverständliche und richtige Art, die Realität zu interpretieren (vgl. Bateson, 1983, S. 389ff.).

Die Folgen des Befolgens der Regeln sind dabei ein Indiz für die Tauglichkeit der Regel: Diejenigen Regeln, die sich bewähren, werden beibehalten. Das Festhalten an Regeln über die Tauglichkeitsgrenze hinaus ist hingegen ein Indiz für die Stabilität, um nicht zu sagen Rigidität des organisationalen Systems. Werden Regeln nicht geändert, obwohl drastische Veränderungen der Umweltbedingungen dies nahe legen würden, kann das auch ein Zeichen für die mangelnde Beobachtungsfähigkeit des Systems sein.

Regeln können sowohl vom System selbst erstellt werden, als auch von anderen, übergeordneten Systemen oder der Umwelt vorgegeben sein. Somit stehen Regeln nur zum Teil zur Disposition und sind der Veränderung durch das System selbst nur zum Teil zugänglich. Von selbst entstandene und selbst gegebene Regeln werden also oftmals zu verfestigten Strukturen, die dann vom System nur noch bewusst und mit hohem Aufwand geändert werden können.

„Strukturen halten Zeit reversibel fest, denn sie halten ein begrenztes Repertoire von Wahlmöglichkeiten offen. Man kann sie aufheben oder ändern oder mit ihrer Hilfe Sicherheit für Änderungen in anderen Hinsichten gewinnen." (Luhmann, 1984, S. 73)

Für Luhmann definieren „Erwartungserwartungen", ihrerseits Bedingungen der Möglichkeit „anschlussfähiger" Operationen, in Gestalt sinnhafter Verhaltenskriterien, welche Ereignisse innerhalb eines Sozialsystems „erlaubt" und welche auszuschließen sind (nach Reckwitz, 1997, S. 66). Strukturen sind nach Luhmann generalisierte Verhaltenserwartungen, die von den Mitgliedern des Systems oder der Umwelt ein bestimmtes Verhalten bzw. bestimmte Entscheidungen über verschiedene Situationen hinweg fordern. Das Verhalten wird dabei allerdings nicht streng determiniert, sondern es wird eine gewisse Bandbreite an Verhaltensmöglichkeiten vorgegeben.

Die Regeln und Strukturen werden immer über einen gewissen Zeitraum hin gebildet - siehe auch Kasper (1992, S. 27) „Strukturen sind das Gedächtnis sozialer Systeme." Die spezifische Geschichte einer Organisation kondensiert sich in den im Laufe der Zeit gebildeten Regeln und Strukturen (vgl. auch den Begriff der Hysterese). Dies führt die Problematik mit sich, dass im System fest verankerte Lösungsvorschläge für bestimmte Problemstellungen möglicherweise für das aktuelle Problem untauglich sind – sie wurden für und aus Problemen und Umweltbedingungen geschaffen, die zum gegenwärtigen Zeitpunkt gar nicht mehr gelten (vgl. auch Weick 1985 „Gefahr des zu guten Gedächtnisses").

Die Regeln bestimmen das Verhalten der Organisationsmitglieder, werden aber im Gegenzug auch wieder von ihnen festgelegt - dies ist auch das noch zu erläuternde Prinzip des synergetischen Ordnungsparameters, der aus den Systemelementen heraus gebildet wird und im Gegenzug wieder auf diese zurückwirkt. Für den Einzelnen sind diese Regeln schwer zu durchbrechen. Im organisationalen Kontext ist dies auch gar nicht gewünscht.

Ein Beispiel für die Bedeutung von Regeln und der Fähigkeit des Organisationsmitglieds, diese zu erkennen und anzuwenden, finden wir in der ASA-Theorie von Schneider (1987, 1998). Diese beruht auf den drei Grundprinzipien A = Attraction (Anziehung), S = Selection (Auswahl) und A = Attention (Verbleib): Der Mitarbeiter wird von einem bestimmten Unternehmen, einer bestimmten Unternehmenskultur angezogen (Attraction). Vom Unternehmen wird er nach dem Kriterium der Passung ausgewählt (Selection). Über den Verbleib im Unternehmen entscheidet nun die Fähigkeit, sich dem herrschenden Kontext anzupassen, die Regeln zu verstehen und zu befolgen (Attention).

Ein weiteres Beispiel für persönlichen Nutzen bei Erkennen und Beachtung heimlicher Spielregeln sind Einstellungstests (vgl. Wottawa & Hossiep 1997). Beim Vorstellungsgespräch werden dem Bewerber oftmals Persönlichkeitstests vorgelegt. Eine Beispielfrage könnte sein: „Stehen sie gerne im Mittelpunkt?" Dabei ist es weniger von Bedeutung, ob der Bewerber tatsächlich gerne im Mittelpunkt steht oder nicht. Nicht der Bewerber, der gerne im Mittelpunkt steht, ist am meisten geeignet, sondern derjenige, der in der Lage ist herauszulesen, welche Antwort gewünscht wird und am besten zum Unternehmen passt. Gesucht wird also derjenige Bewerber, der sich am besten in den vorherrschenden Kontext hineinversetzen kann und weiß, welche Antwort wann die richtige ist. Ähnlich kann auch die Validität von Assessment Centern erklärt werden. Derjenige, dem es gelingt, den geforderten Typ Mensch am überzeugendsten zu erraten und darzustellen, passt am besten ins Unternehmen und zur zu vergebenden Stelle.

4.3.3 Zum Konzept des Widerstands

Bereits Machiavelli (1469 – 1527) konstatierte (1978, S. 22)

„ man muss sich nämlich darüber im Klaren sein, dass es kein schwierigeres Wagnis, keinen zweifelhafteren Erfolg und keinen gefährlicheren Versuch gibt, als (...) eine neue Ordnung einzuführen; denn jeder Neuerer hat alle die zu Feinde, die von der latenten Ordnung Vorteile hatten und er hat an denen nur laue Verteidiger, die von der neuen Ordnung Vorteile erhoffen. Diese Lauheit kommt zum Teil von der Furcht vor den Gegnern, die die Gesetze zu ihren Gunsten nutzen können (...). teils von dem Misstrauen der Menschen, die wirkliches Zutrauen zu den neuen Verhältnissen erst haben, wenn sie von deren Dauerhaftigkeit durch Erfahrung überzeugt worden sind."

Veränderungsvorhaben, die dem Veränderer genial und zweckdienlich erschienen, scheitern oftmals am scheinbar irrationalen Widerstand der Mitarbeiter oder kommen zwar formal zur Durchsetzung, die neue Lösung wird tatsächlich aber nicht genutzt, möglicherweise müssen Innovationen sogar zurückgenommen werden (vgl. auch Böhnisch, 1979, S. 8). Widerstand gegen eine Veränderung ist zunächst einmal normales menschliches Verhalten. Veränderungen bedeuten Unsicherheit, die aktuelle Situation, mag sie auch unbefriedigend sein, erscheint doch zumindest bekannt und einschätzbar.

Nach Doppler & Lauterburg (2000) zeigt sich der Widerstand aktiv in Form von Vorwürfen, Drohungen, Gegenargumentationen, Polemik, sturem Formalismus, Unruhe, Streit, Intrigen, Gerüchten und Cliquenbildung. Passiv zeigen sich Verhaltensweisen wie Schweigen, Bagatellisieren, Blödeln, ins Lächerliche ziehen, Unwichtiges debattieren, Unaufmerksamkeit, Müdigkeit, Fernbleiben, innere Emigration und Krankheit.

Klages/Schmidt fassen bereits 1978 drei zentrale Ursachen für Widerstände gegen Veränderungen im Unternehmen zusammen:

- **Lernaufwand**

  Die Veränderung ist belastend und zeitaufwendig, außerdem müssen alte und gewohnte Verhaltensweisen aufgegeben und neue eingeübt werden.

- **Infragestellen erworbener Kompetenzen und Kommunikationsbeziehungen**

  Aus der Veränderung resultiert häufig eine Veränderung des Tätigkeitsumfeldes. Bisher erworbene Kompetenzen und Kenntnisse werden möglicherweise entwertet oder irrelevant. Die Kommunikations- oder sozialen Beziehungen werden vielleicht dadurch beeinträchtigt, dass sich ein neuer Kollegenkreis mit neuen Führungskräften oder Mitarbeitern bildet.

- **Statusverunsicherung und Statusverlust**

  Bei einer Veränderung in der Organisation ist es möglich, dass der Mitarbeiter seinen sozialen Status verliert. Durch Abflachung von Hierarchien wird z.B. ein Abteilungsleiter zum Sachbearbeiter.

Schreyögg (2000a, S. 28) fasst nach Watson (1975) Widerstände gegen Veränderungen nach Widerständen aus der Person und Widerständen aus der Organisation zusammen.

Widerstände aus der Person:

- Einmal gebildete Verhaltensroutinen (z.B. spezifische Arbeitsvollzüge) verselbständigen sich zu Bedürfnissen und jede Veränderung, die diese Tätigkeit durch eine andere zu ersetzen droht, wird als drohende Beeinträchtigung der Bedürfnisbefriedigung erlebt.

- Ersterfahrungen wird Vorrang gegeben und zukünftige Erfahrungen müssen sich daran messen und werden bei zu weiter Entfernung gegebenenfalls abgelehnt.

- Frustrations-Regressionseffekt: Veränderungen entwerten häufig die eingeübten Verhaltensweisen, diese führen nicht mehr, wie über Jahre gewohnt, zum Erfolg. Die daraus resultierende Frustration führt häufig nicht zu zukunftsorientierten Lösungen, sonder zu einem Festklammern am Althergebrachten („die goldene Zeit").

Widerstände aus der Organisation:

- Not-invented-here Syndrom: verletzter „Systemstolz", weil die Veränderung von außen an das System herangetragen wird und zu wenig Gelegenheit zur Selbstorganisation gegeben wurde.

- Systeme definieren sich über ihre Strukturen und möchten diese nur ungern zur Veränderung preisgeben, da sie befürchten, damit in einen Ungleichgewichtszustand zu geraten, der mit Chaos und Verwirrung gleichgesetzt wird.

- Informale Status- und Prestigehierarchien werden von organisatorischen Änderungsinitiativen häufig (auch unbewusst) in Frage gestellt. Änderungen bringen fast immer eine Neuverteilung auch der immateriellen Ressourcen mit sich. Gegen eine solche indirekte Verschlechterung werden dann „politische Kräfte" mobilisiert „ein solcher Widerstand ist nur bei Kenntnis der Zusammenhänge als solcher zu erkennen" (Schreyögg, 2000, S. 30).

- Die Unternehmenskultur weist in ihren Regeln und Normen eine starke Beharrungstendenz auf. Je stärker die Unternehmenskultur, umso ausgeprägter ist der zu erwartende Widerstand bei Veränderungen.

Sachlich begründete Bedenken einmal ausgeschlossen, die durchaus eine wesentliche Rolle spielen können, beruhen die meisten Formen von Widerständen auf einer gemeinsamen Ursache: Angst. Angst ist nicht die einzige Ursache für Widerstände im Veränderungsprozess, wie wir weiter unten sehen werden, aber doch eine bedeutende. Warum? Veränderungen bringen gut abschätzbare Kosten, aber keine verlässliche Prognose des Nutzens. Somit besteht eine generelle Ungewissheit über die Konsequenzen des Wandels. Die Ursache für Widerstände ist also die Angst, nicht zu den Gewinnern, sondern zu den Verlierern der Veränderung zu gehören (Picot 1993 nach Deeken, 1997, S. 160).

Frese/Brodbeck (1988) nennen verschiedene Formen von Ängsten: Angst vor dem ungewissem Ausgang des Wandels, vor Überforderung durch die neue Aufgabe, vor dem neu lernen, vor Statusverlust bzw. Verschlechterung der sozialen Situation, vor Autonomieverlust sowie Angst vor Verlust der aufgebauten sozialen Beziehungen. Angst entsteht vor dem Neuen, Ungewissen und Nichteinschätzbaren. Deshalb begegnet man Ängsten am besten, indem man sich dem Problem stellt und nach einer Lösung sucht. So ist es nicht weiter verwunderlich, dass seit den Tagen von Coch & French (1948) das Schlagwort „Betroffene zu Beteiligten machen" zum Abbau von Widerständen in Veränderungsprozessen kursiert. Die organisationale Partizipation soll den Veränderungsprozess durch aktive Mitarbeit transparenter und selbstbestimmter machen (vgl. auch Wilpert, 1998, S. 40 ff.).

In ihrer inzwischen als Klassiker geltenden Studie belegten Coch & French 1948 einen Zusammenhang zwischen Mitarbeiter-Partizipation und dem Abbau von Widerständen gegenüber Veränderungen. Partizipation ist dabei definiert als

„die Gesamtheit der Formen und Intensitäten, mit denen Individuen, Gruppen, Kollektive durch selbstbestimmte Wahl möglicher Handlungen ihre Interessen sichern." (Wilpert, 1997, S. 324)

In dieser Untersuchung, die in einer Bekleidungsfabrik in Virginia, USA, stattfand, ging es um die Frage, warum die Näherinnen nach einem Wechsel des Arbeitsplatzes innerhalb des Unternehmens und einer Veränderung der Arbeitsbedingungen weniger produktiv waren als zuvor. Sie wehrten sich gegen die Einführung von oben verordneter neuer Arbeitstechniken und nur 38% erreichten die vom Management vorgegeben Produktionsrate. Die Fluktuation erhöhte sich sprunghaft. Problemlösungsversuche seitens des Managements durch zusätzliche Pausen und finanzielle Anreize zeigten keinen Erfolg.

Von Coch & French wurde nun geprüft, inwiefern die Einbeziehung der Arbeiterinnen in den Veränderungsprozess Auswirkungen zeigte. Dazu wurden vier Gruppen gebildet, deren Arbeitsabläufe gleich stark verändert wurden, die jedoch sehr unterschiedlich in den Veränderungsprozess eingebunden waren.

Die erste Gruppe bekam einen neuen Arbeitsablauf und zu ereichende Stückzahlen vom Management diktiert, als Grund wurde Konkurrenz durch ein anderes Unternehmen angegeben. Diese Gruppe zeigte Widerstände gegenüber den Veränderungen, auch blieb die Produktion unter den Zielen.

Die zweite Gruppe wurde durch Vertreter der Gruppe indirekt in den Veränderungsprozess miteinbezogen. Die Notwendigkeit eines veränderten Produktionsablaufs wurde allen Betroffenen sehr einleuchtend vor Augen geführt, mit den Repräsentantinnen der Gruppe wurden Verbesserungsvorschläge ausgearbeitet. Diese Gruppe erlernte die neuen Arbeitsabläufe schnell.

Bei der dritten und vierten Gruppe wurden alle Arbeiterinnen aktiv in den Veränderungsprozess miteinbezogen und konnten Verbesserungsvorschläge unterbreiten. Diese Gruppe erlernte die neuen Arbeitsabläufe am schnellsten und überholte sogar die vorherige Stückrate um 14 %.

Insgesamt war die Schnelligkeit des Erlernens der neuen Arbeitsabläufe direkt proportional zum Grad der Partizipation. Die Häufigkeit der Beschwerden und Kündigungen war hingegen umgekehrt proportional zum Grad der Partizipation. Das Ergebnis konnte in ähnlicher Form 1960 bei einer Studie in einer norwegischen Fischfabrik bestätigt werden (French, Israel & As, 1960).

Ebenfalls zu den Klassikern zählen Lewins Studien zur Überwindung von Speiseabscheu (1943, 1958). Hier ging es darum, amerikanische Hausfrauen von der Verwendung von (dort unüblichen) Innereien zur Speisenzubereitung zu überzeugen. Bei der Aufteilung der Hausfrauen auf zwei Gruppen zeigte sich, dass diejenigen, denen in Vortragsgruppen lediglich Vorträge über die Zubereitung gehalten wurden, von der Notwendigkeit der Verwendung von Innereien nur schwer zu überzeugen waren. In einer zweiten Diskussionsgruppe hingegen wurden die Hausfrauen aktiv eingebunden und entwarfen u.a. ein Handlungsprogramm zur Verwendung von Innereien in der Speisezubereitung. Die Frauen dieser Gruppe waren deutlich überzeugter und verwendeten die neuen Speisen auch zu Hause.

Die Ergebnisse der vorgestellten Untersuchungen führten zu folgenden „goldenen Regeln des Wandels" (Schreyögg, 2000, S. 31):

- Aktive Teilnahme am Veränderungsgeschehen, frühzeitige Information und Partizipation.
- Die Gruppe als wichtiges Wandelmedium. Wandelprozesse in der Gruppe sind weniger beängstigend und werden im Durchschnitt schneller vollzogen.
- Kooperation fördert die Wandelbereitschaft.
- Wandelprozesse vollziehen sich in Phasen.

Anzumerken bleibt jedoch, dass zu den Zeitpunkten dieser Untersuchungen die Beteiligung von Mitarbeitern an Veränderungsprozessen im Unternehmen noch größtenteils unüblich war. Somit sind die starken Effekte der Partizipation möglicherweise auch durch die besonderen Situation und die besondere Aufmerksamkeit zu erklären, die den Partizipierenden zuteil wurde.

In einer Metaanalyse von über hundert Studien zum Thema Partizipation stellten Miller & Monge 1986 fest, dass Partizipation sowohl einen Effekt auf die Zufriedenheit der Mitarbeiter als auch auf die Produktivität hat, wobei der Effekt auf die Zufriedenheit deutlich höher ausfällt als der auf die Produktivität. Außerdem hat ein allgemeines partizipatives Klima einen höheren Effekt auf Zufriedenheit und Produktivität als Partizipation, die nur gelegentlich auf ganz bestimmte Entscheidungen bezogen ist. Fachlich gesehen erhalten die Betroffenen so Gelegenheit zur Kritik an den vorgeschlagenen Konzepten, so dass diese an die spezifischen Bedingungen vor Ort angepasst werden können.

Partizipation hat aber noch mehr kritische Seiten (vgl. auch Rosenstiel 1987). Sie kostet Zeit und somit Geld für Abstimmungsaufwände. Möglicherweise kommt es zu einer Diskussionskultur der Endlosdiskussionen, in denen alles zerredet und niemals eine Entscheidung getroffen wird. Ebenso stellt sich die Frage nach der Kompetenz der partizipierenden Mitarbeiter. Diese ist nicht für jeden Aspekt jedes Veränderungsvorhabens vorauszusetzen.

Zusammenfassend lässt sich sagen, dass zwar die Beteiligung der Betroffenen die Akzeptanz des Veränderungsvorhabens grundsätzlich erhöht, jedoch nicht jeder Mitarbeiter bei allem beteiligt werden muss. Bei der Bewertung der Notwendigkeit von Partizipation ist auch immer zu beachten, was genau verändert werden soll. Geht es um eine relativ unproblematische Einführung eines neuen Produkts, bei der die Arbeitsabläufe nicht verändert werden, oder handelt es sich um ein tief greifendes Restrukturierungsprojekt, bei dem Arbeitsabläufe, Organisationsstrukturen und Verhaltensweisen massiv verändert werden? In letzterem Fall ist eine Beteiligung der Betroffenen unabdingbar, um systemadäquate Lösungen zu schaffen, die nur durch Selbstorganisation im System zu erreichen sind.

Schwierig ist auch die Annahme, dass Mitarbeiterziele und Effizienzziele der Organisation grundsätzlich zur Deckung gebracht werden können. Mitarbeiterziele sind aller Wahrscheinlichkeit nach nicht deckungsgleich mit den Zielen der Organisation. Dies ist bei der Einbeziehung der Mitarbeiter in den Veränderungsprozess zu berücksichtigen.

Möglicherweise beruht die Angst der Betroffenen auch nicht auf Unsicherheit, sondern auf massiven Eigeninteressen, die sie durch die Veränderung bedroht sehen (Angst vor Statusverlust etc.). In einem solchen Fall bringt partizipatives Vorgehen ebenfalls keinen Erfolg – hier muss die Veränderung konsequent durchgeführt werden.

Angst ist aber nicht die einzige Ursache für Widerstand im Veränderungsprozess.

Wie wir im vorhergehenden Kapitel gesehen haben, ist der bei Veränderungsprojekten diagnostizierte Widerstand der Betroffnen oftmals kein Widerstand gegen die Veränderung, sondern ein Befolgen anderer, konträrer und motivational höher angesiedelter Verhaltensregeln („heimlicher Spielregeln"). Die Mitarbeiter sind somit nicht grundsätzlich gegen die Veränderung eingestellt, sondern haben nachvollziehbare Ursachen, in ihren Verhaltensweisen zu verharren. Sei es, dass sich Machtverhältnisse ungünstig verschieben könnten, gewohnte Prozesse geändert werden müssen, Werte in Frage gestellt oder neue Anreizsysteme geschaffen werden - solange man die wahren Gründe für vermeintlichen Widerstand nicht aufdeckt und beseitigt, ist die Veränderung zum Scheitern verurteilt.

Als Veränderer gilt es also nicht nur den organisatorisch-technischen Kontext zu berücksichtigen, sondern auch und gerade die vorherrschenden Verhaltensregeln und Interaktionsbeziehungen der Organisationsmitglieder. Dabei ist nicht, wie bereits dargelegt, das einzelne Organisationsmitglied „schuld" an unkonstruktivem Verhalten, sondern das System Organisation selbst gibt über seine Strukturen dem einzelnen Mitglied eben diese Verhaltensregeln vor.

Hierzu auch Crozier (1979, S. 135):

„Ein wenig überspitzt formuliert hieße dies für das systemische Denken im Gegensatz zum gängigen linearen Denken: anstatt nach dem oder den Schuldigen zu suchen, anstatt den Struktur- oder Funktionsfehler lokalisieren zu wollen, geht es um eine Diagnose des Systems, die zu verstehen ermöglicht, worin und warum die beanstandeten Verhaltensweisen oder Mechanismen in diesem System **eigentlich rational** (Hervorhebung d.d.V.) sind."

und weiter (1979, S. 136):

„Anstatt nun einen Schlussstrich zu ziehen (...) muss man sich fragen, welche Eigenheiten des dem Unternehmen zugrunde liegenden Systems es sind, die diese Art des Spiels vernünftig und nützlich machen, und mit welchen Mitteln dieses System insgesamt weiterentwickelt werden könnte."

Bei auftretendem Widerstand gegen eine Veränderung ist also zu überprüfen, aus welchen Gründen die betroffenen Mitarbeiter so und nicht anders reagieren. Es ist die Frage zu stellen, ob sie überhaupt ihr Verhalten in der gewünschten Weise ändern **können** oder ob das Handlungssystem, in dem sie sich befinden, gar keine anderen Möglichkeiten des Verhaltens zulässt. Gibt es gute Gründe für das Verharren in den alten Verhaltensweisen, so muss darauf eingegangen und die **Struktur** verändert werden, um ein verändertes Verhalten überhaupt zu ermöglichen. Erst dann kann der Mitarbeiter überzeugt werden, warum eine Änderung der bestehenden Situation unumgänglich ist. Der Eigennutzen bei einer Anpassung des Verhaltens an die neue Situation sollte aufgezeigt werden, ebenso müssen motivationale Anreize geschaffen werden – das neue Verhalten muss sich lohnen. Auf der Seite der (Einzel-) Person stehen also Überzeugung und Motivation. Gleichzeitig müssen aber auch die organisationalen Voraussetzungen so geändert und angepasst werde, dass das neue Verhalten grundsätzlich ermöglicht wird und Sinn macht.

Die von der Veränderung Betroffenen leisten also in dem Sinne oftmals **keinen Widerstand** sondern verhalten sich so, wie es für sie unter den gegebenen Bedingungen am klügsten, einfachsten und einleuchtendsten ist (vgl. auch Fritz 2000). Hierzu auch Baecker (1994, S. 131):

„Systemisches Denken ist die Wiederentdeckung des gesunden Menschenverstandes! Die wichtigste Botschaft dieses gesunden Menschenverstandes lautet: Es kommt darauf an."

Systemisch bzw. synergetisch gesehen ist ein plötzlicher Anstieg an Verhaltensoptionen sogar gewünscht. Dieser sollte nicht mit Widerstand verwechselt werden. Eine Zunahme an Verhaltensoptionen, die auch durchaus negativ oder unkonstruktiv ausfallen können ist im Verlauf eines Veränderungsprojekt normal, da die Mitarbeiter sich mit einer Veränderung und den möglichen Konsequenzen erst auseinandersetzen müssen, um sich neu orientieren zu können (vgl. Kapitel „2.2.5 Phasen des Veränderungsprozesses"). Würden die von der Veränderung Betroffenen nicht reagieren und verschiedene Handlungsmöglichkeiten durchspielen, so hätte der Veränderungsgedanke das System gar nicht erreicht. Im Gegensatz zu elementarem Widerstand finden sich hier aber unkonstruktive **und** konstruktive Verhaltensweisen, wobei sich letztere im weiteren Verlauf durchsetzen sollten. Die Suche nach den wahren Ursachen für Widerstände veranschaulicht noch einmal das in Abb. 17 dargestellte Eisbergmodell.

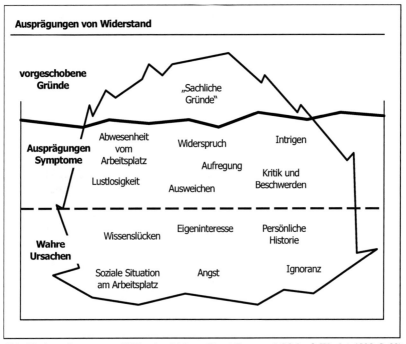

Abb. 17: Ausprägungen von Widerstand (eigene Darstellung nach Mohr & Woehe, 1998, S. 39)

Um also Widerständen wirkungsvoll begegnen zu können, ist eine genaue Analyse der Situation vonnöten, in der sich die Betroffenen befinden. Dazu gehören die heimlichen Spielregeln, denen sie unterliegen ebenso wie mögliche Ursachen für Ängste. Einen Ansatz zur Problemanalyse bietet beispielsweise das Fischgrät-Diagramm von Staehle (1991) (Abb.18):

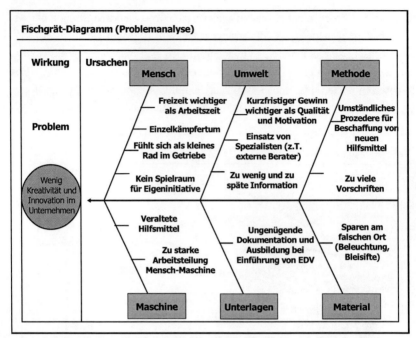

Fischgrät-Diagramm (Problemanalyse)

Wirkung	Ursachen

Mensch | **Umwelt** | **Methode**

Problem

Freizeit wichtiger als Arbeitszeit

Einzelkämpfertum

Fühlt sich als kleines Rad im Getriebe

Kurzfristiger Gewinn wichtiger als Qualität und Motivation

Einsatz von Spezialisten (z.T. externe Berater)

Umständliches Prozedere für Beschaffung von neuen Hilfsmittel

Wenig Kreativität und Innovation im Unternehmen

Kein Spielraum für Eigeninitiative

Zu wenig und zu späte Information

Zu viele Vorschriften

Veraltete Hilfsmittel

Zu starke Arbeitsteilung Mensch-Maschine

Ungenügende Dokumentation und Ausbildung bei Einführung von EDV

Sparen am falschen Ort (Beleuchtung, Bleisifte)

Maschine | **Unterlagen** | **Material**

Abb. 18: Fischgrät-Diagramm zur Problemanalyse (Quelle: Staehle, 1991, S. 737)

4.3.4 Zur Motivation

Der populären Managementliteratur zufolge sind Probleme beim Umgang mit Widerständen schnell gelöst: Man erhöht einfach die Motivation der Mitarbeiter (vgl. z.B. Lundin/Paul/ Christensen 2001, Kim 2001, Robbins 1995). Grundsätzlich besteht kein Zweifel daran, dass motivierte Mitarbeiter einen Veränderungsprozess besser unterstützen, nur wie man sie am besten motiviert, ist alles andere als geklärt (vgl. Sprenger 1995).

Generell gilt, dass Motivation (und dadurch die Leistung) am besten durch eine Erhöhung der Anreize gesteigert werden (Bourne/Ekstrad 1992, S. 302). Jedoch liegt die Beurteilung eines Anreizes als erstrebenswert oder nicht in der zu motivierenden Person und ist somit nicht allgemeingültig und vorhersehbar. Das persönliche Werterleben des Individuums steht mit seinem Handeln im Sinne motivationaler Kräfte in enger Beziehung (Wilpert 1989). Entgegen der intuitiven Auffassung kann beispielsweise der gängigste Motivator Geld als Anreiz die Motivation sogar verringern. Dies liegt an der so genannten kognitiven Dissonanz. Was ist damit gemeint?

Festinger, ein Schüler Kurt Lewins, stellte 1957 seine Theorie der kognitiven Dissonanz auf. Dabei wird die kognitive Dissonanz als ein spannungsreich und unangenehm erlebter Zustand definiert, der aus widersprüchlichen Kognitionen einer Person in Bezug auf einen bestimmten Gegenstand hervorgeht und nach Veränderung verlangt. Je größer die Dissonanz ist, desto unangenehmer ist sie auch und desto motivierter ist die Person, sie zu verringern, indem sie ihre Kognition ändert. In einer Untersuchung von Zanna/Cooper (1974) zeigte sich Folgendes:

Versuchspersonen sollten einen Aufsatz schreiben, in dem sie einen Standpunkt vertreten sollten, der ihren Überzeugungen zuwider lief. Alle Versuchspersonen bekamen vorher eine Tablette – ein Placebo. Der ersten Gruppe wurde gesagt, diese steigere Spannung und Unbehagen, der anderen Gruppe wurde eine entspannende Wirkung der Tablette suggeriert. In beiden Fällen fühlten sich die Probanden vermutlich unbehaglich, da sie ein Verhalten zeigen mussten, das ihren Kognitionen nicht entsprach. Aber: die erste Gruppe schrieb ihr Unbehagen der Tablette zu, nicht der erlebten Dissonanz. Somit mussten sie ihre Meinung zum Aufsatzthema nicht ändern, um Dissonanz zu verringern. Die zweite Gruppe spürte Unbehagen, obwohl sie es aufgrund der Tablette nicht sollte und änderte deshalb ihre Meinung zum Aufsatzthema grundlegend, um die kognitive Dissonanz zu verringern.

Dieser Befund ist aus zwei Gründen von Bedeutung. Erstens belegt er, dass ein Meinungswandel nach einer bestimmten Verhaltensweise oft aus dem Wunsch hervorgeht, Gefühle des Unbehagens loszuwerden, die einer Inkonsistenz zwischen den eigenen Kognitionen und dem Entschluss zu der Verhaltensweise entstammen. Zweitens legt der Befund nahe, dass Menschen nicht versuchen, Inkonsistenzen zu beseitigen, wenn es Altnernativerklärungen für das Unbehagen gibt, das sie ihnen bereiten.

Dieser zweite Befund ist wiederum für die Motivationsforschung von Bedeutung. Gibt man einer Person viel Geld für eine uninteressante Aufgabe, so ist das Ausmaß an Konsonanz groß: Die Aufgabe ist uninteressant, aber man bekommt ja auch viel Geld. Bekommt die Person hingegen wenig Geld für eine uninteressante Aufgabe, muss sie sich etwas einfallen lassen, um für sich selbst zu erklären, warum sie diese Aufgabe erfüllt – die Bezahlung kann nicht mehr der Grund sein. Also wird der Inhalt der Aufgabe umgedeutet, um die kognitive Dissonanz zu reduzieren – die Aufgabe ist eigentlich gar nicht so uninteressant, deshalb ist die geringe Bezahlung auch gerechtfertigt. Ein weiteres Beispiel: Eine Person hat bereits viel Arbeit in eine bestimmte Sache gesteckt, die trotzdem nicht von Erfolg gekrönt ist. Einfach aufzuhören würde bedeuten, die ganze Arbeit umsonst gemacht zu haben und hohe kognitive Dissonanz erzeugen. Also wird die Wahrnehmung des Misserfolgs umgedeutet in eine Erfolgswahrnehmung, um wieder interne Konsonanz zu erreichen.

Dies bedeutet nun nicht, dass geringe Bezahlung und langweilige Arbeitsinhalte die besten Motivatoren sind – schon deshalb nicht, weil Kognitionen so vielfältig wie Individuen sind und sich von außen nur erschließen, aber nicht zweifelsfrei erkennen lassen. Man sieht aber an dieser Stelle, dass die Motivation ein keineswegs einfaches Konzept ist und ein funktionierendes Anreizsystem auf die tatsächlichen Erfordernisse vor Ort abgestimmt sein muss. Zu den Grenzen der Motivierung von Mitarbeitern findet man beispielsweise bei Spranger (1992):

- Oft wird mit dem Motivierungsmaßnahmen zu spät begonnen: Den „Abgestellten" wieder zu einem „Angestellten" zu machen erweist sich oftmals als schwierig.

- Motivierungsmaßnahmen sind unter ethischen Gesichtspunkten bedenklich.

- Bewusste Motivierungsversuche erwecken den Verdacht der Manipulation und führen zu Abwehrverhalten („Wollen Sie von anderen nach bestimmten Techniken motiviert werden?").

- Persönlichkeitsdefizite oder geringes Leistungsvermögen können nicht durch Motivation verbessert werden.

Insbesondere die beiden mittleren Punkte zeigen deutlich die Grenzen der Beeinflussungsmöglichkeiten von außen auf. Entsteht nämlich beim Mitarbeiter der Verdacht der Manipulation, so führt dies zu massiven Abwehrreaktionen – vergleiche im Kapitel „2.3.1 Soziale Lerntheorien" die Reaktanz-Theorie von Brehm: Hat eine Person den Eindruck, ihre Handlungsfreiheit wird beschnitten, so wird sie sich massiv dagegen wehren.

Kummer (1993) sieht Motivation als Führungsaufgabe. Die eigene Motivation der Führungskraft ist für die Motivation der Mitarbeiter von entscheidender Bedeutung. Die Mitarbeiter orientieren sich in ihrem Verhalten stark an dem der Führungskraft. Kann diese sich für etwas begeistern und engagieren, so wirkt sie auf die Mitarbeiter mitreißend.

Eine Motivierung über die Führung scheint auch unter psychologischen Gesichtspunkten als sinnvoll. Denn die Führung hat Vorbildfunktion und somit findet soziales Lernen statt (vgl. Kapitel „2.3.1 Soziale Lerntheorien", Theorie des sozialen Lernens von Bandura). Außerdem erhöht eine engagierte und motivierte Führungskraft das Vertrauen der Mitarbeiter in den Veränderungsprozess. Leider wird das Motivierungsproblem hiermit nicht gelöst, sondern nur verlagert: Wie motiviert man nun die Führungskraft?

Ein weiterer entscheidender Punkt für motivierte Mitarbeiter ist die Arbeitszufriedenheit. Dass die Zufriedenheit mit der Arbeit generell einen hohen Stellenwert für die Mehrheit der arbeitsfähigen Bevölkerung hat, wurde in den „Meaning of Working - MOW" Studien (1987) eindrucksvoll belegt.

Bruggemann et. al. (1975) unterscheidet zwei Formen der Arbeitszufriedenheit und drei Formen der Arbeitsunzufriedenheit.

Arbeitszufriedenheit:

- Progressive Arbeitszufriedenheit: Man ist zufrieden und hofft, dass sich die Arbeitssituation noch weiter verbessern wird.

- Stabilisierte Arbeitszufriedenheit: Man ist zufrieden und hofft, dass sich hieran nichts ändert.

Arbeitsunzufriedenheit:

- Resignation: Früher wollte man etwas besseres, heute hat man sich angepasst.

- Fixierte Arbeitsunzufriedenheit: Man ist unzufrieden, weiß aber nicht, wie die Situation zu verbessern wäre.

- Konstruktive Arbeitszufriedenheit: Man ist unzufrieden, versucht aber die Arbeitssituation zu verbessern.

Jede der genannten Arten der Arbeitszufriedenheit bzw. -unzufriedenheit erfordert ein spezifisches Vorgehen. Jemand, der sich angepasst hat, wird schwerer zu motivieren sein seine Situation zu verändern als jemand, der bereits nach Lösungen sucht.

Besonders schwierig wird der Fall, wenn man bei einem Veränderungsprojekt auf eine stabilisierte Arbeitszufriedenheit stößt: Ein Mitarbeiter, der mit seiner Arbeitssituation voll und ganz zufrieden ist, wird diese nur ungern verändern wollen, da er es für nicht allzu wahrscheinlich hält, dass sich die Situation für ihn noch weiter verbessern wird.

Ein weiteres häufig postuliertes Motivierungskonzept ist die Partizipation der Mitarbeiter am Veränderungsprozess („Betroffenen zu Beteiligten machen"). Der Erfolg dieser Strategie lässt sich durch die Theorie der Affektanz von White (1959) und deren Erweiterung von Deci (1975) erklären. White postuliert, dass Menschen ein universelles Bedürfnis nach Kompetenz haben. Schon Kleinkinder wollen Handlungen ohne Unterstützung der Eltern selbständig durchführen. Stellt ein Individuum fest, dass durch seine Handlungen Dinge veränderbar werden, wurde es in seinem Handeln bestätigt und zu neuen Handlungen motiviert – der Prozess der Affektanz. Deci zielt in Erweiterung dazu auf die Wahrnehmung von Handlungsmöglichkeiten ab. Indem das Individuum wahrnimmt, selbständig zwischen verschiedenen Handlungsalternativen entscheiden zu können und die gewählte Handlungsalternative als wirkungsvoll wahrnimmt, wird es in seinem selbstgewählten Handeln bestätigt und zu neuen Handlungen motiviert.

In diesem Sinne sind es die Bedürfnisse nach selbstbestimmtem (selbstgewähltem) und kompetentem (wirksamem) Handeln (Wilpert, 1997, S. 325), die menschliches Handeln motivieren. Systemtheoretisch gesehen ermöglicht Beteiligung überhaupt den Veränderungsprozess: an dieser Stelle wird Selbstorganisation zugelassen und das System erhält die Möglichkeit, sich aus eigener Kraft weiterzuentwickeln.

Anreizsysteme

In der Praxis wird man vor allem versuchen, den Mitarbeiter über Anreizsysteme zu motivieren. Deeken (1997, S. 76) unterscheidet dabei Anreize primär in direkte bzw. materielle Anreize wie Gehalt, Tantiemen, Titel und indirekte bzw. immaterielle Anreize wie Loyalität, Wertebindung, Vertrauen.

Eine ausführlichere Unterteilung in vier Klassen von Anreizformen findet man bei Picot et. al. (1999, S. 100), Abb. 19:

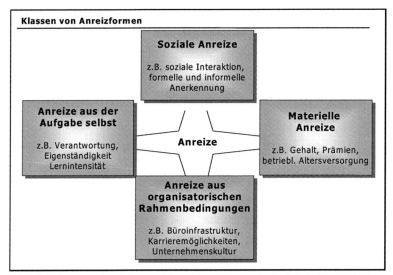

Klassen von Anreizformen

Soziale Anreize

z.B. soziale Interaktion, formelle und informelle Anerkennung

Anreize aus der Aufgabe selbst

z.B. Verantwortung, Eigenständigkeit Lernintensität

Anreize

Materielle Anreize

z.B. Gehalt, Prämien, betriebl. Altersversorgung

Anreize aus organisatorischen Rahmenbedingungen

z.B. Büroinfrastruktur, Karrieremöglichkeiten, Unternehmenskultur

Abb. 19: Klassen von Anreizformen (eigene Darstellung nach Picot et.al., 1999, S. 100)

Ähnlich wie Picot lassen sich nach Kirsch/Maassen (1990, S. 320 f.) vier Kategorien von Anreizsystemen unterschieden:

- Finanzielle Anreize (Gehalt, Erfolgsbeteiligung)
- Inhaltliche Anreize (Arbeitsinhalte, Arbeitsbedingungen)
- Soziale Anreize (Kontakte zu Vorgesetzten und Mitarbeitern)
- Sozio-ökonomische Anreize (Imageanreize, geographische Anreize)

Es wird also deutlich, dass Anreize immer auf verschiedenen Ebenen gesetzt werden können und sollten. Die Wertung des Anreizes obliegt wieder dem Individuum: Der Eine ist mehr durch Geld zu motivieren, der Andere durch persönliche Anerkennung und wieder Andere halten die Arbeitsinhalte für das Wichtigste im Arbeitsleben. Die Berücksichtigung der individuellen Präferenzstruktur ist also ein wesentlicher Erfolgsfaktor bei der Wirksamkeit der Steuerung durch Anreize. Menschen sind verschieden und reagieren auf die gleichen Anreize unterschiedlich. Anreizsysteme, die die Präferenzstruktur der Mitarbeiter nicht beachten, führen zwangsläufig zu Fehlinvestitionen.

„Das größte Hindernis für die Realisierung von Innovationen und Anpassungen sind oft falsch konzipierte Anreizsysteme. Vielfach werden auf der Ebene der Unternehmensleitung vorhandene Visionen (...) nicht wirksam realisiert, weil die Anreiz-, Beurteilungs-, und Belohnungssysteme das dazu erforderliche Verhalten in keiner Weise unterstützen oder sogar behindern." (Schwaninger, 1994, S. 186).

Die Erklärung für die verhaltensfördernde oder -hemmende Wirkung des Anreizsystems geht auf verhaltensorientierte Lerntheorien zurück. Diese gehen von automatischen Assoziationen zwischen Reizen und Reaktionen sowie Operationen und einer nachfolgenden Verstärkung oder Bestrafung aus. Ihre Ursprünge haben diese Theorien im (operanten) Konditionieren nach Skinner (1938). Dieser sieht in der Verbindung zwischen Operationen und nachfolgender Belohnung/Bestrafung ein entscheidendes Lernprinzip. Über diese Theorien hinaus gehen die kognitiven Lerntheorien (Tolman 1948, Osgood 1952), bei denen die Frage behandelt wird, inwiefern Verstärkereffekte beim Menschen auf Einsicht bzw. Verstärkungs- oder Zielerwartungen beruhen. Nach Peters & Waterman (1984, S. 97f.) sollen Anreizsysteme sein:

- Spezifisch, also unmittelbar tätigkeitsbezogen

- Unverzüglich, d.h. in zeitlicher Nähe zur Zielerreichung

- Erreichbar, somit für jedes Individuum differenziert

- Unregelmäßig, zur Vermeidung eines „Anreizautomatismus", der den Anreiz normalen Geschäftsalltag werden lässt.

Ähnliches fordern auch Picot/Freudenberg/Gassner (1999, S. 101ff.): Zum einen muss sichergestellt werden, dass diejenige Person, die die Leistung erbringt, auch vom Anreizsystem erreicht wird. Zum andern darf der Zeitraum zwischen der Leistungserbringung und der „Belohnung" nicht zu groß sein. Das Anreizsystem muss für die Mitarbeiter transparent sein – Anreize sollen weder nach dem Gießkannenprinzip noch nach Lust und Laune gesetzt werden. Ebenso müssen sich die Zusammenhänge von Verhaltensweisen und Konsequenzen transparent darstellen. Diese Empfehlungen befinden sich in unmittelbarer Nähe Skinners, der ebenfalls unverzügliche, deutlich spürbare und intermittierende Verstärkung empfiehlt.

Zum Abschluss dieses Kapitels sei noch auf den Unterschied zwischen Motivation und Mobilisierung nach Deeken (1997, S. 151) hingewiesen. Die Mobilisierung einer kollektiven Einheit kann nämlich nicht „auf die Motivation der einzelnen Mitarbeiter zurückgeführt werden, weil sie eine eigene Qualität besitzt. Es ist eben ein Unterschied, ob jeder Einzelne seine Energien für die Durchsetzung seiner Interessen aktiviert, oder ob ein sozio-technisches System alle Energien auf die Durchführung einer kollektiven Aktion richtet. Mobilisierung kann somit als emergente Form der Motivation auf Systemebene interpretiert werden. Sie verweist nicht nur auf die Bereitschaft der einzelnen Ressourcen, sondern auch auf deren Interaktion bzw. Nutzung." (Noujoks, 1994a, S. 161).

4.4 Die wichtigsten naturwissenschaftlichen Systemtheorien

Von den in den vorhergehenden Kapiteln vorgestellten psychologischen und soziologischen Konzepten und Theorien soll nun ein Bogen zu den naturwissenschaftlichen Theorien geschlagen werden, die dem in dieser Arbeit entwickelten Ansatz zugrunde liegen. Zu Beginn sollen die vier gängigsten naturwissenschaftlichen Systemtheorien kurz vorgestellt werden, um dann den ausgewählten synergetischen Ansatz ausführlich darzustellen.

Der systemtheoretisch-kybernetische Ansatz von Heinz von Foerster

Der Mathematiker Heinz von Foerster hat mit seiner Veröffentlichung „On Self-Organizing Systems and their Environments" im Jahre 1960 entscheidend dazu beigetragen, den Ausdruck „selbstorganisierendes System" im Sprachgebrauch zu verankern. Selbstorganisierende Systeme sollen seiner Ansicht nach ihre innere Ordnung vergrößern. Sie nutzen die von außen kommende Energie, um selbst eine innere Ordnung herzustellen. Dies nennt er „Ordnung durch Störung" („order from noise"). Zwei weitere Konzepte von Foersters sind für soziale Systeme von Bedeutung. Zum einen die Rekursivität bzw. Rückkoppelung, Zirkularität oder Selbstreferenz: Dies bedeutet, dass sich Ursache und Wirkung gegenseitig beeinflussen und ineinander übergehen. Zum anderen ist sein Konzept der „nicht-trivialen Maschine" als Heuristik für Sozialsysteme interessant: ein bestimmter Input führt nicht mehr zwangsläufig zu einem bestimmten Output, da das System seinen aktuellen Zustand laufend auf Basis seiner vorhergehenden Zustände ändert (Rekursivität). Das Ergebnis einer Maßnahme wird somit geschichtsabhängig und unvorhersehbar.

Die Theorie dissipativer Strukturen von Ilya Prigogine

Sein 1971 erschienenes Buch thematisiert die Entstehung von Ordnung anhand der Musterbildung bei der Erhitzung von Flüssigkeiten (Bienenwabenformen). Bei übermäßiger Erhitzung lösen sich die Muster wieder auf und schlagen in Chaos um. Der Ordnungszustand im System wird stabilisiert, indem das System Energie an die Außenwelt abgibt, diese also zerstreut (dissipiert). Vergleichbar ist dieser Vorgang mit dem Bremsen beim Autofahren, wo gerichtete Bewegungsenergie in ungerichtete Wärme verwandelt wird. Im Systemverlauf gibt es außerdem Verzweigungen (Bifurkationen), an denen das System entscheiden muss, in welche Richtung es sich weiterentwickelt. An diesen „kritischen Stel-

137

len" des Systems können zufällige, kleinste Anfangsschwankungen die Entscheidung für einen völlig anderen Systemverlauf herbeiführen und somit große Wirkungen erzielen. Dies bedeutet zum einen, dass die Interpretation eines Zustandes nur mit Hilfe der Systemgeschichte möglich ist, zum anderen wird die Entwicklung des Systemverlaufs für den Beobachter unvorhersagbar.

Das Autopoiesekonzept von Maturana und Varela

Die Grundaussage der autopoietischen Organisation eines Organismus lautet: Lebewesen erzeugen sich kontinuierlich selbst (Beispiel Zelle). Es gibt keine Trennung zwischen Erzeuger und Erzeugnis. Die Interaktion zwischen Lebewesen und Umwelt besteht darin, dass die Umwelt eine der im Lebewesen bereits strukturell angelegten Reaktionen auslösen kann. Das Lebewesen wirkt aber auch seinerseits wieder auf die Umwelt ein (Strukturelle Kopplung).

„Autopoietische Systeme sind operativ geschlossene System, die sich in einer „basalen Zirkularität" selbst reproduzieren, indem sie in einer bestimmten räumlichen Einheit die Elemente, aus denen sie bestehen, in einem Produktionsnetzwerk wiederum mit Hilfe der Elemente herstellen, aus denen sie bestehen." (Maturana, 1982, S. 58).

Die Theorie des deterministischen Chaos von Lorenz

Im Gegensatz zu den bisher vorgestellten Konzepten beschäftigt sich die Theorie des deterministischen Chaos nicht mit dem Übergang von Chaos zu Ordnung, sondern dem umgekehrten Fall des Übergangs von Ordnung zu Chaos. Chaos ist dabei definiert als irreguläres, unvorhersehbares Verhalten eines Systems. Deterministisches Chaos bezeichnet den Umstand, dass die zeitliche Entwicklung eines Systems mathematisch genau beschrieben ist, die zukünftigen Zustände sich aber dennoch nicht genau vorhersagen lassen, da kleinste Schwankungen der Ausgangsbedingungen zu exponentiell auseinander laufenden Lösungen der Gleichungen führen. Poincaré beschrieb 1890 als erster das Phänomen des deterministischen Chaos anhand dreier Planetenbahnen. Aufgegriffen wurde dies dann 1963 durch den Meteorologen Lorenz, der für das Phänomen der Empfindlichkeit des Systems gegenüber den Ausgangsbedingungen den Begriff „Schmetterlingseffekt" prägte. Gemeint ist damit, dass das System Wetter sich in seinen Ausgangsbedingungen von so geringen Abweichungen wie dem Flügelschlag eines Schmetterlings derartig stark beeinflussen lassen kann, dass eine Woche später aufgrund dieses Schmetterlings eine halbe Welt entfernt ein Tornado tobt.

4.5 Synergetik

Die Synergetik wurde in den 60er Jahren vom Physiker Hermann Haken entwickelt. Anhand des Übergangs vom normalen Licht zum Laserlicht stellt er die wichtigsten Begrifflichkeiten seiner „Lehre vom Zusammenwirken" (Haken 1995) dar. Diesem Buch soll zur Darstellung der Synergetik im folgenden Kapitel gefolgt werden. Um Missverständnissen vorzubeugen: Der in den Betriebswissenschaften häufig verwendetet Begriff Synergie sollte nicht mit dem Begriff Synergetik verwechselt werden.

Synergie (griechisch synergía: Mitarbeit) bezeichnet das Zusammenwirken verschiedener Faktoren und Kräfte, bei dem die gemeinsam erzielte Wirkung größer ist als die Summe der Einzelwirkungen (Encarta 2001). Die Gesamtwirkung, die aus dem Zusammenwirken der Einzelteile entsteht, ist dabei höher als die Addition der Einzelteile vermuten ließe. Oft bezeichnet man synergetische Effekte auch mit der Formel „2+2=5". Unter Synergieeffekten versteht man gemeinhin die gegenseitige Ergänzung und Verbesserung beim Zusammenführen zweier unterschiedlicher Organisationen, Gruppen, Geschäftsbereiche o.ä. Synergetik bezeichnet dem gegenüber das selbständige Finden von Ordnung innerhalb eines Systems:

Synergetik: Definition

> Synergetik ist die Wissenschaft vom geordneten, selbstorganisierten, kollektiven Verhalten, wobei dieses **allgemeinen Gesetzen** unterliegt.
>
> Synergetik bezeichnet die Fähigkeit eines Systems, bei Veränderungen der Umwelt
>
> **von innen heraus**
>
> Übergänge zwischen verschiedenen Strukturen zu schaffen.
>
> (Haken 1995)

Abb. 20: Definition Synergetik

Die Synergetik hat ihren Anwendungsbereich dabei nicht nur auf die Physik beschränkt. Sie analysiert auch nicht spezielle Einzelsysteme aus Natur, Technik oder Gesellschaft, sondern konzentriert sich auf einen **übergreifenden Ansatz**, der allgemeine Gesetze des Verhaltens von Einzelteilen in ihrer Gesamtheit formulieren soll. Haken geht davon aus, dass Systemen, die völlig unterschiedlicher Natur sein können, ähnliche Verhaltensmuster zugrunde liegen. Er sucht nach allgemeinen Prinzipien, um kollektive Effekte zu erklären.

Die von ihm formulierten Gesetze der Selbstorganisation gelten somit für die unterschiedlichsten komplexen Systeme in den verschiedensten Wissenschaftsbereichen, wie Physik, Chemie, Biologie, Soziologie, Betriebswissenschaften und Psychologie. Anwendungsgebiete/Veröffentlichungen außerhalb der Physik liegen unter anderem vor im Bereich der motorischen Koordination (Haken 1997, Kelso 1995), zur Dynamik neuronaler Prozesse (Kelso 1995, Kruse & Stadler 1995), zur Emergenz des Bewusstseins (Kelso 1995, Stadler & Kruse 1992) oder zur Dynamik innerhalb und zwischen Gruppen (Langthaler & Schiepek 1997, Manteufel & Schiepek 1998).

Einzige Voraussetzung für selbstorganisierende Prozesse sind nicht-lineare Systeme, die aus vielen Komponenten bestehen und sich fern vom thermischen Gleichgewicht befinden. Die bisherige Annahme, offene Systeme würden stets einen Gleichgewichtszustand anstreben und nur in diesem einen stabilen Zustand einnehmen, wurde von Prigogine (1986, 1988) erstmals falsifiziert. In seinen Arbeiten über Strukturbildungsprozesse in offenen chemischen Systemen fern vom thermodynamischen Gleichgewicht konnte er zeigen, dass Systeme aufgrund nicht-linearer Rückkopplungen und aufgrund des ständigen Austauschs von Materie und Energie mit ihrer Umwelt ihre Systemstabilität auch fern vom thermischen Gleichgewicht halten können.

Es handelt sich also um **allgemeine** Gesetzmäßigkeiten, obwohl die betrachteten Systeme völlig **unterschiedlich** sein können. Aufgrund dieser Versatilität wurde die Synergetik als Grundlage für das vorliegende Modell ausgewählt.

„...the systems may be composed of elements as diverse as atoms, molecules, photons, cells, animals, computers, humans, etc. The ways in which these elements interact with each other are equally diverse. Nevertheless, over the past few years, large classes of systems have been found which belong to quite different disciplines and which exhibit striking analogies in their macroscopic behavior. These analogies become visible when we adopt a certain level of abstraction. Interestingly enough, they become particularly pronounced when the (different) systems undergo dramatic macroscopic changes." (Haken in Jantsch, 1981, S. 16).

Der von Haken angesprochene Unterschied zwischen der mikroskopischen und der makroskopischen Ebene erklärt sich wie folgt:

Die **mikroskopische Ebene** bezeichnet das Verhalten des Systems auf der Ebene der Systemelemente, also der Atome, Teilchen oder Menschen/ Kommunikationen.

Die **makroskopische Ebene** bezeichnet das Systemverhalten als Ganzes, beschrieben durch die so genannten Ordnungsparameter.

Um die Grundprinzipien der Ordnungsbildung zu erklären, soll im Folgenden ein kurzer Ausflug in die Physik unternommen werden. Anhand der Ereignisse beim Übergang vom normalen Licht zum Laserlicht, dem so genannten Laserparadigma, sollen Konzepte und Begrifflichkeiten der Synergetik erläutert werden.

Die Versuchsanordnung umfasst eine Glasröhre, die an den Seiten von Spiegeln begrenzt ist – den so genannten **Randbedingungen**. Diese sorgen dafür, dass das Licht, das längs der Röhrenachse verläuft, möglichst lange in der Röhre verbleibt. Einer der beiden Spiegel wird leicht durchlässig gemacht, so dass hier etwas Licht ausgestrahlt werden kann. Innerhalb der Glasröhre befindet sich ein Gas. Durch die Stromversorgung von außen werden die Gasatome mit Energie versorgt und angeregt. Diese Energiezufuhr wird als **Kontrollparameter** bezeichnet – ein etwas irreführender Begriff, denn der Kontrollparameter **kontrolliert das Systemverhalten nicht**, sondern sorgt lediglich für die **Anregungsbedingung**. Die Atome sind im Ausgangszustand in unkorrelierter Bewegung – es liegt ein mikroskopisches Chaos vor.

Der Laser sendet zu diesem Zeitpunkt ungeordnetes, inkohärentes „normales" Licht. Mit Zunahme der Energieversorgung (= Erhöhung des Kontrollparameters) bewegen die Atome sich immer schneller und schwingen immer heftiger – der vorliegende Systemzustand wird immer instabiler. Man könnte nun erwarten, dass bei einer Erhöhung der Energiezufuhr die Lichtemission zwar intensiver wird, sich aber qualitativ nicht ändert, insbesondere ungeordnet und inkohärent bleibt.

Das Gegenteil ist der Fall: Ab einem bestimmten Zeitpunkt der Stromzufuhr verändert sich plötzlich das Verhalten der Atome: sie beginnen in geordneten Wellen zu schwingen. Was ist passiert?

Die angeregten Elektronen emittieren kurze Lichtwellen, die zunächst völlig unkorreliert schwingen. Diese Schwingungen bezeichnet man als **Fluktuationen**, sie gehen einer Ordnungsbildung voraus. Sind erst einmal Lichtwellen vorhan-

141

den, so können diese ein angeregtes Atom/Molekül „zwingen", im gleichen Takt mitzuschwingen. Durch die Spiegelanordnung verbleiben die Lichtwellen relativ lange im Laser und können immer mehr und mehr angeregte Atome/Moleküle in ihren Bann ziehen. Die Moleküle versuchen Lichtwellen abzugeben und lassen sich durch Wellen ihrer Frequenz bevorzugt anregen und zur Emission bringen. Alle ausgesandten Wellenlängen treten nun in einen Wettbewerb und werden verstärkt oder abgeschwächt. Schließlich setzt sich schlagartig ein Wellenzug durch, der alle anderen Frequenzen verdrängt. Es ist diejenige Welle, die in ihrem Rhythmus dem „inneren Tanztakt" der Elektronen am nächsten kommt. Obwohl diese Welle zu Beginn oft nur ein ganz klein wenig bevorzugt wird, wird sie im weiteren Verlauf lawinenartig verstärkt und gewinnt schließlich gegenüber allen anderen. In der Folge tritt ein einziger praktisch unbegrenzter Wellenzug gleicher Wellenlänge und Frequenz als Laserlicht aus. Dieser Wellenzug zwingt jedes neu angeregte Leuchtelektron eines Atoms in seinen Bann und bringt es zum Mitschwingen im Takt.

Die neu entstandene Welle bestimmt somit die Ordnung im Laser, sie wird zum so genannten **Ordnungsparameter** oder Ordner. Dieser zwingt den Elektronen das Verhalten auf, er „versklavt" sie – umgekehrt bringen die Elektronen durch ihr Schwingen aber erst den Ordner hervor! Diese „zyklische Kausalität", in der sich das Auftreten des Ordnungsparameters einerseits und das kohärente Verhalten der Elektronen andererseits gegenseitig bedingen, ist ein Grundpfeiler der Synergetik. Herauszustellen ist die Tatsache, dass die anfänglichen, verschiedenen Wellen zunächst zufällig und spontan von den Elektronen erzeugt wurden und im weiteren Verlauf eine dieser Wellen selektiert wurde – es ist aber von außen nicht direkt zu beeinflussen welche das sein wird!

Dennoch sind die entstandenen Wellen nicht völlig unabhängig von ihrer Umwelt. Zwischen zwei parallele Spiegel passen nur ganz bestimmte Lichtwellen. Somit kann es passieren, dass die von den Elektronen bevorzugte Welle gar nicht zwischen die Spiegel passt. Sie ordnen sich nun zu einer Welle, die dem Takt ihrer Lieblingswelle am nächsten kommt. Wird der Spiegelabstand nun langsam geändert, so ändert sich die Laserlichtausstrahlung der Elektronen – sie passen sich der neuen Umgebung an. Möglicherweise passt nun eine neue Welle zwischen die Spiegel, die der „Lieblingswelle" der Elektronen näher kommt als der aktuelle Ordner. Dann beginnen einige Elektronen spontan, in einer Fluktuation, die neue Welle zu unterstützen und sehr rasch folgen die übrigen Elektronen mit. Der alte Ordnungsparameter wird also durch eine interne Fluktuation durch einen neuen, an die Umwelt besser angepassten Ordner ersetzt. Somit sind durchaus Einflussmöglichkeiten auf das Systemverhalten gegeben –allerdings nur indirekt, denn die tatsächliche Auswahl des jeweiligen Ordnungsparameters erfolgt selbstorganisiert vom System!

Erhöht man die Energiezufuhr noch weiter, löst sich das geordnete Verhalten erneut auf, der Laser sendet zunächst regelmäßige, sehr kurze und intensive Lichtblitze aus, um dann in ein völlig irreguläres Verhalten zu verfallen: Das makroskopische oder deterministische Chaos. Im Gegensatz zum mikroskopischen Chaos zeigen hier nicht die Atome bzw. Systemelemente chaotisches Verhalten, denn diese sind immer noch an ihre Ordnungsparameter gebunden, sondern die Ordnungsparameter selbst verhalten sich chaotisch.

Grundsätzlich können bei den Phasenübergängen, die das System vollzieht, drei verschiedene Formen unterschieden werden:

- Unordnungs-Ordnungs-Übergänge:

  Vom ungeordneten, inkohärenten Licht zum geordneten Laserlicht.

- Ordnungs-Ordnungs-Übergänge:

  Vom geordneten Laserlicht zu geordneten ultrakurzen Lichtimpulsen.

- Der Übergang von der Ordnung ins deterministische Chaos:

  Von ultrakurzen Lichtblitzen zum deterministischen chaotischen Laserlicht.

Die folgende Abb. 21 soll das Gesagte noch einmal illustrieren. Dabei steht KP für Kontrollparameter, RB für Randbedingung und OP für Ordnungsparameter.

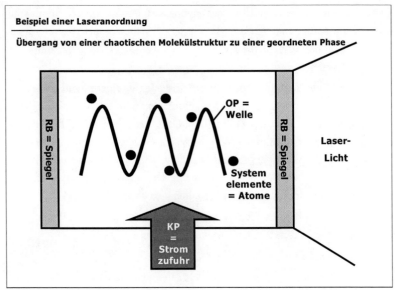

Beispiel einer Laseranordnung

Übergang von einer chaotischen Molekülstruktur zu einer geordneten Phase

RB = Spiegel

OP = Welle

RB = Spiegel

System elemente = Atome

KP = Strom zufuhr

Laser- Licht

Abb. 21: Beispiel einer Laseranordnung (eigene Darstellung nach Haken, 1995, S. 75)

Die Geschehnisse bei einem Phasenübergang, bei dem sich der makroskopische Systemzustand ändert, sollen im Folgenden noch einmal allgemein formuliert zusammengefasst werden.

Ausgangssituation

Unter gegebenen externen Bedingungen (**Kontrollparameter** und **Randbedingung**) haben sich die Systemelemente auf einem stabilen Zustand eingependelt. Sie bleiben auch gegenüber kleineren Umweltschwankungen stabil bzw. pendeln sich nach einer Perturbations- oder Fluktuationsphase wieder in den ursprünglichen Zustand zurück ein.

Anstoß von außen zur Fluktuation

Der Kontrollparameter wird über einen für das System kritischen Wert erhöht und dynamisiert so das System. Daraufhin beginnen die Systemelemente zu schwingen bzw. zu fluktuieren. In dieser Symmetriephase sind alle Fluktuationen zunächst gleichwertig und alle möglichen Systemzustände somit gleichwahrscheinlich. Das System ist aber extrem instabil und die Symmetrie kann durch minimale Impulse gebrochen werden (Bifurkationspunkt).

Symmetriebrechung und Bildung des neuen Ordnungsparameters

Welche Fluktuation sich nun intern gegenüber den anderen durchsetzt, um als neuer Ordnungsparameter das zukünftige makroskopische Systemverhalten zu beschreiben, ist gleichermaßen vom Zufall wie von dem durch die Randbedingungen vorgegebenen Spielraum innerhalb des Systems abhängig. Der Kontrollparameter spielt bei der Auswahl des neuen Ordnungsparameters hingegen nur insofern eine Rolle, als er einen kontinuierlichen Druck aufrecht erhalten muss, da das System bei einem Abschalten des Kontrollparameters ganz einfach in seinen Ausgangszustand zurückfällt.

Das bedeutet aber auch, dass Systeme bei gleichen äußeren Umweltbedingungen je nach internem Zustand ganz verschieden auf den gleichen externen Input (Kontrollparameter) reagieren können. Eine Ausprägung des Kontrollparameters, die bei dem einen System noch gar nicht dazu ausreicht, den stabilen Gleichgewichtszustand zu verlassen, kann bei einem anderen, instabileren System schon zu einer Perturbation führen!

Ein weiterer Punkt ist von elementarer Bedeutung: Der Kontrollparameter muss vom System auch als dynamisierend **wahrgenommen** werden, im übertragenen Sinn also die Sprache des Systems sprechen", da er sonst überhaupt keine Anregungsbedingung darstellt.

Geglückter Phasenübergang und Stabilisierung in der neuen Ordnung

Nachdem sich ein neuer Ordnungsparameter durchgesetzt hat, hören die Fluktuationen auf und das System stabilisiert sich im neuen Zustand. Dabei sollte der Kontrollparameter solange aktiv und die Randbedingungen gesetzt bleiben, bis sich das System in der neuen Ordnung konsolidiert hat. Ansonsten droht aufgrund der natürlichen Trägheit des Systems ein Rückfall in die alte Ordnung. Bleibt der Kontrollparameter über die Konsolidierungsphase hinaus aktiv, so fängt das System erneut an zu fluktuieren und der Kreislauf beginnt von vorne.

Die folgende Abb. 22 illustriert den synergetischen Phasenübergang:

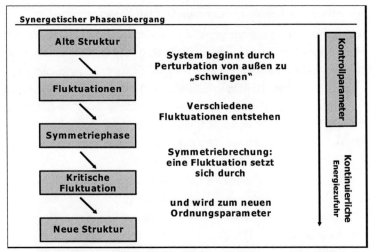

Abb. 22: Synergetischer Phasenübergang (eigene Darstellung nach Beisel, 1996, S. 76)

Aus dem Gesagten lassen sich im Hinblick auf soziale Systeme und den Veränderungsprozess bereits an dieser Stelle einige Punkte ableiten.

Der **Kontrollparameter** muss eine kontinuierliche Ausprägung haben und vom System auch als solcher **verstanden** werden, um das System anzuregen.

Die **Randbedingungen** müssen so großzügig gesetzt werden, dass sie Fluktuationen und somit Selbstorganisation der neuen Ordnung im System zulassen. Sie dürfen aber nicht so weit gesetzt werden, dass das System nicht mehr ein- und von der Umwelt abgegrenzt wird. Und sie müssen richtig gesetzt werden, d.h. den Systemverlauf in der gewünschten Richtung unterstützen, nicht blockieren.

Zuletzt zeigt sich, dass turbulente Phasen im Projektverlauf durchaus kein Grund zur Besorgnis sind, denn diese entsprechen den **Fluktuationen** im System beim Aufbau einer neuen Ordnung. Im Gegenteil: Deren Fehlen gibt Anlass zur Sorge, da ohne Bewegung im System kein Auseinandersetzen mit der Veränderung gegeben ist und somit keinerlei wirkliche Veränderung erfolgen kann. Turbulente Phasen sind aus der Systemlogik heraus unabdingbar!

Um die heuristische Kraft des synergetischen Ansatzes zum Ordnungsübergang zu verdeutlichen, wird in Abb. 23 der typische Verlauf eines Kulturwandels nach Dyer (1985), zitiert nach Steinmann/Schreyögg (1993, S. 602), dargestellt. Wiewohl die Autoren nicht synergetisch argumentieren, zeigen sich beim dargestellten Verlauf eines Kulturwandels die typischen Merkmale des synergetischen Phasenverlaufs.

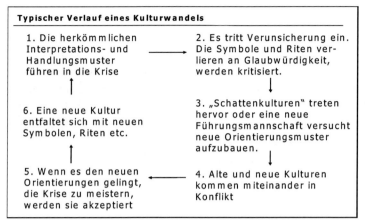

Typischer Verlauf eines Kulturwandels

1. Die herkömmlichen Interpretations- und Handlungsmuster führen in die Krise	2. Es tritt Verunsicherung ein. Die Symbole und Riten verlieren an Glaubwürdigkeit, werden kritisiert.
6. Eine neue Kultur entfaltet sich mit neuen Symbolen, Riten etc.	3. „Schattenkulturen" treten hervor oder eine neue Führungsmannschaft versucht neue Orientierungsmuster aufzubauen.
5. Wenn es den neuen Orientierungen gelingt, die Krise zu meistern, werden sie akzeptiert	4. Alte und neue Kulturen kommen miteinander in Konflikt

Abb. 23: **Typischer Verlauf eines Kulturwandels (Quelle: Dyer 1985 nach Steinmann/Schreyögg 1993, S. 602)**

Fassen wir den Kulturwandel als Ordnungsübergang mit dem Ordnungsparameter Unternehmenskultur, so entspricht die dargelegte „Krise" dem dynamisierenden Kontrollparameter. Diese führt zu Fluktuationen, den „Verunsicherungen" und in Folge „Schattenkulturen". In der Symmetriephase kämpfen die einzelnen Fluktuationen (= „Schattenkulturen", neue Führungsmannschaft etc.) um die Vorherrschaft. Infolge einer Symmetriebrechung gelingt es einer dieser Fluktuationen, sich als neuer Ordnungsparameter (= neue Kultur) durchzusetzen und eine neue Systemordnung zu begründen – bis zur nächsten Krise.

4.5.1 Definition der wichtigsten synergetischen Parameter

Zusammenfassend eine Definition der wichtigsten synergetischen Parameter:

Kontrollparameter

Der Kontrollparameter wirkt aus der Systemumwelt dynamisierend auf das System ein und versetzt es in „Schwingungen" = **Fluktuationen**. Der Kontrollparameter ist **unspezifisch**, es gibt keinen linearen Zusammenhang zwischen Parameterveränderung und Veränderung im Systemverhalten in dem Sinne, dass der Parameter das Systemverhalten direkt steuert oder kontrolliert. Er braucht eine bestimmte Ausprägung und muss vom System erkannt werden, um es zu aktivieren. **Wie** sich das System verhält, ergibt sich aus der systemeigenen Struktur.

Im Laserbeispiel ist der Kontrollparameter der elektrische Strom, in einem allgemeineren Kontext jede Art von wahrgenommenem Druck oder Energie, im Unternehmen beispielsweise ein Vorstandsbeschluss.

Randbedingungen

Randbedingungen begrenzen das System. Sie grenzen es zum einen gegenüber seiner Umwelt ab, zum anderen aber bestimmen sie auch das Systemverhalten, indem bestimmte Verhaltensweisen der Systemelemente, Fluktuationen und Ordnungsparameter unmöglich gemacht werden. Randbedingungen erzeugen also keine Ordnungsparameter, können sie aber selektieren. Sie müssen weit genug gesetzt sein, um Fluktuationen zuzulassen, aber fest genug, um das System von der Umwelt abzugrenzen und zu stabilisieren.

Im Laserbeispiel sind Randbedingungen die Spiegel. Bei einem organisationalen System sind Randbedingungen in der Regel organisationale Maßnahmen, aber auch technische EDV- Vorgaben oder Ressourcen.

Fluktuationen

Fluktuationen entstehen aufgrund einer Energiezufuhr von außen, des Kontrollparameters. Die Systemelemente probieren an dieser Stelle unterschiedliche Verhaltensweisen aus. In der so genannten Symmetriephase sind alle Fluktuationen gleichberechtigt und gleichwahrscheinlich. Mit der Symmetriebrechung entscheidet sich das System für eine bestimmte Fluktuation („kritische Fluktuation"). Diese wird dann zum neuen Ordnungsparameter.

Im Laserbeispiel sind die Fluktuationen die verschiedenen Lichtwellen bzw. Schwingungen, die durch die Anregung des Kontrollparameters (= elektrischer Strom) spontan entstehen. Im organisationalen Kontext können die verschiedenen **Verhaltensweisen**, die aufgrund der Dynamisierung durch den Kontrollparameter entstehen, als Fluktuationen interpretiert werden.

Ordnungsparameter

Der Ordnungsparameter entsteht aus den Systemelementen und wirkt gleichzeitig wieder steuernd auf diese zurück („zyklische Kausalität"). Er bestimmt den Systemverlauf und wird gleichzeitig aus den Systemelementen gebildet. Das makroskopische Verhalten eines komplexen Systems lässt sich durch wenige Ordnungsparameter beschreiben.

Im Laserbeispiel ist der Ordnungsparameter die vorherrschende Welle. Im sozialen Kontext ist er beispielsweise die geteilte Muttersprache oder die öffentliche Meinung. Im organisationalen Zusammenhang stellen die **gemeinsam geteilten Verhaltensregeln** (z.B. Unternehmenskultur) den Ordnungsparameter dar.

5 Abgeleitetes theoretisches Modell

5.1 Zur Übertragbarkeit von Theorien

Die Übertragung naturwissenschaftlicher Konzepte auf die Sozialwissenschaften erschöpft sich bedauerlicherweise häufig in bloßer Analogienbildung von biologischen Gesetzmäßigkeiten auf der Ebene von Metaphern (Beispiel: ein soziales System ist wie ein Organismus). Dabei ist die Isomorphie zwischen den Gegenständen keineswegs immer gesichert. Es werden oft nur einzelne Teilbereiche einer Theorie zur Übertragung herausgenommen, unpassende hingegen weggelassen und Widersprüche ignoriert.

Die Übertragung von Theorien auf einen anderen Gegenstandsbereich setzt zum einen ein ausreichendes Maß an Abstraktion und Allgemeingültigkeit der Theorie voraus, zum andern muss sie über Anknüpfungspunkte für Spezifikationen des neuen Anwendungsbereichs verfügen.

Der Nutzen der Übertragbarkeit gliedert sich nach Stünzner (1996, S. 150) in theoretischen und pragmatischen Nutzen. Der theoretische Nutzen gliedert sich in wissenschafts- und modelltheoretischen Nutzen und konzeptionellen Nutzen im Hinblick auf grundsätzliche Auswirkungen für das Verständnis des Gegenstandsbereichs. Der pragmatische Nutzen besteht im Anwendungsbezug sowie interdisziplinärem Nutzen. Zentrale Kriterien für die Bewertung von Theorien sind nach Stünzner (1996, S. 186 ff.):

- **Prinzip der theoretischen Anschlussfähigkeit:**

  Bezeichnet die Fähigkeit, Elemente der Theorie zu reproduzieren und neue anzuschließen im Sinne neuer Impulse und Weiterentwicklungen. Im vorliegenden Fall: Die Verknüpfung von Elementen der Synergetik und soziologischer Systemtheorie zu einer neuen Theorie des Change Managements.

- **Prinzip der Zweckmäßigkeit oder Zweckerfüllung:**

  Zum Einen: Prinzip der komplexitätsreduzierenden Selektivität: Vereinfachung komplexer Zusammenhänge, dadurch größere Vorhersagegenauigkeit, der Untersuchungsbereich wird beschreibbar und erklärbar. Zum Andern: Prinzip des Handlungsbezugs: Anschlüsse oder Bezugspunkte für konkrete Anwendungen bzw. Handlungen (pragmatisch).

  Im vorliegenden Fall: Reduktion der Komplexität des organisationalen Vorgehens auf drei synergetische Parameter mit Handlungsbezug.

- **Prinzip der operativen Beschreibbarkeit:**

  Entspricht pragmatischer Validität und in Handlungen umsetzbaren Beschreibungen

  Im vorliegenden Fall: Sicherung des Handlungsbezugs durch konkrete Handlungsempfehlungen

- **Prinzip der strukturellen Kopplungsfähigkeit:**

  Integrierende Funktion von Modellen, verschiedene Sichten im Rahmen eines gemeinsamen Sinnbezugs integrieren.

  Im vorliegenden Fall: Integration der theoretischen Modelle zu einem neuen Handlungsmodell und einer neuen Sicht aufs Change Management

5.2 Warum ein Handlungsmodell auf Basis von Systemtheorie/Synergetik?

Das wesentliche Kriterium aller Systemtheorien ist die Tatsache, dass es Prinzipien und Gesetzmäßigkeiten gibt, die für alle Systeme Gültigkeit besitzen - seien diese auch noch so unterschiedlich. Systemtheoretische Modelle sind in der Organisationsforschung deshalb so populär (vgl. z.b. Beisel 1996, Mildenberger 1998, Güldenberg 2001), weil sich unter den heutigen Bedingungen hoher Umweltkomplexität die traditionellen Organisationsmodelle als nicht mehr tragfähig erweisen. Die Sichtweise von Organisationen als komplexe soziale Systeme ist bereits in den allgemeinen Sprachgebrauch übergegangen. Die Anfänge dieser Sichtweise liegen in der Konzeption von Organisationen als sozio-technischen Systemen (siehe Kapitel „2.1 Organisationsentwicklung").

Eine sehr weit verbreitete Strömung in der Organisationstheorie, besonders in den Betriebswissenschaften, definiert Organisationen als autopoietische, selbstreferentielle Sozialsysteme im Sinne von Luhmann. Ein autopoietisches System liegt dann vor, wenn eine Grenze zur Umwelt existiert und das System sich innerhalb seiner Grenzen in einem geschlossenen Prozess durch Relationierung seiner Elemente reproduziert und erhält. Die Elemente müssen dabei vom gleichen Typ sein. Die autopoietische Theorie geht von Organisationen als Handlungs- bzw. Kommunikationssystemen aus. Im Sinne der Anschlussfähigkeit bei Elementen gleichen Typs widerspricht sich dieser Ansatz dabei mit dem sozio-technischen, denn es wird eine strikte Trennung zwischen sozialen bzw. personalen Systemen und anderen Systemtypen propagiert. Der Schwerpunkt der autopoietischen Theorie liegt also in der Selbstherstellung der Systemelemente und der Frage nach der Natur der Systemelemente begründet – und nicht in der autogenen Entstehung von Ordnung und der Beeinflussung von System-verhalten. Die autopoietischen Theorien gehen ja gerade von einer grund-sätzlichen Unbeeinflussbarkeit des Systems aus. Die Aspekte der Unbeein-flussbarkeit, Unvorhersagbarkeit, Unsicherheit und Instabilität werden betont, eine Steuerung wird für unmöglich gehalten.

Zudem sind diese Theorien auf einer abstrakten, formalen und unverbindlichen Ebene mit geringem Konkretisierungsgrad formuliert. Vollmer (1975) ordnet sie als Strukturwissenschaft von formalen Systemen als Theorietyp zwischen den Wirklichkeitswissenschaften, die sich mit Tatsachen beschäftigen und den Meta-theorien, die Theorien über Theorien sind, ein.

Die Organisationsforschung beschäftigt sich aber demgegenüber mit konkreten Problemen, die auf empirischer Basis mit konkreten Lösungsansätzen oder Er-klärungen gelöst werden sollen. Somit erscheint der autopoietische Ansatz nicht sonderlich gut geeignet für die Entwicklung einer konkreten Handlungsempfeh-lung für die Veränderung eines komplexen sozialen Systems beim Change Ma-nagement Prozess.

Der dem vorliegenden Handlungsmodell zugrunde gelegte synergetische Ansatz bietet im Gegensatz zum autopoietischen Ansatz einen hohen Konkretisierungs-grad durch ein genau beschriebenes Modell der Systementwicklung bzw. des Systemverlaufs. Kernpunkt der Synergetik ist ja gerade der Prozess des (Selbst-) Organisierens, der Entstehung von Ordnung aus Chaos und des Übergangs ver-schiedener Ordnungszustände ineinander. Insbesondere das Verhalten des Sys-tems an Instabilitätspunkten (Bifurkationen) ist genau beschrieben. Die Reduzierung auf drei wesentliche Parameter zur Beeinflussung des System-verhaltens bietet außerdem Einfachheit und konkrete Handlungsempfehlungen.

Eine Steuerbarkeit des Systems wird mit der soziologischen Theorie Willkes grundsätzlich für möglich gehalten, wenn auch nur indirekt durch das Setzen von Randbedingungen und die Kontrolle der Energiezufuhr aus der Umwelt. Die Unterscheidung zwischen Mikroebene (Verhalten der einzelnen Systemelemen-te) und Makroebene (globales Systemverhalten) macht Eingriffsmöglichkeiten zusätzlich transparent. Im vorliegenden Modell wird Selbstorganisation des Sys-tems grundsätzlich zugelassen, allerdings innerhalb eines gegebenen Rahmens (Selbstorganisation durch Fremdorganisation).

Das vorliegende Handlungsmodell soll als interdisziplinäres Konzept fungieren, unter das sich gängige Ansätze aus Psychologie, Managementlehre und Projektmanagement subsumieren und theoretisch fundieren lassen. Es handelt sich nicht um eine eins zu eins Übertragung naturwissenschaftlicher Konzepte im Sinne einer reinen Analogienbildung, sondern um eine Erweiterung der Synergetik mit Hilfe sozialer Systemtheorien. Die daraus entstandene neue Theorie ist auf den Untersuchungsgegenstand der Organisation angepasst. Der Vorteil liegt in abgeleiteten konkreten Maßnahmen für Steuerungsmöglichkeiten komplexer sozialer Systeme:

Gezielte externe Eingriffe lassen Selbstorganisation im gegebenen Rahmen in der erwünschten Richtung zu.

Es wird Akzeptanz für Veränderungsmaßnahmen geschaffen, da die systemkonstituierenden Regeln im mikroskopischen Bereich vom System selbst entwickelt und nicht von außen diktiert werden.

Es werden konkrete und wirkungsvolle Ansatzpunkte zur Veränderung eines komplexen sozialen Systems aufgezeigt. Diese sind theoretisch abgeleitet, empirisch erarbeitet und in der Praxis überprüft.

5.3 Ein neues Handlungsmodell zur Veränderung komplexer sozialer Systeme

Die aus der Synergetik zur Bestimmung des Systemverhaltens bekannten Parameter Kontrollparameter, Randbedingung und Ordnungsparameter müssen für ein Interventionsmodell komplexer sozialer Systeme geringfügig modifiziert und ergänzt werden.

Das zu betrachtende soziale System soll im vorliegenden Falle eines Veränderungsprojekts aus all denjenigen Individuen bestehen, die von der Veränderung betroffen sind. Dabei ist die Unterteilung in Subsysteme (z.B. einzelne Bereiche oder Untereinheiten) möglich. Als unterste Systemelemente werden - teilweise an Individuen gebundene - Verhaltensregeln angesehen.

Diese Verhaltensregeln beginnen nun unter Einwirkung eines dynamisierenden Kontrollparameters von außen, wie z. B. dem Beginn eines Veränderungsprojektes, zu fluktuieren. Das heißt, es bilden sich neue Verhaltensregeln aus, wie mit dem vorliegenden Problem umzugehen ist. Diese können konstruktiv, aber auch destruktiv sein. Irgendwann im Systemverlauf, am Bifurkationspunkt des Systems, wird eine dieser Verhaltensweisen zur „kritischen Fluktuation" und somit zur neuen verhaltensbestimmenden Regel und damit zum neuen Ordnungsparameter für das Systemverhalten:

„die komplexen, evolutionäreren Ordnungen (...) resultieren nun aus dem in diesem Sinne regelgeformten Verhalten vieler Individuen oder Elemente **als im ganzen unbeabsichtigtes und auch gar nicht vorhersehbares Resultat diese Verhaltens.**" (Malik, 1979, S. 310, Hervorhebungen d.d.V.).

Ordnungsparameter

Die soziale Ordnung oder Koordination im sozialen System Organisation resultiert aus Verhaltensregeln, im Einzelnen aus Werten, Normen, Ablaufplänen, Organisationsrichtlinien, informellen oder formellen Interaktionsbeziehungen, kurz den offiziellen sowie den heimlichen Spielregeln. Diese entstehen in Analogie zum synergetischen Selbstorganisationsprozess **spontan** aus dem System heraus und sind von außen **nicht direkt zu beeinflussen.** Diese Verhaltensregeln und Sinnzuschreibungen werden über die Organisationskultur als Ordnungsparameter an die einzelnen Angehörigen des Systems als verbindliche Handlungsanweisungen transportiert – **gleichzeitig** aber von den Organisationsmitgliedern **selbst gebildet!** Vergleiche auch Giddens (nach Deeken, 1997, S. 147f.) zur Dualität der Struktur: Sie ist das Produkt menschlicher Handlungen und andererseits zugleich das Medium, das eben diese Handlungen ermöglicht. Dies erklärt auch, warum durch kollektives Verhalten Verhaltensautomatismen hervorgerufen werden können, denen der Einzelne schwer ausweichen kann.

Dabei kann der Ordnungsparameter einen unterschiedlichen Detaillierungsgrad aufweisen. Ein System wird auch nicht nur von einem Ordnungsparameter alleine gesteuert. Es gibt übergeordnete, globale Ordnungsparameter wie Unternehmenskultur oder Betriebsklima und spezifischere Ordnungsparameter, die sich mit der Verhaltenssteuerung von Teilbereichen des Systems befassen, z.B. einzelne Verhaltensweisen wie Information weitergeben aber auch „Nutzung des neuen Verfahrens". Dabei wird von einer hierarchischen Gliederung der Ordnungsparameter ausgegangen: Unternehmenskultur als „Über"-Ordnungsparameter bestimmt die zugrunde liegenden einzelnen Verhaltensweisen und wird auch wieder von ihnen bestimmt (Abb. 24).

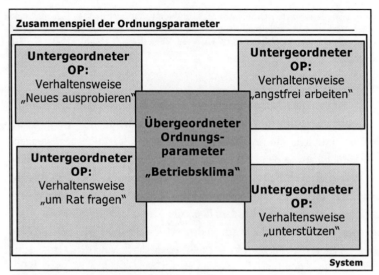

Abb. 24: Zusammenspiel der Ordnungsparameter

Randbedingung

In Erweiterung zur Synergetik, bei der die Randbedingung zwar indirekt das Systemverhalten beeinflussen kann, das System seinerseits aber nicht die Randbedingung, soll im vorliegenden Modell in speziellen Fällen auch eine **Abhängigkeit der Randbedingungen vom System** möglich sein. Und zwar sind im Falle von organisationalen Richtlinien und Ablaufregeln als Randbedingungen diese nichts anderes als zu Systemstrukturen kondensierte Verhaltensregeln und Sinnstrukturen, die sich im Systemverlauf soweit gefestigt haben, dass sie für das System selbst nicht mehr zur Disposition stehen, d.h. einer Veränderung nicht mehr ohne weiteres zugänglich sind. Vgl. hierzu auch Frese (1995, S. 6): Organisationsstrukturen sind „Systeme von Regelungen (Infrastrukturen), die das Verhalten der Mitglieder auf ein übergeordnetes Gesamtziel ausrichten sollen". Der Ordnungsparameter kann also zur Randbedingung werden, das System kann sich somit unter bestimmten Umständen seine Randbedingungen selber setzen.

Natürlich kann eine Randbedingung aber auch völlig unabhängig vom System aus der Umwelt heraus gesetzt sein, wie Ressourcen, externe Vorgaben, Gesetze oder eben Maßnahmen des Projektmanagements, um das System in eine bestimmte Richtung hin zu leiten. Die Randbedingung bedingt **indirekt** das Verhalten im System, anders gesagt, sie grenzt das System und damit die innerhalb des Systems möglichen Verhaltensweisen ein. Je nach vorliegender Randbedingung wird dieses oder jenes Verhalten erleichtert oder erschwert oder unmöglich gemacht. Dennoch kann man durch die Vorgabe von Randbedingungen das Systemverhalten nicht direkt steuern. Ein Beispiel: Auch die schönste und bunteste Vorstandsvorgabe zum neuen Unternehmensleitbild kann das Verhalten der Organisationsmitglieder nicht **direkt** beeinflussen, sondern nur eine Anregung in die gewünschte Richtung bieten.

Randbedingungen können unterschiedlich verhaltensnah gesetzt werden. Eine globale Randbedingung wie Ressourcen oder Kapazitäten steuert die Verhaltensregeln nur sehr grob und ungenau, eine sehr konkrete Randbedingung wie eine Schulung setzt hingegen schon ziemlich nahe an der Beeinflussung von Verhaltensweisen an. Die Übernahme der neuen Verhaltensregeln in den organisatorischen Alltag, also deren Annahme als neuen verhaltensleitenden Ordnungsparameter kann aber auch die beste Schulung nicht garantieren – der tatsächliche Vollzug der Verhaltensweisen kann nur durch das System selbst, somit selbstorganisiert erfolgen, um dann als Ordnungsparameter verhaltensleitend zu wirken.

Kontrollparameter

Der Kontrollparameter wirkt von außen dynamisierend auf das System ein und sorgt für Bewegung, Fluktuation und damit letztendlich für die Bildung neuer Ordnungsparameter und somit für die Veränderung des Systemverlaufs. Er kann das Systemverhalten aber ebenfalls nicht direkt beeinflussen, sondern lediglich für Veränderungsdruck sorgen. Eine zu große Erhöhung des Kontrollparameters, also ein zu großer Druck, kann dabei zu massivem Widerstand des Systems und unkontrollierbaren Systemausschlägen führen. Ist der Kontrollparameter hingegen zu gering, so bewegt sich das System überhaupt nicht. Lässt er im Verlauf der Systementwicklung nach, so ist ein Zurückschwingen auf den alten Systemzustand wahrscheinlich.

Ein Kontrollparameter, der nicht vom System verstanden wird, bewirkt hingegen gar nichts. Vgl. auch Crozier (1961, S. 41 f):

„Informationen, die den eigenen Routinen widersprechen werden ignoriert, weil keine Möglichkeit mehr vorhanden ist, diese ungewohnten Informationen überhaupt wahrzunehmen."

Die vorgestellten Parameter sollen in den folgenden Abbildungen 25 und 26 noch einmal veranschaulicht werden:

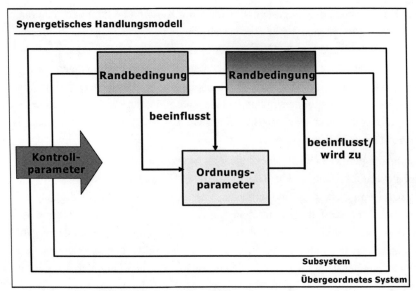

Abb. 25: Synergetisches Handlungsmodell

Der mögliche Übergang des Ordnungsparameters Verhaltensregeln in die Randbedingung am Beispiel technischer Ablaufregeln:

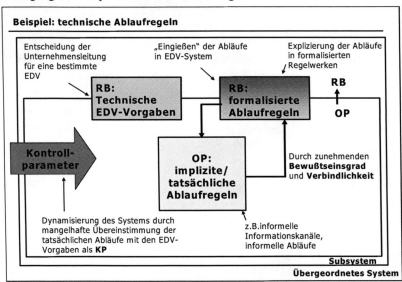

Abb. 26: Übergang von Ordnungsparameter in Randbedingung

Es gibt also die folgenden externen Einflussmöglichkeiten auf das Verhalten eines sozialen Systems:

1. Kontrollparameter

Durch eine kritische Erhöhung des oder der Kontrollparameter(s) wird das System dynamisiert. Dies bewirkt eine Zunahme der systeminternen Fluktuationen. Wichtig ist, dass der Kontrollparameter vom betroffenen System auch als kritisch wahrgenommen wird! Er darf weder zu stark noch zu schwach sein und muss über den gesamten Veränderungsprozess entweder eine kontinuierliche Ausprägung aufweisen oder zu bestimmten Zeitpunkten immer wieder erhöht bzw. ins Gedächtnis gerufen werden.

Kontrollparameter sind Maßnahmen, die den Veränderungsdruck aufs System erhöhen wie ein Vorstandsbeschluss oder zeitliche Terminvorgaben.

2. Fluktuationen

Eine oder mehrere für die Systementwicklung als günstig angesehen Fluktuation(en) kann von außen unterstützt werden, um als „kritische" Fluktuation den weiteren Systemverlauf als neuer Ordnungsparameter zu bestimmen.

Fluktuationen können z.B. sein: Leugnen des Problems, Verweigerung, Durchspielen verschiedener Lösungsmöglichkeiten, Einrichtung von Startprojekten, versuchsweise Beschäftigung mit dem herangetragenen Problem.

In der Synergetik ist das „kritisch-werden" einer bestimmten Fluktuation vom Zufall abhängig, bei sozialen Systemen kann hier von außen eingewirkt werden! Im Idealfall ist im zu verändernden System ein Change Agent installiert worden, der die gewünschte Verhaltensweise vorlebt und unterstützt. Da dieser aus dem System selbst stammt, sind in diesem Fall die besten Voraussetzungen für einen selbstorganisierten Ordnungsumschwung gegeben.

3. Randbedingung

Durch die Randbedingung wird dem System die Möglichkeit zur Fluktuation gegeben (Selbstorganisation durch Fremdorganisation). Gleichzeitig wird das System aber auch stabilisiert und ein Abdriften in chaotisches Verhalten vermieden. Randbedingungen wirken unterschiedlich spezifisch auf das Verhalten ein, einige Randbedingungen können sehr verhaltensnah gesetzt werden und so erwünschte Verhaltensweisen unterstützen. Randbedingungen sind stabilisierende, aber auch spezifizierende Maßnahmen wie Ressourcen, Meilensteine mit Zielvorgaben aber auch konkrete Verhaltensschulungen.

Beispiel:

Das folgende, stark vereinfachte Beispiel eines Software-Projekts soll das Zusammenspiel von Randbedingung und Ordnungsparameter und die daraus resultierenden Steuerungsmöglichkeiten des Systemverlaufs verdeutlichen.

In der Konstruktionsabteilung eines Unternehmens soll eine Softwareumstellung erfolgen. Im vorliegenden Beispiel sollen sich durch das Nutzen der neuen Software deutliche Arbeitsänderungen ergeben. Bisher war zum Meilenstein ein physischer Prototyp des zu entwickelnden Produkts gefordert. Die Nutzung der neuen Software verlagert die Entwicklung dieses Prototyps in den virtuellen Raum (=virtueller Prototyp). Die Arbeit an der Entwicklung des virtuellen Prototyps verzögert zunächst einmal die Entwicklung des physischen Prototyps. Trotzdem wird unternehmensseitig zum Meilenstein weiterhin der physische Prototyp abgefragt.

Systemtheoretisch gesehen geschieht folgendes: Durch die Einführung einer neuen Software und die daraus resultierende Notwendigkeit des Erlernens neuer Verhaltensregeln wird das System dynamisiert (**Kontrollparameter**).

Es entstehen verschiedene **Fluktuationen**, z.B. Leugnen der Dringlichkeit des Projekts, Herausstellen der Vorteile der alten Software, Beschäftigung mit der neuen Software, Durchspielen verschiedener Modifikationen der neuen Software, aber auch Umstellung von Kommunikationsstrukturen, Änderungen in der Handhabung von Fehlern (Fehlerkultur), Änderungen in der Handhabung von Informationen (Informationskultur), Änderungen in der Zusammensetzung von Arbeitsgruppen (Arbeitsabläufe, soziale Beziehungen).

Eine oder mehrere dieser Verhaltensmöglichkeiten gewinnt nach einer gewissen Zeit (**Symmetriephase**) die Oberhand und wird zur „kritischen" Fluktuation und als Verhaltensregel zum neuen **Ordnungsparameter**, der den Systemverlauf bestimmt. Das kann sein „ich nutze die neue Software nicht, weil die anderen sie auch nicht nutzen", aber auch „ich muss die neue Software nutzen, weil die anderen sie auch alle nutzen" (**Phasenübergang**). In dieser kritischen Phase setzt die Unternehmensleitung durch „Abfragen des physischen Prototyps" zum Meilenstein die falsche Randbedingung, die dazu führt, dass das System den Phasenübergang nicht vollzieht und im alten Zustand verharrt. Ein Phasenübergang ist nur dann möglich, wenn die Randbedingung die „richtige" Fluktuation unterstützt – in diesem Fall „Abfragen des virtuellen Prototyps" (Abb. 27 u. 28):

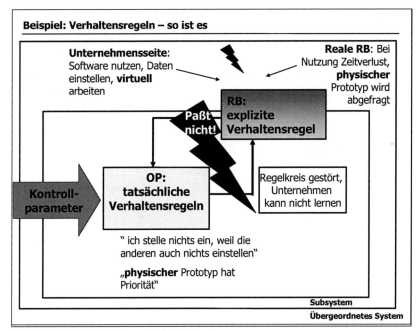

Abb. 27: Beispiel: Verhaltensregeln Ist-Zustand

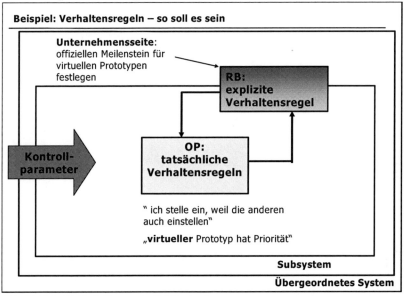

Abb. 28: Beispiel: Verhaltensregeln Soll-Zustand

5.4 Forschungsfragen

Im Vorangegangenen wurde gezeigt, dass sich, trotzdem Selbstorganisation im sozialen System ausdrücklich zugelassen wird, durchaus Ansatzmöglichkeiten zur Steuerung komplexer sozialer Systeme ergeben. Das System reagiert zwar an vielen Stellen gegenüber Steuerungsversuchen erstaunlich träge, an den kritischen Punkten hingegen kann mit wenig Aufwand große Wirkung erzielt werden. Diese „kritischen Punkte" noch näher zu spezifizieren war Anliegen der folgenden empirischen Untersuchung.

Die Praxisrelevanz des vorgelegten theoretischen Modells kann nur darin bestehen, Interventions- und Steuerungsmöglichkeiten im Veränderungsprozess abzuleiten. Dazu soll zunächst das vorgestellte Modell zur Analyse eines Veränderungsprojektes in der Praxis eingesetzt und daran validiert werden. Daraus können Schlussfolgerungen über die Anwendungsmöglichkeiten des Modells und eine sinnvolle Gestaltung von Veränderungsprozessen in der Praxis gezogen werden. Das vorgestellte Modell soll also als Analyseinstrument für Veränderungsprozesse erprobt werden, um dann einen Leitfaden für das Management künftiger Veränderungsprojekte abzuleiten.

Dementsprechend sollen folgende Forschungsfragen in der Arbeit beantwortet werden:

I. Sind die vorgestellten Konzeptionen in der Praxis als Analyseinstrument brauchbar?

II. Was lässt sich daraus für die zukünftige Gestaltung von Veränderungsprozessen ableiten (Entwicklung eines Leitfadens)?

6 Das Projekt COLORADO

Im folgenden Kapitel soll das Projekt COLORADO vorgestellt werden, dass als Untersuchungsgegenstand diente. Es handelte sich dabei um die Einführung der Software SAP R/3 HR im Personalbereich der Siemens AG.

Erfahrungsgemäß gleichen viele Softwareprojekte in der Praxis oft einem „Kampf aller gegen alle": Nicht die Softwareentwicklung steht im Zentrum des Interesses, sondern das Ziel, die eigenen Belange weitgehend durchzusetzen, auch wenn das Projekt dadurch verzögert oder gefährdet wird (Weltz, 1992, S. 131). Mögliche Konflikte gibt es dabei auf der einen Seite innerhalb des Projektteams, z.B. zwischen Vorgesetzen und Mitarbeitern, zwischen Mitarbeitern, die in unterschiedlichen Phasen am Projekt beteiligt sind und zwischen Projektmitarbeitern, die unterschiedliche Programmiersprachen, Betriebssysteme etc. vertreten (Weltz, 1992, S. 125). Auf der anderen Seite sind aber auch Konflikte zwischen Projektteam und Auftraggeber, zwischen Entwicklern und Anwendern und zwischen den Anwendern selbst möglich.

Somit ist bei einem Softwareprojekt eine sorgfältige Projektplanung unabdingbar, die nicht nur die IT-Seite, sondern auch und gerade die Verhaltensseite, die so genannten Soft Facts in den Mittelpunkt stellt. Im untersuchten, mit Erfolg durchgeführten Projekt COLORADO sind sowohl Soft wie Hard Facts in die Planung eingeflossen.

6.1 Allgemeine Projektbeschreibung

Das Projekt COLORADO befasste sich mit der Einführung der Software SAP R/3 HR (ein integriertes Payroll und Human Resources Management System, im Folgenden auch SAP HR genannt) in allen Personalabteilungen der Siemens AG in Deutschland. SAP HR befasst sich u.a. mit der Personalverwaltung und -abrechnung und sollte das 25 Jahre alte hauseigene Verfahren IVIP ablösen, eine mittlerweile technisch veraltete und unwirtschaftlich gewordene Individualsoftware für personalwirtschaftliche Prozesse, die aber bestens auf die bestehende Personalorganisation zugeschnitten war. Jeder Siemensbereich verfügte über eine etwas abgeänderte, gewachsene und somit den Bedürfnissen vor Ort optimal entsprechende Individualversion, die aber im Gegenzug einen hohen individuellen Entwicklungsaufwand für Standardanforderungen aus dem Zentralbereich erforderte.

Ein Vorgängerprojekt zu COLORADO mit einer anderen Software, die ebenfalls im Personalwesen eingesetzt werden sollte, musste aufgrund verschiedener Probleme eingestellt werden. Diese Software soll zum besseren Verständnis im Folgenden „KT" genannt werden.

Im Anschluss an das gescheiterte KT-Projekt wurde das Projekt COLORADO ins Leben gerufen, um schnellstmöglich eine wirtschaftliche und moderne Standardsoftware zu implementieren. Besonders wichtig war es dabei, den laufenden Abrechnungsbetrieb nicht zu unterbrechen oder zu behindern. Die Einführung wurde gemeinschaftlich von Vertretern der Siemenszentralabteilung Personal, Siemens Business Services und dem Unternehmen SAP gesteuert (= „Zentralprojekt"). Das Zentralprojekt hatte bis zu 150 Mitarbeiter. Die flächendeckende Einführung von SAP R/3 HR vor Ort wurde von 16 Bereichsprojekten (= Projekte, die im einzuführenden Siemensbereich angesiedelt sind) durchgeführt, die ihrerseits vom Zentralprojekt koordiniert wurden. In der Projektlaufzeit von vier Jahren wurde in den insgesamt 90 Personalabteilungen aller 16 Siemensbereiche an über 40 Standorten in Deutschland SAP R/3 HR eingeführt. 2000 Anwender (= Mitarbeiter der jeweiligen Personalabteilungen, die das neue System bedienen) arbeiten mit dem System. Der Roll Out erfolgte in 5 Einführungsstufen:

Tab. 20: Einführungsstufen (Quelle: Siemens AG)

Einführungsstufe	Bereiche	Anzahl Personalnummern
Stufe I	Pensionäre (=Passive)	130 000
Stufe II	Bereich A: Pilot Bereich B: Pilot	6 000
Stufe III	Bereich A: Rest Bereich B: Rest	72 000
Stufe IV, Tranche 1	12 Bereiche	97 000
Stufe IV, Tranche 2	7 Bereiche	34 000

6.2 Historie und Projektvorlauf

Vier Jahre vor Start des Projekts COLORADO war bereits ein Projekt für eine deutschlandweite Einführung eines Personalverwaltungs- und abrechnungssystems auf Basis einer Standardsoftware initiiert worden, das Projekt KT. Im Projektverlauf zeigten sich aber zunehmend gravierende funktionale Probleme, Schwächen beim Roll Out Vorgehen sowie Unsicherheiten bei der Upgrade Strategie des Software-Unternehmens. Das ursprünglich als Standardsoftware einzuführende Verfahren wurde immer mehr an die Bedürfnisse vor Ort angepasst, bis es sich wieder an den Stand einer Individualsoftware angenähert hatte. Seitens des Projektmanagements war das Projekt außerdem zu stark IT-fokussiert und ohne Change Management Begleitung. Es handelte sich um ein politisch orientiertes, Top-Down getriebenes Projekt, das beim Anwender zu wenig akzeptiert wurde.

Insbesondere die mangelnde Performance der Software KT führte letztendlich zum Einstellen dieses Projektes und zum anschließenden Start des neuen Projektes COLORADO. Die Herausforderung lag nun aufgrund der vorherigen Erfahrungen vor allem in der Motivation der Mitarbeiter - diese hatten die Erfahrungen eines eingestellten Projekts im neuen Projekt zu überwinden. Wichtig waren deshalb eine positive Fehlerkultur, um nicht Schuldige, sondern Herausforderungen zu kommunizieren, sowie die Implementierung teambildender Maßnahmen und die Aufrechterhaltung einer hohen Management Attention u.a. auch durch den Zentralvorstand für das neue Projekt. Besonderer Fokus lag auch auf der Bereitstellung ausreichender, qualifizierter und erfahrener SAP–Berater und eines umfangreiches SAP-Schulungsprogramm für alle Mitarbeiter.

Um die Projektbeteiligten zu motivieren, wurden Team Events durchgeführt, in denen alle am Projekt beteiligten Mitarbeiter integriert wurden. Bei der Überführung ins neue Projekt wurde auf eine geringe Fluktuation geachtet, mehr als 95% der Mitarbeiter des Vorgängerprojekts wurden in das neue Projekt integriert. Die Führungskräfte wurden ausgewechselt.

6.3 Projektstruktur

6.3.1 Gesamtprojektorganisation

Die Projektstruktur änderte sich mehrmals mit den Einführungsphasen. In der letzten Phase war das Projekt in vier Teilprojekte untergliedert: Produktentwicklung, Schnittstellen, Einführungsmanagement und Change Management.

6.3.2 Bereichsprojekte

Die Einführung von SAP HR in den 16 Siemensbereichen erfolgte in so genannten Bereichsprojekten eigenverantwortlich durch die jeweils einführenden Bereiche. Die Aufgaben, Rollen und Verantwortungen zwischen dem Zentralprojekt und den Bereichsprojekten waren dabei klar abgegrenzt.

Das Zentralprojekt verantwortete das Bereitstellen des einsatzbereiten SAP R/3 HR Systems und das Entwickeln des Migrationsprogrammes, mit dem die Daten von dem Altverfahren IVIP in das neue Verfahren SAP migriert werden sollten. Auf der konzeptionellen Seite stand die Beratung der Bereichsprojekte bezüglich der zu verwendenden Standards und Konzepte.

Die Bereichsprojekte verantworteten ihre Projektergebnisse und entschieden den Einsatz ihrer Projektmanagementmethoden selbständig vor Ort. Dazu gehörte das Umsetzen der analysierten Change Management Maßnahmen, die mitarbeiterbezogene Schulungsplanung, das Einrichten der notwendigen Infrastruktur, das Anpassen der Umfeldverfahren, die Datenbereinigung für die Migration und die Durchführung des Verbundtests.

Die Zusammenarbeit war in Einführungsvereinbarungen geregelt, in denen Rahmenbedingungen, Abläufe, Rollen und Verantwortungen festgelegt wurden. Entscheidungen zur Freigabe von Projektphasen wurden durch den Entscheidungsausschuss der Bereiche getroffen. Auf dieser Basis wurden die Bereichsprojekte durch Berater aus dem Zentralprojekt koordiniert. Diese hatten als Projekt- oder Fachberater folgende Schwerpunktaufgaben:

- Methodenempfehlungen zum Vorgehen
- Change Management
- Analysen, Eingangskriterien und Produktabnahme
- Produktimplementierung im Verfahrensverbund (Verbundtest)
- Schulungen und Qualifizierungsmaßnahmen

Zusätzlich zu den Fachberatern wurde den Bereichen in der Phase des Verbundtestes und der Produktivsetzung jeweils ein Task Force Mitarbeiter zur Seite gestellt. Aufgabe der Task Force war es, die einführenden Personalorganisationen bei der Durchführung zu unterstützen und somit durch einen zeitlich befristeten Einsatz „Hilfe zur Selbsthilfe" zu geben.

6.4 Projektablauf

6.4.1 Projektphasen

Das Projekt durchlief während seiner Laufzeit sechs Phasen plus einer vorgeschalteten Initialisierungsphase.

- Analysephase: Erstellung und Abstimmung der Fachkonzepte
- Realisierungsphase: Erstellung des Testsystems
- Testphase: Probedurchlauf des Systems am Piloten

- Produktivphase: Erstellung einer SAP-Version zur Bereichseinführung
- Rolloutphase: Einführung von SAP in allen Bereichen, Abschalten der Altverfahren
- Projektabschlussphase: Übergang in den Regelbetrieb

6.4.2 Einführungsprobleme – Ein Pilot, der keiner sein wollte

Für den Bereich Pensionäre wurde eine Pilotierung vorgezogen, da man für diesen Bereich der passiven Personalabrechnung ein einfaches Vorgehen und schlanke Fachprozesse erwartete. Passive Personalabrechnung bedeutet die Abrechnung derjenigen Mitarbeiter, die bereits aus dem Unternehmen ausgeschieden sind, beispielsweise Pensionäre. Insbesondere sollte in diesem Bereich ein Lasttest für das neue Verfahren durchgeführt werden, um mit 130000 abzurechnenden Personalnummern den „Ernstfall" zu proben. Diese Hoffnung erfüllte sich nicht ganz. Zwar wurde das generelle Umsetzungsmodell überprüft, aufgrund der unterschätzten Komplexität der Funktionalitäten kam es jedoch zu beträchtlichen Termin- und Fachproblemen.

Als Problemursachen wurden im Nachhinein die zu kurze Analysephase vor Ort, die unterschiedlichen Erwartungshaltung an das Produkt seitens des Projektteams und des einzuführenden Bereiches und die unvollständigen Change Management-Aktivitäten aufgrund zu geringer Vorlaufzeit identifiziert. Nur durch große Anstrengung aller Beteiligten wurde der Pilot schließlich bis zur Produktivsetzung geführt. Wesentlich für den Erfolg war dabei das Engagement der Mitarbeiter, die das neue Verfahren begrüßten. Als Lessons Learned aus den Ergebnissen des Piloten zog das Projekt folgende Erkenntnisse:

- Für die Zukunft erfolgte eine intensivere Abstimmung mit den Bereichen.
- Als Ergänzung für Produktmodifikationen am Programm SAP R/3 HR wurde ein geregelter Change Request Prozess implementiert.
- Change Management Maßnahmen wurden mit einem größeren zeitlichen Vorlauf in die Bereichsprojekte integriert.
- Der Leistungsumfang des Produkts SAP R/3 HR wurde bezüglich der Vor- und Nachteile transparenter aufgezeigt.
- Innerhalb des Projektes wurde ein formalisierter Lessons Learned Prozess etabliert, der aus den Erkenntnissen von Kundenzufriedenheitsabfragen einen kontinuierlichen Verbesserungsprozess im Projekt in Gang setzte.

Für eine weitere Pilotierungsphase wurden zwei Pilotbereiche aus der aktiven Personalabrechnung ausgewählt. Kriterium war dabei die Frage, welcher Personalbereich für die SAP-Einführung die umfangreichsten und repräsentativsten Bedingungen darstellt. Diese beiden ausgewählten Bereiche zeigten an einer Pilotierung Eigeninteresse.

6.4.3 Die Anfänge des Projekts

Ein weiteres Problem, mit dem das Projekt zu Beginn zu kämpfen hatte, war die fehlende Initialisierungsphase. Zu Projektbeginn wurde sofort die Analysephase mit zeitgleicher Rückmigrationsphase eingeleitet, da aufgrund der Notwendigkeit eines raschen Wechsels zu SAP HR schnelle Analyseergebnisse nötig waren. Die Startphase des Projektes gestaltete sich somit schwierig.

Die fehlende Projektinitialisierung führte zu unvollständig definierten Projektphasen. Zeitgleiche Schulungsplanung und Schulungsdurchführung resultierte in konzeptionellen Schwierigkeiten und einer starken Ressourcenbindung, es gab nur eine grobe Meilensteindefinition als Meilensteinplan zur Orientierung, was bis wann zu tun war. Die vorhandene Methodenvielfalt der im Projekt vertretenen Bereiche erschwerte zudem eine schnelle Ausrichtung und Einigung auf die notwendigen Projektstandards. In der ersten großen Projektstrukturierung wurden dann Projektaufgabenbeschreibungen erstellt, Projektprozesse definiert, Methoden abgestimmt und Projektziele erarbeitet. Die ständige Anpassung der methodischen Vorgehensweise erfolgte begleitend bis zum Projektende.

6.5 Projektziele

Als Zielbereiche wurden messbare Kriterien zu Kundenzielen und Projektzielen erarbeitet. Als Kunde galten dabei Anwender und Nutzer des neuen Verfahrens, also die Mitarbeiter und Führungskräfte der Personalorganisation.

Das übergeordnete Projektziel lag in der Einführung einer Standardsoftware, die möglichst wenig modifiziert und angepasst werden sollte. Nur unumgänglichen Änderungen und Anpassungen sollten vom Zentralprojekt im Change Request (CR) Prozess geprüft und dann als +S Änderungen in die Software eingearbeitet werden – immer mit der Vorgabe „so wenig +S wie möglich".

Obwohl eine Standardsoftware auf die spezifischen Gegebenheiten vor Ort naturgemäß weniger genau eingehen kann als eine Individualsoftware, sollte in der Einführung eine hohe Kundenzufriedenheit erreicht werden. Somit mussten die individuellen Anforderungen aus den Personalorganisationen aufgrund deren eigenständiger Prozesse und die Notwendigkeit minimaler Veränderungen einer Standardsoftware wegen Folgeaufwänden bei der Pflege ausbalanciert werden. Mittel hierzu waren die Integration der Bereiche in der Analysephase des Projektes, der geregelte CR- Prozess und Change Management Methoden wie die Nutzenanalyse. Um die Zielerreichung der Gesamtprojektziele über die Gesamtlaufzeit des Projektes sicherzustellen, wurde eine Zielmatrix aufgebaut, in der nach definierten Terminen der aktuelle Füllstand der Projektziele ausgewiesen wurde (= Scorecard-System, Soll/Ist-Visualisierung). In der Projekt-Fortschrittskontrolle wurde regelmäßig der aktuelle Projektstatus festgestellt, um notwendige Maßnahmen zur Erreichung des Gesamt-Projektzieles rechtzeitig einleiten zu können.

6.6 Change Management

Das Projekt COLORADO beschränkte sich nicht nur auf die technische Produkterstellung und technische Betreuung der Anwender, es war auch ein Veränderungsprojekt. Die Erfahrungen mit dem Vorgängerprojekt KT hatten gezeigt, dass für eine erfolgreiche Softwareeinführung neben dem IT-System die handelnden Menschen einen starken Einfluss auf den Erfolg des Projektes haben. Durch die Einführung von Standardsoftware ändern sich die Anforderungen an die Fähigkeiten, aber auch Werte und Überzeugungen der Mitarbeiter, was zur Folge hat, dass Verhaltensänderungen notwendig werden.

Es ergaben sich zunächst 3 Veränderungsziele für das Projekt (Abb. 29):

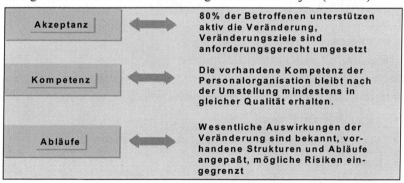

Abb. 29: Veränderungsziele (Quelle: Siemens AG)

Aus diesen Zielen wurden projektbegleitende Maßnahmen abgeleitet:

- Regelmäßige Meetings und Team Events
- Gemeinsame Knowledge Base
- Zielgruppenorientierte Beratung durch Fachberater Change Management
- Auswirkungsanalyse der erwarteten Änderungen
- Rahmenkonzepten für Veränderungsmaßnahmen („Toolbox")
- Erarbeiten eines bereichsspezifischen Kommunikationskonzeptes
- Zielgruppenorientierter Schulungsplan, zentrale Durchführung
- Einsatz einer „Task Force" als Einführungsunterstützung
- Durchführen von Kundenzufriedenheitsabfragen nach jeder Phase
- Begleitende Maßnahmen: Dialog-Veranstaltungen/ Fachkreise/ Workshops, Anwendereinbindung (Zeitweilige Einbindung von Key Usern vor Ort in das Zentralprojekt), Projektkommunikation

Die Veränderungsaktivitäten wurden stark auf die Bereichsprojekte ausgerichtet und dort als eigene Teilprojekte initiiert. Die Change Management Rahmenkonzepte des Zentralprojekts hatten Vorschlagscharakter, die Auswahl und Umsetzung der erarbeiteten Konzepte verantworteten die Bereichsprojekte eigenständig. Wichtige Rollen dabei:

Key-User: Der Key User war als Mitarbeiter der örtlichen Personalabteilung lokaler Fachexperte und Ansprechpartner für die Mitarbeiter in allen fachlichen Angelegenheiten rund um das SAP HR-System.

Veränderungsbegleiter: Er war verantwortlich für die Veränderungsvorbereitung, um Vorurteile zu minimieren und die Betroffenen mental an die Veränderung heran zu führen.

Die Unterstützung der Key-User und Veränderungsbegleiter bei der praxisnahen Umsetzung der CM-Maßnahmen erfolgte durch die vom Gesamtprojekt zur Verfügung gestellte „Toolbox Change Management" mit den Rahmenkonzepten:

- Information und Kommunikation
- Auswirkungen der Verfahrensumstellung (Auswirkungsanalyse)
- Personalprozesse
- Transparenz des Veränderungsfortschritts
- Kompetenzaufbau/Schulung

Schulungskonzept

Eine Voraussetzung für die Bewältigung von Veränderungen ist immer der Aufbau notwendiger Qualifikationen und Kompetenzen bei allen Beteiligten. Deshalb wurde ein ganzheitliches Schulungskonzept erarbeitet und umgesetzt (Abb. 30 u. 31).

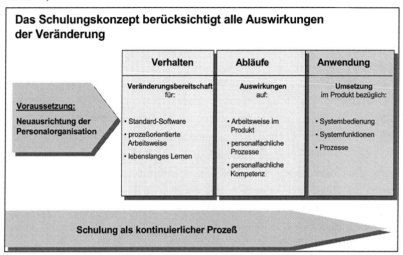

Abb. 30: Schulungskonzept I (Quelle: Siemens AG)

Abb. 31: Schulungskonzept II (Quelle: Siemens AG)

Die Schulungen im Bereich Veränderungen mit 200 Teilnehmern zur Ausbildung von Key Usern und Veränderungsbegleitern sollten Aufbruchstimmung erzeugen, Verständnis und Akzeptanz der Veränderung erreichen und Orientierung im Veränderungsprozess geben. Die SAP Produktschulungen sollten die notwendigen Kompetenzen zum Umgang mit dem Produkt SAP HR sowie personalfachliche Kompetenzen aufbauen. Als Einstieg in die Produktschulung wurde ein Computer Based Training angeboten, ein Selbststudium auf CD-Rom.

Kommunikation

Um sowohl projektintern als auch in den Bereichsprojekten und bei den Anwendern aktuell über den Projektfortschritt, die Meilensteine oder über die inhaltlichen Projektphasen zu informieren, wurde ein Kommunikationskonzept für alle beteiligten Zielgruppen entwickelt. Kommunikation und Information wurde auch durch eine projekteigene Homepage und eine Projektzeitung gewährleistet. Auf der Homepage waren ständig aktualisierte Informationen zum Projekt für Kunden und Mitarbeiter aufbereitet und dargestellt. Die Projektzeitung wurde elektronisch versandt. Hier wurden neben allgemeinen Sachthemen auch Erfolgs-Stories, Erfahrungsberichte und aktuelle Meldungen veröffentlicht.

Neben Erfolgsmeldungen von erreichten Meilensteinen in internen Mitarbeiterzeitschriften, auf internen und externen Veranstaltungen und in Fachzeitschriften wurden zahlreiche Informationsveranstaltungen, Kick-Offs, Team Events und Fachmeetings initiiert.

Kundenzufriedenheitsabfragen (KZA)

Um die Zufriedenheit und Akzeptanz der Anwender und Bereichsprojekte mit dem Projektfortschritt und dem Produkt festzustellen, wurden im Rahmen des kontinuierlichen Verbesserungsprozesses insgesamt drei Kundenbefragungen in Form von Standardfragen und Interviews durchgeführt. Durch die Regelmäßigkeit konnte über die Projektlaufzeit die Wirkung eingeleiteter Maßnahmen beurteilt werden (Lessons Learned). Die Einzelfragen umfassten Bewertungsmöglichkeiten zum Produkt SAP, zu den Schulungen, zur Anwenderdokumentation, zu definierten Prozessen und zu den Informationsmedien des Projektes. Bei der Befragung hatten die Bereichsprojekte die Möglichkeit, gezielt Kommentare im Rahmen von Interviews zu ergänzen, die dem Projekt weitere Hinweise auf Verbesserungspotenziale lieferten.

7 Methode

7.1 Qualitatives Vorgehen

Da das Forschungsinteresse der vorliegenden Arbeit in einer Analyse der systemrelevanten Ansatzpunkte („Triggerpunkte") für Systemveränderungen aus Systemsicht bestand, kam nur ein qualitatives bzw. interpretatives Vorgehen in Frage, um eine möglichst genaue Näherung an die interne Systemsicht zu bekommen. Beim qualitativen Vorgehen steht im Gegensatz zum quantitativen Vorgehen nicht die Quantifizierung der Beobachtungsrealität im Vordergrund, sondern die Verbalisierung der Erfahrungswirklichkeit, die interpretativ ausgewertet wird (Bortz/Döring, 1995, S. 271). Es steht also nicht die Messung von Variablen, sondern das Verstehen menschlichen Handelns im Mittelpunkt.

Qualitatives Vorgehen ist meistens induktiv. Hierbei entsteht das Induktionsproblem: der Induktionsschluss (vom Einzelnen zum Ganzen, vom Besonderen zum Allgemeinen) ist nicht stringent logisch, das Ergebnis bleibt somit immer unsicher. Ob die im vorliegenden Einzelfall herauskristallisierten Triggerpunkte auch für andere Systeme Gültigkeit haben, ist nicht eindeutig zu beweisen. Der kritische Rationalismus (Popper 1984) fordert deshalb, nur deduktive Schlüsse zuzulassen, d.h. aus Theorien Hypothesen zu deduzieren und diese dann zu falsifizieren. Das Problem hierbei: Deduktion erzeugt letztendlich redundantes Wissen.

Die vermeintliche Objektivität oder Rationalität der quantitativen Methode kann durchaus täuschen, indem sie durch unzulässige Vereinfachung die Komplexität des Untersuchungsgegenstandes scheinbar reduziert, in Wahrheit aber nur ausblendet. Was noch schwerwiegender ist: sie kann von der tatsächlichen Lösung des Problems, die gerade die Komplexität zum Untersuchungsgegenstand mache würde, ablenken.

Wittgenstein schreibt in seinen "Philosophischen Untersuchungen" (1960):
"... Das Bestehen der experimentellen Methode lässt uns glauben, wir hätten die Mittel, die Probleme, die uns beunruhigen, loszuwerden; obgleich Probleme und Methode windschief aneinander vorbeilaufen."
Die Wahl einer angemessenen Untersuchungsmethode ist für das Untersuchungsergebnis von entscheidender Bedeutung. Dabei ist es nicht so, dass die eine oder die andere Methode die Wirklichkeit besser abbildet oder zu objektiv richtigeren Ergebnissen führt. Durch qualitative oder quantitative Methoden werden nicht einfach unterschiedliche Aspekte der Wirklichkeit erfasst, sondern

die jeweiligen Methoden schaffen oder konstruieren ihre je eigene Wirklichkeit (wissenschaftstheoretischer Konstruktivismus).

Somit muss die Frage lauten: Welche Vorgehensweise ist der jeweiligen Fragestellung und Zielsetzung im vorliegenden Handlungszusammenhang angemessen? Qualitative und quantitative Diagnostik stehen je nach vorherrschender Fragestellung in einem Ergänzungsverhältnis. Keine der beiden Richtungen ist grundsätzlich und in jedem Fall richtig oder falsch.

In der vorliegenden Arbeit soll ein System und dessen Regelwerk untersucht werden. Das macht es unabdingbar, sich so weit wie möglich auf das zu untersuchende System einzulassen, um **seine** Regelmäßigkeiten und Bezugspunkte zu erkennen. Um Ordnungsparameter wie Betriebsklima und informelle Kommunikationsregeln zu erfassen, ist ein kommunikatives Nachvollziehen der subjektiven Weltsicht der Akteure innerhalb des betrachteten Systems unabdingbar. Es sollen Zusammenhänge, Beziehungen und Abhängigkeiten zum Gegenstand der Betrachtung gemacht und sich nicht auf die Darstellung idealisierter und unzulässig vereinfachter Zustande beschränkt werden. Die Komplexität des zu beobachtenden Systems ist Gegenstand der Untersuchung, nicht Störvariable. Ereignisse sollen nicht nur erfasst und erklärt werden, sondern es sollen durch eine ganzheitliche Interpretation auch deren Hintergründe und Sinn erfasst werden. Köckeis-Stangl (1980, S. 348) dazu:

"Erklären ist das Verknüpfen von Tatsachen mittels unserer Regelmäßigkeiten. Verstehen ist die Rekonstruktion, wie ein anderer Tatsachen mittels seiner Regelmäßigkeiten verknüpft oder verknüpft hat, um ein Problem zu lösen".

Dennoch soll die Interpretation der Daten für den Leser nachvollziehbar gestaltet werden. Zur regelgeleiteten, intersubjektiv nachvollziehbaren Auswertung der Ergebnisse wurde deshalb die qualitative Inhaltsanalyse nach Mayring gewählt, die im Kapitel „7. Methode" im Einzelnen dargestellt wird.

Die Untersuchung des Verlaufs des Einführungsprojekts COLORADO fand sowohl im Zentralprojekt als auch in den Bereichen vor Ort statt, um Innensicht und Außensicht des Systems abzubilden. Als System sollen hierbei alle von der Veränderung betroffenen Projektmitarbeiter und Bereichsmitarbeiter bzw. deren Verhaltensregeln als unterste Systemelemente bezeichnet werden. Die Bereichssicht wurde durch Interviews mit Bereichsvertretern nachvollziehbar gemacht, um ein möglichst realitätsnahes Bild vom tatsächlichen Geschehen und dem gelebten Regelwerk im System zu vermitteln.

Dies sollte es ermöglichen, sich weitestgehend unvoreingenommen auf das fremde System, die „fremde Kultur", einzulassen, um auch wirklich systemrelevante Beschreibungsmerkmale zu erzeugen.

Die empirische Analyse von Sinngehalten ist zwar schwieriger als das Abfragen „harter" Daten, aber auch die einzige Möglichkeit, nicht-triviale Aussagen zu machen, da Relevanz und Aussagekraft ungleich größer sind. Handlungsleitende interne Modelle sind von zentraler Bedeutung für die Analyse von Systemprozessen (vgl. Willke 1993).

7.2 Gütekriterien

Auch die Ergebnisse qualitativer Forschung dürfen nicht willkürlich interpretiert werden, sondern entsprechen inhaltlich den aus der quantitativen Forschung bekannten Gütekriterien der Objektivität, Reliabilität und Validität (im Folgenden nach Bortz/Döring, 1995, S. 301ff.).

Mit **Objektivität** ist interpersonaler Konsens gemeint, bei dem unterschiedliche Forscher bei der Untersuchung desselben Sachverhalts mit denselben Methoden zu vergleichbaren Resultaten kommen. Erreicht wird dies durch eine genaue und eindeutige Beschreibung des methodischen Vorgehens und eine gewisse Standardisierung. Keine Objektivität liegt vor, wenn der Forscher sich zur Erklärung seiner Ergebnisse lediglich auf seine „langjährige Erfahrung" beruft, ohne sein Vorgehen genau spezifizieren zu können.

In der vorliegenden Untersuchung wird die Objektivität durch eine transparente Vorgehensbeschreibung und die Verwendung eines standardisierten Interviewleitfadens gesichert.

Reliabilität bezeichnet die Zuverlässigkeit des Untersuchungsergebnisses, d.h. bei einer Wiederholungsuntersuchung sollten sich die Untersuchungsergebnisse nicht wesentlich ändern. Dieses Konzept wird in der qualitativen Forschung zwiespältig beurteilt, da oft gerade die Einzigartigkeit von Situationen und ihrer kontextabhängigen Bedeutung betont wird. Wenn möglich, sollte nach Bortz/Döring (1995) die Reliabilität des Untersuchungsergebnisses dennoch durch Wiederholungsbefragungen oder Variation der Untersuchungsbedingungen sichergestellt werden. Da bei der Reliabilität aber gerade Voraussetzung ist, dass das untersuchte Phänomen selbst keinem Wandel unterliegen darf (Kirk/Miller, 1986, S. 50f.), ist sie in dieser strengen Fassung für den vorliegenden Untersuchungsgegenstand eines Wandlungsprozesses nicht zu erreichen.

Kirk/Miller schlagen zur Erhöhung der Reliabilität eine Standardisierung der Aufzeichnungen vor, die die Vergleichbarkeit der Perspektiven, die zu den jeweiligen Daten geführt hat, erhöhen soll. Nach Silverman (1993, S. 148) ist eine Überprüfung von Leitfäden in Probeinterviews oder nach dem ersten Interview vonnöten.

In der vorliegenden Arbeit wurden sowohl der Leitfaden mehrfach überprüft und angepasst als auch auf eine strenge Standardisierung der Aufzeichnungen geachtet. Außerdem wurde die Zuordnung der Ergebnisse mit einer weiteren Person abgestimmt (Interrater-Reliabiltät).

Das wichtigste Gütekriterium ist, wie auch in der quantitativen Sozialforschung, die **Validität**. Sie bezeichnet die Gültigkeit der Untersuchungsergebnisse, also die Frage, ob der Untersucher wirklich das sieht, was er zu sehen meint. Dazu gehört die Frage nach der Authentizität und Ehrlichkeit von Interviewäußerungen, nach Voreingenommenheiten des Protokollanten bei Beobachtungsprotokollen und nach der richtigen Interpretation von Verhaltensindikatoren. Somit gibt es zwei Ansatzpunkte für die Bestimmung der Validität: das zustande kommen der Daten und die Darstellung der Phänomene bzw. der daraus abgeleiteten Schlüsse (Flick, 1995, S. 244). Interviews gelten als valide, wenn deren Authentizität gewährleistet ist. Dies wird u.a. durch die inhaltliche Zustimmung des Befragten zu seinen Aussagen erreicht. Das wichtigste Kriterium zur Validierung ist also die interpersonale Konsensbildung (konsensuelle Validierung). Nur wenn intersubjektiver Konsens zwischen mehreren Personen besteht, kann eine Interpretation als gültig und wissenschaftlich abgesichert gelten.

Im vorliegenden Fall wurde die Validität sowohl durch Konsensbildung zwischen Forscher und Beforschten (Bortz/Döring, 1995, S. 304) als auch durch Konsensbildung mit außenstehenden Kollegen durch Teamsitzungen sichergestellt.

7.3 Interview oder Fragebogen?

Die Daten der vorliegenden Arbeit wurden größtenteils mittels Leitfadeninterviews erhoben.

Interviews und Fragebögen haben jeweils spezifische Vor- und Nachteile. Welche Untersuchungsmethode vorzuziehen ist, entscheidet der Untersuchungszweck (Tab. 21).

Tab. 21: Vor- und Nachteile von Interviews und Fragebogen (eigene Darstellung nach Bortz & Döring 1995 und Flick 1995)

Vor- und Nachteile von Interviews und Fragebögen	
Interview	**Fragebogen**
+ Schnell in der Konstruktion	- Aufwändig in der Konstruktion
- Aufwändig in der Durchführung	**+ Schnell in der Durchführung**
- Aufwändig in der Auswertung	**+ Schnell in der Auswertung**
+ höhere soziale Validität = höhere Akzeptanz der Befragten	- geringe soziale Validität
+ höherer Rücklauf	- geringerer Rücklauf
+ bei Verständnisfragen Nachfragen möglich	- bei Verständnisfragen kein Nachfragen möglich
+ flexibles Eingehen auf die Situation möglich	- unflexibel
- geringere Vergleichbarkeit der Antworten	**+ standardisiert**
- mangelnde Objektivität: Ergebnis von der Person des Interviewers abhängig. Problem gerade bei Unsicherheit des Befragten	**+ objektiv**
- größere Verzerrungsprobleme (soziale Erwünschtheit) durch mangelnde Anonymität	**+ anonym**
+ auch bei geringerem Vorwissen über das Thema durchführbar	- Strukturierbarkeit der Befragungsinhalte und homogene Gruppen Voraussetzung
+ Kontextinformation kann miterhoben werden	- meistens unkontrollierte Erhebungssituation

Interviewformen

Interviews unterscheiden sich nach dem Grad der Strukturierung in standardisierte, halbstandardisierte und offene Interviews (Flick, 1995, S. 94ff.).

Standardisierte Interviews empfehlen sich bei Themen, über die man bereits Vorkenntnisse hat. Der Betroffene kann sich allerdings durch die Standardisierung reglementiert fühlen und die Gesprächssituation als künstlich empfinden. Damit wird unter Umständen der Vorteil der sozialen Validität wieder aufgehoben.

Halbstandardisierte Interviews sind Leitfadeninterviews. Hier wird der Themenbereich vorher festgelegt sowie einige Fragen vorformuliert:

- Ausformulierte Eröffnungsfrage (Kontakt, Eisbrecherfragen)
- Einige vorbereitete Erzählanstöße zum Thema
- Vorbereitete Übergangsfragen
- Pufferfragen, um Ausstrahlungseffekte auf andere Themen einzudämmen
- Abschlussfrage

Bei **nichtstandardisierten Interviews** wie z.b. narratives oder fokussiertes Interview gibt es nur einen Erzählanstoß vom Interviewer. Der Interviewverlauf ist in der Folge stark vom Befragten und der Unterstützung (z.b. nicken, hmm..., Interesse zeigen) des Interviewers abhängig.

In der vorliegenden Arbeit wurde als Vorgehen das teilstandardisierte Interview (Leitfadeninterview) gewählt, um die systemrelevanten Parameter und Triggerpunkte zu erfassen. Das Leitfadeninterview bietet ein Gerüst für Datenerhebung und Analyse, das die Ergebnisse der unterschiedlichen Interviews vergleichbar macht, ohne den Interviewverlauf zu sehr einzuschränken. Spontane Fragen, die aus der Interviewsituation heraus entstehen, können einbezogen werden oder aber bei der Auswertung Themen herausgefiltert werden, die bei der Leitfaden Konzeption nicht im Vordergrund standen (Bortz & Döring, 1995, S. 289).

7.4 Gang der Untersuchung

Für die Untersuchung wurden fünf Siemensbereiche in verschiedenen Stadien der Einführung befragt: Zwei Bereiche befanden sich vor der Einführung und drei nach der Einführung. Ein Bereich wurde im Sinne eines Vorher-Nachher-Vergleiches zweimal befragt.

In der Personalorganisation der Bereiche stehen in der Regel so genannte Betreuungscenter (BC) bereit, in denen Peronalberater und Personalbetreuer unter Führung des BC-Leiters die Mitarbeiter der jeweils zugeordneten Abteilungen betreuen. Diese Personalberater/ Personalbetreuer sind im Folgenden mit „Mitarbeiter" bzw. „von der Veränderung Betroffene" gemeint. Aufgabe eines Personalberaters ist es, die Mitarbeiter und Führungskräfte zu unterstützen und zu beraten, wohingegen Personalbetreuer die Lohn- und Gehaltsabrechnung, die Stammdatenverwaltung sowie den anfallende Schriftverkehr bearbeiten. Der BC-Leiter übernimmt die ihm zugeordnete personalpolitische Gestaltung. Ein Betreuungscenter umfasst im Schnitt zwischen drei und fünf Mitarbeiter. Den Betreuungscentern hierarchisch übergeordnet ist der Personalleiter, dem die

Verantwortung für die gesamte Personalorganisation des jeweiligen Standorts obliegt. Daneben gibt es noch weitere Funktionen, die für diese Untersuchung aber nicht berücksichtigt werden. Die Betreuungscenter sind je nach Bereich geringfügig unterschiedlich organisiert und benannt. Für die Einheitlichkeit der Arbeit werden deshalb alle BC-Leiter oder vergleichbare Positionen mit „mittlere Leitungsfunktion" bezeichnet.

Befragt wurden nach Verfügbarkeit Personalleiter, mittlere Leitungsfunktion sowie die betroffenen Mitarbeiter, unter denen sich auch die Key User und/oder Veränderungsbegleiter befanden.

Im Einzelnen wurden folgende Bereiche befragt, die aus Datenschutzgründen mit willkürlich gewählten Buchstaben bezeichnet sind:

1. Der Bereich P

der als Pilot (Einführungsstufe 1) die Einführung zum Zeitpunkt der Befragung schon zwei Jahre hinter sich hatte und somit Aufschlüsse über die Anfänge des Projekts und „Kinderkrankheiten" bei der Projektplanung geben konnte. Anhand der in diesem Bereich aufgetretenen Schwierigkeiten im Vergleich mit den späteren Bereichen lässt sich auch eine Lernkurve des Zentralprojekts aufzeigen. Der Bereich P sticht insofern von den anderen Bereichen ab, als hier eine große Anzahl an passiven Daten (z.B. Pensionäre) verwaltet werden. Es handelt sich also um eine so genannte „passive" Personalabteilung im Gegensatz zu allen übrigen „aktiven" Personalabteilungen.

Im Bereich P wurden 18 Interviews durchgeführt. Befragt wurden ein Personalleiter, 4 mittlere Leitungsfunktionen und 13 Mitarbeiter.

2. Der Bereich B

(Einführungsstufe 4, Tranche 1) wurde drei Monate vor Einführung befragt. Zusätzlich gab es eine Nachbefragung des Veränderungsbegleiters sieben Monate nach Einführung. Im Bereich B war die Führungskraft aus organisatorischen Gründen sehr wenig anwesend, was eine große Eigenverantwortung seitens der Mitarbeiter erforderte.

Insgesamt wurden 9 Interviews durchgeführt. Befragt wurde eine mittlere Leitungsfunktion (Stellvertretung) und 8 Mitarbeiter, davon 2 Key User/ Veränderungsbegleiter.

3. Der Bereich E

(Einführungsstufe 4, Tranche 1) wurde zweimal befragt, einmal zwei Monate vor der Einführung, und ein zweites Mal fünf Monate nach der Einführung. Somit konnte ein Vorher-Nachher-Vergleich der Stimmung und Befürchtungen der Mitarbeiter und eine Projektverlaufssicht aufgezeigt werden. Der Bereich E zeichnet sich dadurch aus, dass er beim Vorläuferprojekt von COLORADO, der gescheiterten Softwareeinführung KT, Pilot war. Somit konnte das Projektmanagement beim Vorläuferprojekt und bei COLORADO verglichen werden.

Beim ersten Durchlauf wurden 27 Interviews durchgeführt. Befragt wurden ein Personalleiter, 4 mittlere Leitungsfunktionen und 22 Mitarbeiter, darunter 6 Key User.

Beim zweiten Durchlauf wurden 13 Interviews durchgeführt. Befragt wurden ein Personalleiter, 4 mittlere Leitungsfunktionen und 8 Mitarbeiter, darunter 3 Key User.

4. Der Bereich D

(Einführungsstufe 3) hatte zum Zeitpunkt der Befragung die Einführung fünf Monate hinter sich. Dieser Bereich wie auch der folgende befinden sich in einer recht frühen Einführungsstufe, wodurch noch größere Schwierigkeiten zu erwarten waren. Der Bereich D hat außerdem noch eine kleine Außenstelle an einem anderen Standort.

Insgesamt wurden 13 Interviews durchgeführt. Befragt wurden im Hauptstandort der stellvertretende Personalleiter, 2 mittlere Leitungsfunktionen und 7 Mitarbeiter (kein Key User). Im Nebenstandort wurden die mittlere Leitungsfunktion und zwei Mitarbeiter, darunter ein Key User, befragt.

5. Der Bereich C

(Einführungsstufe 3) hatte zum Zeitpunkt der Befragung die Einführung sieben Monate hinter sich. Der Bereich C hat zusätzlich vor 2 Jahren eine Umstrukturierung hinter sich gebracht, bei der zwei vorher getrennte Abteilungen, eine aus dem ehemaligen Osten und eine aus dem Westen, zusammengelegt wurden.

Insgesamt wurden 9 Interviews durchgeführt. Befragt wurden 2 mittlere Leitungsfunktionen und 7 Mitarbeiter, darunter ein Key-User.

Einen Überblick über die geführten Interviews gibt Tab. 22:

Tab. 22: Überblick über die geführten Interviews

Anzahl Interviews	Bereich P	Bereich B	Bereich E1	Bereich E2	Bereich D	Bereich C
Personalleiter/ Führungskraft	1	-	1	1	1	-
Mittlere Leitungsfunktion	4	1	4	4	3	2
Mitarbeiter	13	8	22	8	9	7
davon Key User	-	2	6	3	1	1
Insgesamt	18	9	27	13	13	9

Abb. 32 verdeutlicht die Interviewzeitpunkte im Projektverlauf:

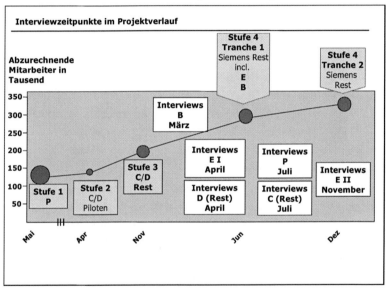

Abb. 32: Interviewzeitpunkte im Projektverlauf

7.4.1 Der eingesetzte Interviewleitfaden

Alle durchgeführten Interviews orientierten sich aus Gründen der Vergleichbarkeit der Ergebnisse an einem einheitlichen Leitfaden (siehe Anhang). Bereichsspezifische Änderungen und Anmerkungen wurden zugelassen, ebenso wurden die Fragen zu Produkt und Maßnahmen an den Stand der Einführung angepasst.

Die Fragen zielen auf zwei Themenfelder ab:

179

- Die Erhebung von **Soft Facts** wie Betriebsklima, Zusammenarbeit, Führungsverhalten, Stimmung vor Ort.

- Die Erhebung der **sensiblen Ansatzpunkte für Interventionen** (Triggerpunkte des Systems) über eine Bewertung der Projektmaßnahmen und des Projektverlaufs.

Um die systemrelevanten Triggerpunkte herauszufinden, wurden offene Fragen gestellt, die die synergetischen Parameter Ordnungsparameter, Kontrollparameter und Randbedingungen näherungsweise abdecken sollten. Antworten und Beobachtungen, die über die Fragen hinausgingen, wurden im Sinne eines besseren Verständnisses des zu beobachtenden Systems ebenfalls aufgenommen.

Allgemein sind die von Projektseite eingeleiteten Maßnahmen unter die einer Intervention von außen direkt zugänglichen Parameter Kontrollparameter und Randbedingung zu fassen. Mit der Frage nach der Bewertung des Produkts SAP R/3 HR sollte somit der Stand von SAP R/3 HR als Randbedingung abgefragt werden. Die Fragen nach der Bewertung der verschiedenen Maßnahmen erfassen ebenfalls den Parameter Randbedingung. Wird die empfundene Intensität oder das Dynamisierungspotenzial nachgefragt, so entspricht dies darüber hinaus einem Kontrollparameter. Die Bewertung des Führungsverhaltens als unterstützend, neutral oder nicht hilfreich gehört für das Kernsystem (BC-Mitarbeiter) ebenfalls zur Randbedingung.

Demgegenüber spiegeln Fragen nach Betriebsklima, Zusammenarbeit im Team und Stimmung Verhaltensvariablen im Sinne impliziter Verhaltensregeln wider, die sich durch äußere Maßnahmen nur indirekt beeinflussen lassen. Mit diesen Fragen soll der vorhandene Ordnungsparameter abgebildet werden. Ändern sich die Stimmung und Verhalten gegenüber dem Produkt im Verlauf der Einführung, so kann von einem geglückten Phasenübergang und der Adaptation der neuen Regeln als neuem Ordnungsparameter ausgegangen werden.

Im vorliegenden Projekt werden keine grundlegenden und umfassenden Verhaltensänderungen, wie beispielsweise in einem Kulturveränderungsprojekt oder einer Organisationsumstrukturierung erwartet werden, da sich die Arbeit durch das neue Verfahren SAP R/3 HR nicht grundlegend ändert. Deshalb sind sie im vorliegenden Fall nur dann Angriffsfläche, wenn sie, beispielsweise durch einen schlechten Gruppenzusammenhalt, das Projekt negativ beeinflussen. Es wird also der Ist-Stand abgefragt und daraus gegebenenfalls Veränderungsbedarf abgeleitet.

Die Fragen sind den drei systemtheoretischen Parametern also zunächst relativ lose zugeordnet, um zu erkennen, welche Punkte für das System tatsächlich wichtig sind – denn diese könnten ja auch woanders als in den gestellten Fragen liegen. Über den Leitfaden hinaus wurden Stimmungen, sonstige Aussagen und subjektive Eindrücke aufgenommen, um sich ein abgerundetes Bild von der Situation vor Ort machen zu können. Anhand aller gegebenen Antworten sollten dann die für das System wichtigen „Triggerpunkte" extrahiert werden.

7.4.2 Auswertungsmethodik

Aus den gegebenen Antworten werden immer wiederkehrende Begriffe und Bewertungen gesammelt, kategorisiert und diese dann den einzelnen Parametern zugeordnet. Die geschieht nach der qualitativen Inhaltsanalyse von Mayring (1993). In Abb. 33 werden die einzelnen Arbeitsschritte im Verlauf dargestellt.

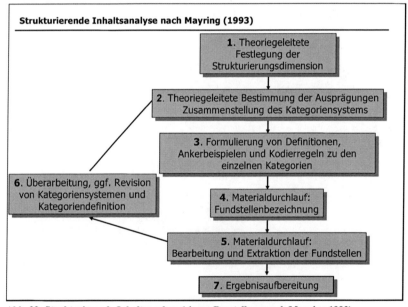

Abb. 33: Strukturierende Inhaltsanalyse (eigene Darstellung nach Mayring 1993)

Die Untersuchungsergebnisse werden unter theoretischen Gesichtspunkten geordnet und gegliedert. Es wird ein Kategorienschema erstellt, das in weiteren Durchläufen verfeinert wird, bis die Endauswertung erfolgt. Die Strukturierung kann dabei in inhaltliche Strukturierung (Herausarbeiten bestimmter Inhalte), typisierende Strukturierung (häufig besetzte oder theoretisch interessante Merkmalsausprägungen) und skalierende Strukturierung (Merkmalsausprägungen werden aus Ordinalniveau eingeschätzt) unterteilt werden (Bortz/Döring, 1995, S. 308). Im Einzelnen wurde so vorgegangen:

Die Interviews wurden zunächst für jeden Bereich einzeln ausgewertet. Dafür wurde für jede Frage ein Kategoriensystem gebildet, dem die einzelnen Antworten dann zugeordnet wurden. Diese Kategorien sind im Folgenden zusammengefasst dargestellt, sofern sie in allen Bereichen Anwendung fanden. Die Kategorienbildung von Fragen, die nur in einzelnen Bereichen gestellt wurden, wird im jeweiligen Kapitel erläutert. Die Bildung der Kategorien und die Einordnung der Aussagen wurden jeweils mit einem weiteren Auswerter abgestimmt (Interrater-Reliabilität Cohen's kappa = .85).

Im Anschluss wurden die Ergebnisse der Interviews über alle Bereiche hinweg nach den einzelnen Fragen aufgeschlüsselt ausgewertet.

7.4.3 Kategoriensystem

1. Bewertung des Produkts

Tab. 23: Bewertung des Produkts

Kategorie	Definition	Ankerbeispiel	Kodierregeln
K1: positiv	Hohe subjektive Gewissheit, dass das Produkt den Anforderungen der täglichen Personalarbeit gewachsen ist und eine Arbeitserleichterung darstellt. Überzeugung, dass der Wechsel von IVIP zu SAP richtig war.	"Entscheidung war richtig, SAP ist das bessere Produkt."	Beide Aspekte der Definition müssen erfüllt sein. Sonst Kodierung "mittel"
K2: mittel	Nur teilweise oder schwankende Gewissheit, dass das Produkt den Anforderungen der täglichen Personalarbeit gewachsen ist und eine Arbeitserleichterung darstellt. Unsicherheit, ob der Wechsel von IVIP zu SAP richtig war.	"Vor- und Nachteile halten sich die Waage."	Wenn nicht beide Definitionsaspekte auf "hoch" oder "niedrig" schließen lassen.
K3: negativ	Hohe subjektive Gewissheit, dass das Produkt den Anforderungen der täglichen Personalarbeit nicht gewachsen ist und keine Arbeitserleichterung darstellt. Überzeugung, dass der Wechsel von IVIP zu SAP falsch war.	"Die SAP Einführung hätte man sich sparen können."	Beide Aspekte der Definition müssen erfüllt sein. Sonst Kodierung „mittel".

2. Stimmung bzgl. des Produkts

Tab. 24: Stimmung bzgl. des Produkts

Kategorie	Definition	Ankerbeispiel	Kodierregeln
K1: positiv	Vorfreude auf das neue Produkt aufgrund der Erwartung einer Verbesserung der Arbeitsbedingungen durch die Einführung von SAP.	"Ich habe ich auf SAP gefreut und hatte keinerlei Ängste"	Die Antwort spiegelt eindeutig eine optimistische Einstellung zur SAP Einführung wider. Sonst Kodierung "mittel".
K2: mittel	Unsicherheit, ob eine Verbesserung der Arbeitsbedingungen durch die Einführung von SAP erreicht wird.	"Ich war mir nicht sicher, was von SAP zu erwarten ist."	Die Antwort ist ambivalent.
K3: negativ	Angst vor dem neuen Produkt aufgrund der Erwartung einer Verschlechterung der Arbeitsbedingungen durch die Einführung von SAP.	"Im Vorfeld hatte ich große Ängste."	Die Antwort spiegelt eindeutig eine pessimistische Einstellung zur SAP Einführung wider. Sonst Kodierung "mittel".

3. Welche Maßnahmen erachteten Sie als hilfreich?

Die Maßnahmen Information, Schulung, Konzept Key User, Erfahrungsaustausch und CM-Maßnahmen wurden einzeln abgefragt und deren Bewertung nach der im Folgenden abgebildeten Kodierregel kodiert. Die spontan genannten Maßnahmen wurden nicht weiter kategorisiert.

Tab: 25: Hilfreiche Maßnahmen

Kategorie	Definition	Ankerbeispiel	Kodierregeln
K1: positiv	Hohe subjektive Gewissheit, dass die Maßnahme die Einführung von SAP erleichtert hat.	"Maßnahme war sehr wichtig."	Die Antwort spiegelt eindeutig eine subjektive Überzeugung der Richtigkeit der gewählten Maßnahme wider. Sonst Kodierung "mittel"
K2: mittel	Nur teilweise oder schwankende Gewissheit, dass die Maßnahme die Einführung von SAP erleichtert hat.	"Maßnahme war ganz ok."	Die Antwort ist ambivalent.
K3: negativ	Hohe subjektive Gewissheit, dass die Maßnahme die Einführung von SAP nicht erleichtert hat bzw. überflüssig war.	"Maßnahme hätte es nicht gebraucht."	Die Antwort spiegelt eindeutig eine subjektive Überzeugung der Nutzlosigkeit der gewählten Maßnahme wider. Sonst Kodierung "mittel"

4. Wünsche zur Einführung

Die Wünsche wurden spontan genannt und für die Auswertung kategorisiert. Über alle Bereiche hinweg ergaben sich die folgenden Kategorien (Anordnung zufällig):

Tab. 26: Wünsche zur Einführung

Kategorie	Definition	Ankerbeispiel	Kodierregeln
Ansprechbarkeit	Leichte Ansprechbarkeit der Projektverantwortlichen bei Fragen	„Ansprechbar sein."	Erfasst wurden alle Aspekte von Ansprechbarkeit und Kommunikation
Zusammenarbeit	Wunsch nach besserer Zusammenarbeit	„Intensivere Zusammenarbeit mit den hiesigen Fachleuten."	Erfasst wurde der Wunsch nach besserer Zusammenarbeit innerhalb des gesamten Projektteams
Mehr Ressourcen	Wunsch nach mehr Kapazität durch Aufstockung der Mitabeiteranzahl	„Mehr Man-Power."	Erfasst wurden alle Aspekte von Überforderung durch Mehrarbeit
Mehr Zeit	Sämtliche Maßnahmen oder Ereignisse, die einen zu knappen Zeitplan widerspiegeln	"Mehr Zeit, weniger Duck."	Die Antwort spiegelt eine subjektive Überzeugung wieder, dass die Einführung mit mehr Zeit erfolgreicher verlaufen wäre
Analysephase	Besseres Nutzen der Analysephase, um auf die aktuellen Bedürfnisse vor Ort eingehen zu können	„Eine echte Analysephase." „Die Bedürfnisse werden wirklich erhoben."	Erfasst wurde der Aspekt der besseren Nutzung der Analysephase oder des Eingehens auf die tatsächlichen Bedürfnisse vor Ort oder beide Aspekte
Längere Begleitung	Wunsch nach Begleitung über den Einführungstermin hinaus	„Nach Einführung noch mal vor Ort kommen."	Erfasst wurden alle Wünsche nach längerer Begleitung
Bessere Ansprechbarkeit der FK	Bessere Ansprechbarkeit der FK bei Fragen	„FK sollte ansprechbar sein."	Erfasst wurden alle Aspekte von Ansprechbarkeit und Kommunikation der FK
Schulungen auch für FK	Wunsch nach Teilnahme der FK an Extra-Schulungen oder MA-Schulungen	„Die FK muss das auch können."	Erfasst worden alle Wünsche nach besserer Schulung der FK im fachlichen und/oder CM
Mehr Ansprache durch FK	Wunsch nach direkter Ansprache durch FK	„mehr persönliche Ansprache."	Erfasst worden alle Wünsche nach persönlicher Ansprache durch FK

Unterstützung durch FK	Wunsch nach mehr Unterstützung durch FK	„Bei Problemen fühle ich mich allein gelassen"	Erfasst worden alle Wünsche nach Unterstützung und Sicherheit durch FK
Bessere Terminierung der Schulungen	Die Schulungen sollen weder zu lange vor der Einführung noch danach stattfinden	„Schulung nicht so lange vorher."	Erfasst wurden alle Wünsche nach Änderungen in der Schulungsterminierung
Mehr Prozessorientierung	Eine stärkere Orientierung auf die tatsächlichen Prozesse vor Ort	„Wir müssen uns auf die Prozesse konzentrieren."	Erfasst wurden alle prozessorientierten Aspekte
Mehr teambildende Maßnahmen	Wunsch nach Maßnahmen zur Stärkung der Gruppenzusammengehörigkeit	„Ich würde mir mehr Zusammengehörigkeit wünschen."	Erfasst worden alle Wünsche zu Teambuilding und Stärkung des Gruppengefühls
Standardsoftware beibehalten	Der SAP Standard soll beibehalten werden und nicht zu sehr an Siemensspezifika angepasst werden	„Standardsoftware nicht verwässern."	Erfasst wurden alle Wünsche nach Beibehaltung des SAP Standards
Mehr Regelbetrieb fokussieren	Eine stärkere Orientierung auf den Regelbetrieb nach der Einführung	„Wir müssen uns auf den Regelbetrieb konzentrieren."	Erfasst wurden alle Aspekte in Richtung Übergang Regelbetrieb
Nachschulung	Wunsch nach Nachschulungen, um Erlerntes aufzufrischen oder neu auftretende Probleme zu behandeln	„Nachschulung nach 3 Monaten wäre gut"	Erfasst wurden alle Wünsche nach Nachschulung
Management von CM Maßnahmen	Wunsch nach besserer Abstimmung von CM-Maßnahmen auf Gegebenheiten vor Ort	„vor dem Veränderungsprozess für genaue Analyse der erforderlichen CM-Maßnahmen zusammensetzen"	Erfasst wurden alle Aspekte des Managements von CM-Maßnahmen
Einbeziehung der MA	Wunsch nach mehr Einbeziehung der MA	„Veränderung wurde über unsere Köpfe hinweg entschieden"	Erfasst wurden alle Wünsche nach mehr Partizipation
Bessere Planung	Wunsch nach besserer und transparenterer Planung	„nicht so viele Überraschungen"	Erfasst wurden alle Wünsche nach besserer Organisation und Planung
Frühzeitige Regelung des Umgangs mit Mehrarbeit	Wunsch nach frühzeitiger Regelung, ob Mehrarbeit ausgezahlt oder anderweitig verrechnet wird	„Was passiert mit unseren Überstunden?"	Alle Aussagen, die Unsicherheiten im Bezug auf Mehrarbeit widerspiegeln

5. Bewertung der Zusammenarbeit mit dem Zentralprojekt

Die Aspekte wurden spontan genannt und für die Auswertung kategorisiert.

Tab. 27: Zusammenarbeit mit Zentralprojekt I

Kategorie	Definition	Ankerbeispiel	Kodierregeln
Menschlichkeit	Hohes Persönliches Engagement und zwischenmenschliches Verständnis	"Menschlich waren die sehr bemüht."	Erfasst wurden der Aspekt des persönlichen Engagements und ist positiv wertend
Dienstleistungsmentalität	Wunsch nach ausgeprägterer Dienstleistungsmentalität	„Es fehlt am Dienstleistungsgedanken."	Erfasst wurden Aspekte der Behinderung durch Bürokratie bzw. fehlende Dienstleistung
Eingehen auf Bereich	Der Bereich fühlt sich in seinen Bedürfnissen nicht ernst genommen	„Für die waren wir doch nur ein Prestige-Objekt."	Erfasst wurden Aspekte des mangelnden Eingehens auf Bereichsgegebenheiten und/oder den Vorwurf des Prestige-Objekts
Gute Kommunikation	Gute/schnelle/offene Kommunikation	„Ich fühle mich gut informiert."	Erfasst wurden alle Aspekte der Kommunikation
Fachliche Sicherheit	Zentralprojekt gibt Sicherheit durch fachliches Know-How	"Gute, professionelle Projektplanung."	Erfasst wurde der Aspekt der professionellen fachlichen Projektorganisation.
Gute Ansprechbarkeit	Bei Fragen ansprechbar sein	„Wenn ich eine Frage habe, weiß ich an wen ich mich wenden muss."	Erfasst wurden Aspekte der Ansprechbarkeit / Erreichbarkeit bei auftretenden Schwierigkeiten
Betreuungskontinuität	Kontinuität der Betreuung auch über die Einführung hinaus gewährleisten	„Unterstützung auch über die Einführung hinaus wäre gut."	Erfasst wurden alle Aspekte der zeitlichen Betreuungskontinuität
Task Force	Positive Bewertung der Task Force als Unterstützungseinheit	"Task Force ist super."	Erfasst wurde der Aspekt der Hilfestellung durch die Task Force und ist positiv wertend

Tab. 28: Bewertung der Zusammenarbeit mit Zentralprojekt

Kategorie	Definition	Ankerbeispiele	Kodierregeln
K1: positiv	Hohe subjektive Gewissheit, dass die Zusammenarbeit bestmöglich verlaufen ist.	"Sehr gute Zusammenarbeit."	Die Antwort spiegelt eindeutig eine subjektive positive Einschätzung der Zusammenarbeit wider. Sonst Kodierung "mittel"
K2: mittel	Nur teilweise oder schwankende Gewissheit, dass die Zusammenarbeit bestmöglich verlaufen ist.	"Zusammenarbeit hatte Höhen und Tiefen."	Die Antwort ist ambivalent.
K3: negativ	Hohe subjektive Gewissheit, dass die Zusammenarbeit nicht bestmöglich verlaufen ist.	"Da hätte man wesentlich besser zusammenarbeiten können."	Die Antwort spiegelt eindeutig eine subjektive negative Einschätzung der Zusammenarbeit wider. Sonst Kodierung "mittel"

6. Bewertung der Einführung insgesamt

Tab. 29: Bewertung Einführung insgesamt

Kategorie	Definition	Ankerbeispiele	Kodierregeln
K1: positiv	Hohe subjektive Gewissheit, dass die Einführung bestmöglich verlaufen ist.	"Alles prima gelaufen."	Die Antwort spiegelt eindeutig eine subjektive positive Einschätzung der Einführung wider. Sonst Kodierung "mittel"
K2: mittel	Nur teilweise oder schwankende Gewissheit, dass die Einführung bestmöglich verlaufen ist.	"Einführung lief einigermaßen."	Die Antwort ist ambivalent.
K3: negativ	Hohe subjektive Gewissheit, dass die Einführung nicht bestmöglich verlaufen ist.	"Das hätte wesentlich besser laufen können."	Die Antwort spiegelt eindeutig eine subjektive negative Einschätzung der Einführung wider. Sonst Kodierung "mittel"

187

7. Klima und Zusammenarbeit

Tab. 30: Bewertung Klima und Zusammenarbeit

Kategorie	Definition	Ankerbeispiel	Kodierregeln
K1: positiv	Positive Einschätzung von Klima und Zusammenarbeit.	"Betriebsklima ist sehr gut."	Die Antwort spiegelt eindeutig eine positive Einschätzung von Klima und Zusammenarbeit wider. Sonst Kodierung "mittel"
K2: mittel	Mäßig gute oder unentschiedene Einschätzung von Klima und Zusammenarbeit.	"Klima nicht schlecht, aber auch nicht super."	Die Antwort ist ambivalent.
K3: negativ	Negative Einschätzung von Klima und Zusammenarbeit	" Betriebsklima ist sehr schlecht."	Die Antwort spiegelt eindeutig negative Einschätzung von Klima und Zusammenarbeit wider. Sonst Kodierung "mittel"

8. Wünsche an die Führung

Die Wünsche an die Führung wurden spontan genannt und für die Auswertung kategorisiert. Mehrfachnennungen waren möglich.

Tab. 31: Wünsche an Führung

Kategorie	Definition	Ankerbeispiel	Kodierregeln
Vorbild-funktion	FK soll die geforderten Leistungen vorleben	„FK soll sich selber damit auskennen."	Erfasst wurden entweder den Aspekt des fachlichen oder des projektspezifischen Vorlebens der geforderten Leistungen
Anerkennung	FK soll durch Anerkennung der erbrachten Leistungen motivierend wirken	„Motivation durch Anerkennung und Lob."	Erfasst wurden den Aspekt der Anerkennung und/oder der Motivation durch Lob und/oder Geld
Auf MA zugehen	FK soll aktiv auf die MA zugehen	„direkte Ansprache an MA."	Erfasst wurden alle Aspekte des direkten Zugehens/der direkten, aktiven Ansprache hin zum MA
Ansprech-barkeit	Wunsch nach besserer Ansprechbarkeit der FK	„FK sollte mehr vor Ort sein."	Erfasst wurden alle Aspekte der Ansprechbarkeit und / oder Verfügbarkeit der FK
Gemein-schaftsgefühl stärken	FK soll das Gemeinschaftsgefühl der MA untereinander stärken	„FK muss unterstützen: das hängt jetzt alles am KU und an der Gruppe."	Erfasst wurden alle Wünsche nach der Stärkung des Gruppenzusammenhalts
Teilnahme	FK soll an Schulungen teilnehmen	„FK sollte an Abrechnungsschulungen teilnehmen, um sich ein Bild zu machen."	Erfasst wurden alle Wünsche nach Schulungsteilnahme durch die FK
Auf MA eingehen	FK sollte auf Ängste und Sorgen der MA eingehen	„auf die Bedürfnisse der Mitarbeiter eingehen, nicht nur sagen „ist doch alles einfach und super"	Erfasst wurden alle Aspekte des direkten Eingehens auf Mitarbeiterbedürfnisse
Information Kommunikation	Wunsch nach persönlicher und ehrlicher Information	„FK soll persönlich informieren."	Erfasst wurden alle Aspekte von persönlicher Information / Kommunikation
Zeit nehmen	FK soll sich für die Einführung und die MA Zeit nehmen	„„nicht „nur noch Einführung"."	Erfasst wurden alle Aspekte negativer Erfahrung von Zeitknappheit

189

8.1 Bewertung der Führungskraft

Tab. 32: Bewertung Führung

Kategorie	Definition	Ankerbeispiele	Kodierregeln
K1: positiv	Positive Einschätzung der Führungsleistung	"FK hat das super gemacht."	Die Antwort spiegelt eindeutig die positive Einschätzung der Führungsleistung wider. Sonst Kodierung "mittel"
K2: mittel	Ambivalente Einschätzung der Führungsleistung	"FK war ganz ok."	Die Antwort ist ambivalent.
K3: negativ	Negative Einschätzung der Führungsleistung	"FK hat das schlecht gemacht."	Die Antwort spiegelt eindeutig die negative Einschätzung der Führungsleistung wider. Sonst Kodierung "mittel"

9. Stimmung in einem Satz

Hier werden exemplarische Zitate ohne Kategorisierung genannt.

8 Ergebnis

8.1 Ergebnisse der Interviews, sortiert nach Bereichen

Zunächst werden die Ergebnisse der Interviews nach Bereichen getrennt vorgestellt und Unterschiede und Gemeinsamkeiten der verschiedenen Bereiche herausgearbeitet. Dabei wird sich zeigen, dass sich die Bereiche in der Bewertung der Maßnahmen (je nach Einführungszeitpunkt) recht ähnlich sind, jedoch große Unterschiede in Stimmung, Betriebsklima und Zusammenarbeit sowie Führungsverhalten bestehen.

Die im Folgenden vorgestellten Bereiche sind nach Stand der Einführung sortiert. Begonnen wird mit denjenigen Bereichen, die zum Interviewzeitpunkt noch nicht eingeführt haben, den Abschluss bildet derjenige Bereich, der zum Interviewzeitpunkt am weitesten auf die Einführung zurückblicken konnte. Ausnahme bildet der bereits zwei Jahre zuvor eingeführte Pilotbereich P, der ganz zu Beginn dargestellt wird, um Lerneffekte für den weiteren Projektverlauf ableiten zu können.

8.1.1 Bereich P

Der Bereich P, der sich als einziger Bereich mit der Abrechnung passiver, d.h. ausgeschiedener Mitarbeiter (Pensionäre) befasst, war der unfreiwillige Pilot des Projektes COLORADO (Siehe Kapitel „6. Das Projekt COLORADO"). Die Hoffnung war, das neue Verfahren an einem großen Datenvolumen bei weniger anspruchsvollen Prozessen im Personalbereich testen zu können. Damit wurden die tatsächlichen Erfordernisse des Bereichs allerdings verkannt und unterbewertet. Da die Projektplanung zum damaligen Zeitpunkt noch nicht ganz ausgereift war und die Maßnahmen oft gleichzeitig mit der Durchführung entwickelt wurden, gab es in diesem Bereich viele Unruhen und auch Missstimmigkeiten. Computerfachliche Kenntnisse waren bei den Mitarbeitern nicht durchgängig vorhanden. Zusätzlich lag ein schlechtes Grundklima vor, die Mitarbeiter sahen sich nicht als übergreifendes Team, sondern hatten kleinere Grüppchen gebildet, die sich untereinander eher ablehnten. Um den Teamgedanken zu stärken, wurden zwei Workshops auf freiwilliger Basis angeboten (ohne Beteiligung der Führungskraft). Fragen nach dem „CM-Workshop" zielen auf dessen langfristige Auswirkungen ab. Zum Interviewzeitpunkt nach zwei Jahren war von den Unruhen nichts mehr zu spüren, dennoch erinnerten sich die Betroffenen sehr lebhaft an die Schwierigkeiten der COLORADO-Einführung.

Ergebnisse der Interviews

1. Bewertung des Produkts

Bewertung des Produkts	positiv	mittel	Negativ
Anzahl Nennungen	11	5	2
Nennungen in %	61%	28%	11%

Hauptkritikpunkt: „nicht genügend auf die Bedürfnisse passiver Personalabrechnung eingegangen."

2. Stimmung bzgl. des Produkts

Stimmung vor Einführung	positiv	mittel	Negativ
Anzahl Nennungen	4	5	9
Nennungen in %	22%	28%	50%

Exemplarische Aussage: „Befürchtungen bei den Älteren/unter den Kollegen", „Misstrauen", „wir waren noch nicht so weit"

Stimmung nach Einführung	positiv	mittel	Negativ
Anzahl Nennungen	10	8	0
Nennungen in %	56%	44%	0

Exemplarische Aussage: „inzwischen hat man sich dran gewöhnt." „eigentlich ein gutes und modernes Programm"

3. Welche Maßnahmen erachteten Sie als hilfreich?

Maßnahme	Anzahl Nennungen (n=34)	Nennungen in Prozent
Schulungen	6	18%
Zusätzlich extra Nennung CM-Workshop	6	18% (insges. 35%)
Experten vor Ort	10	29%
Schnupperaufenthalt beim Zentralprojekt	5	15%
Ansprechbarkeit	4	12%
Einbindung der Mitarbeiter	2	6%
Sonderzahlung an MA	1	3%

3.1 Information

Bewertung von Information	positiv	mittel	Negativ
Anzahl Nennungen	7	7	4
Nennungen in %	39%	39%	22%

Exemplarische Aussage: „hätte manchmal mehr sein können, andererseits war der Infostand allgemein nicht so hoch"

3.2 Schulungen

Bewertung der Schulungen	positiv	mittel	Negativ
Anzahl Nennungen	14	3	1
Nennungen in %	78%	17%	6%

3.3 Rolle des Key-Users

Konzept wurde erst installiert

3.4 Bewertung der Notwendigkeit von CM-Maßnahmen

Bewertung von CM-Maßnahmen	positiv	mittel	Negativ
Anzahl Nennungen	14	3	1
Nennungen in %	78%	17%	6%

Bewertung des abgehaltenen CM-WS

Bewertung des CM-WS	positiv	mittel	Negativ
Anzahl Nennungen	10	6	2
Nennungen in %	56%	33%	11%

Hauptkritikpunkt: „Fehlende Nachhaltigkeit, Wunsch nach Folge-Workshop" (14 Nennungen) „Motivation war groß, und dann ist doch alles im Sande verlaufen" „man darf die Macht der Gewohnheit nicht unterschätzen"
Exemplarische Aussagen:
„Veränderung als Chance, den Gruppenzusammenhalt neu zu definieren und zu stärken – gemeinsame Not schweißt zusammen" „Schön wären Betriebsfeier, Ausflüge o.ä., um den Gruppenzusammenhalt zu steigern"

3.5 Bewertung des langfristigen Umsetzungserfolgs der im Workshop beschlossenen Maßnahmen

Informationsfluss verbessern

Bewertung	positiv	mittel	Negativ
Anzahl Nennungen	9	7	2
Nennungen in %	50%	39%	11%

Zusammenarbeit verbessern

Bewertung	positiv	mittel	Negativ
Anzahl Nennungen	8	6	4
Nennungen in %	44%	33%	22%

Grüppchenbildung vermeiden

Bewertung	positiv	mittel	Negativ
Anzahl Nennungen	5	7	6
Nennungen in %	28%	39%	33%

Direkte MA-Führung verbessern

Bewertung	positiv	mittel	Negativ
Anzahl Nennungen	5	8	5
Nennungen in %	28%	44%	28%

4. Wünsche zur Einführung

Kategorie	Anzahl Nennungen (n=26)	Nennungen in %
Ansprechbarkeit	6	23%
Zusammenarbeit	6	23%
Mehr Ressourcen	4	15%
Mehr Zeit	4	15%
Analysephase	3	12%
Längere Begleitung	3	12%

5. Bewertung der Zusammenarbeit mit dem Zentralprojekt

Kategorie	Anzahl Nennungen (n=40)	Nennungen in %
Menschlichkeit	7	18%
Mangelnde Dienstleistungsmentalität	7	18%
Mangelndes Eingehen auf Bereich	7	18%
Mangelnde Professionalität	7	18%
Mangelnde Kommunikation	12	30%

Exemplarische Aussage: „Erfolg um jeden Preis"

Bewertung der Zusammenarbeit	positiv	mittel	Negativ
Anzahl Nennungen	4	5	9
Nennungen in %	22%	28%	50%

6. Bewertung der Einführung insgesamt

Bewertung der Einführung	positiv	mittel	Negativ
Anzahl Nennungen	5	4	9
Nennungen in %	28%	22%	50%

7. Klima und Zusammenarbeit

Bewertung Klima	positiv	mittel	Negativ
Anzahl Nennungen	8	3	7
Nennungen in %	44%	17%	39%

Exemplarische Aussagen: „Durch die Einführung ist es besser geworden, das hat zusammengeschweißt"„Bei SAP waren dann auf einmal alle auf dem gleichen Stand" „Es bleiben Spannungen zwischen den Gruppen und tw. auch untereinander" „Austauschplattform (z.B. gemeinsame Kaffeeküche, Ausflüge, Weihnachtsfeier) wäre wünschenswert."

8. Wünsche an die Führung

Kategorie	Anzahl Nennungen (n=38)	Nennungen in %
Offene Information / Kommun.	10	26%
Vorbildfunktion	7	18%
Anerkennung	8	21%
Gemeinschaftsgefühl stärken	3	9%
Auf MA zugehen	10	26%

Exemplarische Aussagen: „Einführung als Chance zur Veränderung von Strukturen und Prozessen nutzen", „Mehr Transparenz: Warum wird etwas gemacht? Wo bleiben Entscheidungen stecken?", „Geringere Distanz zur Führungskraft", „Führungskraft muss sich selber mit der Materie auskennen"

8.1 Bewertung der Führungskraft

Bewertung der FK	positiv	mittel	Negativ
Anzahl Nennungen	9	6	3
Nennungen in %	50%	33%	17%

9. Stimmung in einem Satz

Exemplarische Aussagen:
„Alles Neue wird mal alt und wird auch zur Gewohnheit."
„Rom wurde auch nicht an einem Tag erbaut. Projekte brauchen Zeit."
„Es ging tw. ganz schön drunter und drüber."
„Man muss immer daran erinnern, dass wir alle Menschen sind und an einem Strang ziehen."
„Anfangs Hindernisse, aber im Großen und Ganzen ganz gut"

Über den Leitfaden hinaus wurden folgende Feststellungen gemacht:

Die Mitarbeiter hatten zu Beginn des Projekts große Angst vor zusätzlicher Arbeitsbelastung. Da Computerkenntnisse nicht durchgängig vorhanden waren, gab es Befürchtungen, nicht mithalten zu können.

Die Führungskraft präsentierte sich als starke, autokratische Führung.

Betriebsklima und Zusammenarbeit erschienen unterdurchschnittlich, nach Aussagen der Mitarbeiter durch die im Projekt angestoßenen CM-Maßnahmen aber verbessert im Gegensatz zu früher – die Veränderung wurde also zumindest teilweise als Chance genutzt. Trotz erheblicher Schwierigkeiten während der Einführungsphase herrschte im Bereich im Rückblick eher gute Stimmung.

8.1.2 Der Bereich B

Der Bereich B wurde drei Monate vor Einführung interviewt. Ein Nachfolgeinterview mit dem Veränderungsbegleiter ergab sich sieben Monate nach Einführung. Die direkte Führungskraft dieses Bereichs war zum Zeitpunkt der Einführungsvorbereitung aufgrund anderer Verpflichtungen nicht viel vor Ort, so dass die Gruppe sich weitestgehend autark bewegte bzw. besondere Unterstützung durch den Key User und Veränderungsbegleiter, der lediglich mit dem CM Management betraut war, einforderte. Die Gruppe war relativ klein und gekennzeichnet durch guten Gruppenzusammenhalt.

Ergebnisse aus den Interviews:

1. Bewertung des Produkts

Bewertung des Produkts	positiv	mittel	Negativ
Anzahl Nennungen	5	3	1
Nennungen in %	56%	33%	11%

Exemplarische Aussagen: „Besser und einfacher zu bedienen", „Verbesserung der Prozesse"

2. Stimmung bzgl. des Produkts

Stimmung vor Einführung	positiv	mittel	Negativ
Anzahl Nennungen	3	5	1
Nennungen in %	33%	56%	11%

Exemplarische Aussage: „Ich bin ein bisschen skeptisch, ob SAP den Erwartungen genügt.", „Ich habe ein bisschen Angst vor Arbeitsbelastung und Überforderung"

196

3. Welche Maßnahmen erachten Sie als hilfreich?

Maßnahme	Anzahl Nennungen (n=17)	Nennungen in %
Schulungen	7	41%
CBT (Computer Based Training)	6	35%
Konzept KU /VB	4	24%

3.1 Information

Bewertung von Information	positiv	mittel	Negativ
Anzahl Nennungen	7	2	0
Nennungen in %	78%	22%	0%

3.2 Schulungen

Schulungen hatten noch nicht stattgefunden.

3.3 Rolle des Key-Users

Bewertung der Rolle KU / VB	positiv	mittel	Negativ
Anzahl Nennungen	7	2	0
Nennungen in %	78%	22%	0%

Exemplarische Aussagen: „KU/VB sind existentiell, die müssen einspringen, wenn es brennt"„„Doppelbelastung für den KU/VB selber"„„Unsicherheit seitens KU/VB - ich weiß ja auch nicht so viel mehr"

3.4 Bewertung von Erfahrungsaustausch

Bewertung von Erfahrungsaustausch	positiv	mittel	Negativ
Anzahl Nennungen	0	5	4
Nennungen in %	0%	56%	44%

Exemplarische Aussagen: „Erfahrungsaustausch ist nicht nötig, Situation und Mentalität ist woanders sowieso anders" „Birgt das Risiko schlechte Stimmung zu verbreiten"

3.5 Bewertung der Notwendigkeit von CM-Maßnahmen

Bewertung von CM-Maßnahmen allgemein	positiv	mittel	Negativ
Anzahl Nennungen	6	3	0
Nennungen in %	66%	33%	6%

Exemplarische Aussagen: „Sehr wichtig, jeder ist anders, darauf muss man Rücksicht nehmen", „CM soll professionell sein, nicht zu emotional - viel hängt auch an der Person, die CM rüberbringt." „Gut: es ist für alle neu, wir sitzen alle in einem Boot"

4. Wünsche zur Einführung

Kategorie	Anzahl Nennungen (n=10)	Nennungen in %
Bessere Ansprechbarkeit der FK	4	40%
Mehr Zeit	6	60%

5. Bewertung der Zusammenarbeit mit dem Zentralprojekt

Kategorie	Anzahl Nennungen (n=17)	Nennungen in Prozent
Menschlichkeit	3	18%
Gute Ansprechbarkeit	6	35%
Gute Kommunikation	8	47%

Exemplarische Aussagen: „Erwartung: auch nach der Einführung ansprechbar bleiben"

Bewertung der Zusammenarbeit	positiv	mittel	Negativ
Anzahl Nennungen	6	3	0
Nennungen in %	66%	33%	0%

6. Bewertung der Einführung insgesamt

Bewertung der Einführung	positiv	mittel	Negativ
Anzahl Nennungen	6	3	0
Nennungen in %	66%	33%	0%

Exemplarische Aussagen: „von der Projektplanung her ein gutes Gefühl"

7. Klima und Zusammenarbeit

Bewertung Klima	positiv	mittel	Negativ
Anzahl Nennungen	7	2	0
Nennungen in %	78%	22%	0%

Exemplarische Aussage: „Sehr gut: Einer springt für den anderen ein"

8. Wünsche an die Führung

Kategorie	Anzahl Nennungen (n=20)	Nennungen in %
Bessere Ansprechbarkeit	6	30%
Persönliche Information / Kommunikation	3	15%
Anerkennung	7	35%
Gemeinschaftsgefühl stärken	4	20%

Exemplarische Aussage: „mangelnde Erreichbarkeit der Führung muss durch den Zusammenhalt untereinander aufgefangen werden", „hängt alles am KU/VB und an der Gruppe"

8.1 Bewertung der Führungskraft

Bewertung der FK	positiv	mittel	Negativ
Anzahl Nennungen	2	6	1
Nennungen in %	22%	66%	11%

9. Stimmung in einem Satz

Exemplarische Aussagen:

„Jüngere Mitarbeiter sehen dem neuen Programm geradezu euphorisch entgegen, die mit dem alten Programm Erfahrenen verlieren ihre Sonderstellung"

„Lass ich auf mich zukommen"

„ich denke das kriegen wir hin – gegenseitige Unterstützung ist sehr wichtig"

„es wird sehr viel Arbeit werden – hoffentlich schaffen wir das alles"

„da sind noch viele Fragen offen"

Über den Leitfaden hinaus wurden folgende Feststellungen gemacht:

Die Mitarbeiter hatten große Befürchtungen vor zusätzlicher Arbeitsbelastung, da die SAP-Einführung nur ein Projekt unter vielen darstellte. Besonders fürchteten sie eine Änderung der Abteilungszusammensetzung.

Betriebsklima und Zusammengehörigkeit erschienen sehr gut und stark. Es gab eine hohe Erwartungshaltung an den Key User/Veränderungsbegleiter, der hier auch die fehlende Anwesenheit der Führungskraft kompensieren musste.

Die Führungskraft war fast durchgängig abwesend.

Eine zweite Befragung aller Mitarbeiter nach der Einführung war aus organisatorischen Gründen nicht mehr möglich. Ein Interview mit dem Veränderungsbegleiter ergab jedoch folgende Punkte:

- Problemloser Übergang
- Großes Engagement der KU/VB und damit Sicherung des Projekterfolgs
- Zufriedenheit mit dem neuen Produkt „alles halb so wild gewesen"
- Weiterhin gute Stimmung in der Gruppe

8.1.3 Der Bereich E I

Der Bereich E wurde zweimal befragt, einmal zwei Monate vor der Einführung und ein zweites Mal fünf Monate nach der Einführung. Auf diese Weise konnte ein recht genaues Bild von der Bedeutung der einzelnen Maßnahmen und des Ausmaßes von Befürchtungen und Sorgen gezeichnet werden. Der Bereich E zeichnet sich dadurch aus, dass er beim Vorläuferprojekt, der gescheiterten Einführung der Software KT, vor 4 Jahren Pilot war. Somit konnte ein direkter

Vergleich des Projektmanagements bei KT und bei SAP angestellt und Punkte herausgestellt werden, die nach Meinung der Betroffenen damals mitschuldig für das Scheitern des Projekts waren und heute anders und besser gemacht wurden. Der Bereich E erscheint gut strukturiert, zielorientiert und offen.

Ergebnisse der Interviews

1. Bewertung des Produkts

Bewertung des Produkts	positiv	mittel	Negativ
Anzahl Nennungen	10	11	6
Nennungen in %	37%	41%	22%

Exemplarische Aussagen: „SAP besser und moderner", „Anpassung der Prozesse durch Standardsoftware"

2. Stimmung bzgl. des Produkts

Stimmung vor Einführung	positiv	mittel	Negativ
Anzahl Nennungen	5	16	6
Nennungen in %	29%	59%	22%

Exemplarische Aussagen: „Teils, teils: Ältere sind vorsichtig, Jüngere gleichgültig oder euphorisch." „Es gibt Ängste durch Arbeitsbelastung, Zeitknappheit, Gerüchte und fehlende Funktionalitäten." Aber auch: „Vorfreude auf ein modernes Programm."

3. Welche Maßnahmen erachten Sie als hilfreich?

Maßnahme	Anzahl Nennungen (n=91)	Nennungen in %
CM-Maßnahmen	14	15%
Ehrliche Information	14	15%
Schulungen	10	11%
Unterstützung durch FK	10	11%
Konzept KU /VB	8	9%
Ansprechbarkeit	8	9%
Erfahrungsaustausch mit Piloten	7	8%
Einbindung der Mitarbeiter	5	5%
Vertrauen ins Projektteam	4	4%
Vertrauen in Projektplanung	4	4%
CBT (Computer Based Training)	4	4%
Konzept SLFs	2	2%
Schnupperaufenthalt beim Zentralprojekt	1	1%

3.1 Information

Bewertung von Information	positiv	mittel	Negativ
Anzahl Nennungen	9	15	3
Nennungen in %	33%	56%	11%

3.2 Schulungen

Zum Zeitpunkt der Befragung hatten noch nicht alle Befragten an Schulungen teilgenommen.

Bewertung von Schulungen	positiv	mittel	Negativ
Anzahl Nennungen	3	6	1
Nennungen in %	30%	60%	10%

Exemplarische Aussagen: „Grundsätzlich sind Schulungen sehr gut, bauen Ängste ab, man sieht, anderen geht es genauso, Fachwissen", „Mögliche Probleme: Termine, Inhalte nicht für alle Mitarbeiter relevant" „Nachschulung nach 2,3 Monaten Arbeit mit SAP wäre gut"

3.3 Rolle des Key-Users

Bewertung der Rolle KU / VB	positiv	mittel	Negativ
Anzahl Nennungen	5	18	4
Nennungen in %	19%	67%	15%

Exemplarische Aussagen: Konzept ist sehr gut, da: „Ansprechpartner vor Ort", „gibt Sicherheit", „entlastet die Projektleitung"
Mögliche Probleme: „Neid innerhalb der Gruppe", „zeitliche Doppelbelastung", „ungenügendes Fachwissen", „bräuchte psychologisches Know-how"

3.4 Bewertung von Erfahrungsaustausch

Bewertung von Erfahrungsaustausch	positiv	mittel	Negativ
Anzahl Nennungen	5	19	3
Nennungen in %	19%	70%	11%

Exemplarische Aussagen: „Erfahrung von Piloten könnte noch besser genutzt werden, z.B. durch Homepage", „Netzwerk wünschenswert", „offizielle Austauschrunde wäre nützlich"

3.5 Bewertung der Notwendigkeit von CM-Maßnahmen

Bewertung CM-Maßnahmen allgemein	positiv	mittel	negativ
Anzahl Nennungen	16	9	2
Nennungen in %	60%	33%	7%

Exemplarische Aussagen: „CM ist wichtig, um unterschiedliche Erwartungshaltungen und Befürchtungen abzudecken und aufzufangen", „CM auch für Führungskraft, FK ist Ansprechpartner bei Problemen", „FK muss für Bedürfnisse der Mitarbeiter sensibilisiert werden", „einmal ist zu wenig, es müsste öfters was gemacht werden"

4. Wünsche zur Einführung

Kategorie	Anzahl Nennungen (n=38)	Nennungen in %
Mehr Zeit	10	26%
Schulungen auch für FK	9	24%
Bessere Terminierung der Schulungen	9	24%
Mehr Prozessorientierung	5	13%
Mehr teambildende Maßnahmen	5	13%

5. Bewertung der Zusammenarbeit mit dem Zentralprojekt

Kategorie	Anzahl Nennungen (n=27)	Nennungen in %
Fachliche Sicherheit	9	33%
Gute Ansprechbarkeit	9	33%
Betreuungskontinuität	9	33%

Exemplarische Aussage: Kontinuität: „Unterstützung über Einführung hinaus wäre gut"

Bewertung der Zusammenarbeit	positiv	mittel	Negativ
Anzahl Nennungen	13	11	3
Nennungen in %	48%	41%	11%

6. Bewertung der Einführung insgesamt

Bewertung der Einführung	positiv	mittel	Negativ
Anzahl Nennungen	16	7	4
Nennungen in %	59%	26%	15%

Exemplarische Aussagen: „Gutes Projektmanagement", „sehr gut aufgezogen"
Risiken: „wird mehr Aufwand als man denkt", „Arbeitsumstellung, neues Programm denkt nicht mit", „nicht genügend auf Bereichsspezifika eingegangen"

7. Einführung KT vs. SAP

Kritikpunkt KT	Anzahl Nennungen (n=68)	Nennungen in %
Info schlecht	14	21%
Schlechtes Produkt	14	21%
Zu zentral aufgesetzt	12	18%
Schlechte Kommunikation	12	18%
Politisches Projekt	9	13%
Zu wenig Kapazität	5	7%
Schlechte Schulungsplanung	2	3%

Pluspunkt SAP	Anzahl Nennungen (n=111)	Nennungen in %
Mehr im Bereich angesiedelt	14	13%
Qualifiziertes Team	14	13%
besseres Projektmanagement	13	12%
Gute Information	13	12%
„Kein zurück möglich"	12	11%
Starke Einbindung der Key User	12	11%
Besseres Produkt	8	7%
Mehr Vertrauen ins Produkt	8	9%
Kürzere Wege	7	8%
Mehr Kapazität	5	6%
Gute Schulungen	5	6%

8. Klima und Zusammenarbeit

Bewertung Klima	positiv	mittel	Negativ
Anzahl Nennungen	10	12	5
Nennungen in %	37%	44%	19%

Exemplarische Aussage: „Überwiegend gut", „Tw. Probleme mit Rolle Key User (Neid)"

9. Wünsche an die Führung

Kategorie	Anzahl Nennungen (n=50)	Nennungen in %
Vorbildfunktion	13	26%
Teilnahme	12	24%
Bessere Ansprechbarkeit	8	16%
Auf MA eingehen	6	12%
Anerkennung	6	12%
Persönliche Information / Kommunikation	5	10%

Exemplarische Aussage: „FK ist bei Ängsten der Ansprechpartner" „auf die Bedürfnisse der Mitarbeiter eingehen, nicht nur sagen „ist doch alles einfach und super", „FK sollte an Abrechnungsschulungen teilnehmen, um sich ein Bild zu machen"

9.1 Bewertung der Führungskraft

Bewertung der FK	positiv	mittel	Negativ
Anzahl Nennungen	12	11	4
Nennungen in %	44%	41%	15%

10. Stimmung in einem Satz

Exemplarische Aussagen:

„Die Einführung wird mit viel Kraft und Arbeitsaufwand sehr gut werden"

„das vorherrschende Tempo ist das der Jüngeren. Mir zu schnell...."

„SAP lässt mich kalt"

„abwarten und Tee trinken"

„wann geht's endlich los."

„optimistisch bzgl. der Technik, ängstlich bzgl. der Zeit"

„wir haben Katastrophenerfahrung und das Schlimmste schon überstanden, uns kann nichts mehr schrecken"

„Bisschen mulmiges Gefühl, aber es gibt ja kein zurück"

„Ich freue mich drauf, je mehr man sich damit beschäftigt"

„SAP ist ein System, mit dem wir in die Zukunft gehen können. Schade dass wir den Zwischenweg über KT gemacht haben."

Über den Leitfaden hinaus wurden folgende Feststellungen gemacht:

Besonders ältere Mitarbeiter fürchteten, den Anforderungen nicht gewachsen zu sein. Im Großen und Ganzen herrschte jedoch Zuversicht vor. Die Mitarbeiter hatten großes Vertrauen in das Bereichsprojekt und die Projektleitung vor Ort.

Die Führungskraft präsentierte sich als stark, ließ aber gleichzeitig den Mitarbeitern genug Raum für eigenverantwortliches Handeln. Sehr viele Mitarbeiter wurden mit speziellen Rollen in das Projekt eingebunden. Die Key User waren zahlreich und gut geschult.

Betriebsklima und Zusammenarbeit erschienen überdurchschnittlich gut, in einzelnen Gruppen gab es jedoch Unstimmigkeiten bezüglich der Auswahl des Key Users.

8.1.4 Der Bereich E II

Nach einer weiteren Befragung fünf Monate nach Einführung zeigte sich im Bereich E folgendes Bild:

1. Bewertung des Produkts

Bewertung des Produkts	positiv	mittel	Negativ
Anzahl Nennungen	8	5	0
Nennungen in %	62%	38%	0%

Exemplarische Aussagen: „Noch einige Schwachpunkte, aber spielt sich ein", „besser als erwartet"

2. Stimmung bzgl. des Produkts

Stimmung nach Einführung	positiv	mittel	Negativ
Anzahl Nennungen	8	5	0
Nennungen in %	62%	38%	0%

Exemplarische Aussagen: „Gut: „richtige Entscheidung getroffen, SAP ist ein gutes und modernes Programm"

3. Welche Maßnahmen erachteten Sie als hilfreich?

Maßnahme	Anzahl Nennungen (n=43)	Nennungen in %
Gute Projektorganisation	5	12%
Frühzeitige und realistische Information	5	12%
Starke und kompetente Projektleitung	4	9%
Incentive für Projektverantwortliche	4	9%
Konzept Key User	4	9%
Zusammenhalt in der Gruppe	4	9%
Schulungen, Nachschulungen, CBT	4	9%
Eigeninitiative der Mitarbeiter fördern	3	7%
Genügend Zeit für Mitarbeiter zum Ausprobieren	3	7%
Projektmitarbeiter nach ihren Fähigkeiten ausgewählt, Praktiker im Projektteam	2	5%
Experten vor Ort „in der heißen Phase"	2	5%
Gute Zusammenarbeit mit Hauptprojekt München	2	5%
Freistellung einzelner MA fürs Projekt	1	3%

Exemplarische Aussagen: „Einführung nicht nur nebenbei, Aufwand nicht unterschätzen" „der richtige am richtigen Platz", „KU und Zusammenhalt in der Gruppe geben Sicherheit"

3.1 Information

Bewertung von Information	positiv	mittel	Negativ
Anzahl Nennungen	7	6	0
Nennungen in %	54%	46%	0%

Exemplarische Aussagen: „Sehr gut und umfangreich", „Tw. zu viel Aufwand betrieben"

3.2 Schulungen

Bewertung von Schulungen	positiv	mittel	Negativ
Anzahl Nennungen	8	5	0
Nennungen in %	62%	38%	10%

Exemplarische Aussagen: „Nachschulungen sehr gut.", „Trainer sehr kompetent"

3.3 Rolle des Key-Users

Bewertung der Rolle KU / VB	positiv	mittel	Negativ
Anzahl Nennungen	6	5	2
Nennungen in %	46%	38%	15%

Exemplarische Aussagen: „Sorgfältige Auswahl wichtig", „hat viel Arbeit, muss von der Gruppe akzeptiert sein" Wesentlich für den Projekterfolg"

3.4 Bewertung von Erfahrungsaustausch

Bewertung von Erfahrungsaustausch	positiv	mittel	Negativ
Anzahl Nennungen	3	7	3
Nennungen in %	23%	54%	23%

Exemplarische Aussagen: „Zeitproblem", Siemensbereiche sehr unterschiedlich, gegenseitiges Lernen schwierig.", „KU Netzwerk wäre gut gewesen.", „Frage: Warum noch so viele Fehler trotz Piloten?"

3.5 Bewertung der Notwendigkeit von CM-Maßnahmen

Bewertung von CM-Maßnahmen allgemein	positiv	mittel	Negativ
Anzahl Nennungen	8	5	0
Nennungen in %	62%	38%	0%

Exemplarische Aussagen: „Sehr hilfreich", „man erinnert sich daran, wenn es Probleme gibt", „Hätte noch vertieft werden sollen", „Workshop müsste wiederholt werden"

4. Wünsche zur Einführung

Kategorie	Anzahl Nennungen (n=14)	Nennungen in %
Mehr Zeit	5	36%
Mehr Ansprache durch FK	5	36%
Mehr Regelbetrieb fokussieren	2	14%
Standardsoftware beibehalten	2	14%

5. Bewertung der Zusammenarbeit mit dem Zentralprojekt

Kategorie	Anzahl Nennungen (n=7)	Nennungen in %
Menschlichkeit	4	57%
Gute Ansprechbarkeit	3	43%

Exemplarische Aussage: „Sehr hilfsbereit und unkompliziert"

Bewertung der Zusammenarbeit	positiv	mittel	Negativ
Anzahl Nennungen	8	4	1
Nennungen in %	62%	31%	8%

6. Bewertung der Einführung insgesamt

Bewertung der Einführung	positiv	mittel	Negativ
Anzahl Nennungen	8	5	0
Nennungen in %	62%	38%	0%

Exemplarische Aussagen: „Sehr gut und professionell"

7. Klima und Zusammenarbeit

Bewertung Klima	positiv	mittel	Negativ
Anzahl Nennungen	8	5	0
Nennungen in %	62%	38%	0%

Exemplarische Aussage: „Wesentliche Voraussetzung zum Projekterfolg"

9. Wünsche an die Führung

Kategorie	Anzahl Nennungen (n=13)	Nennungen in %
Auf MA eingehen	5	38%
Anerkennung	5	38%
Vorbildfunktion	3	23%

Exemplarische Aussage: „Tw. mehr persönliche Ansprache und Nachfragen"

9.1 Bewertung der Führungskraft

Bewertung der FK	positiv	mittel	Negativ
Anzahl Nennungen	5	7	1
Nennungen in %	38%	54%	8%

10. Stimmung in einem Satz

Exemplarische Aussagen:

„positiv, richtige Entscheidung, hat alles gepasst"
„Am Anfang war ich ja skeptisch, aber SAP wird von Monat zu Monat vertrauter"
„alles halb so wild."

Über den Leitfaden hinaus wurden folgende Feststellungen gemacht:

Die Einführung wurde ohne nennenswerte Schwierigkeiten abgewickelt. Betriebsklima und Zusammenarbeit sowie die allgemeine Stimmung waren sehr hoch.

Das Vertrauen in die eigenen Fähigkeiten war gestiegen, die Veränderung wurde in diesem Bereich als Chance genutzt.

8.1.5 Der Bereich D

Der Bereich D befand sich im Gegensatz zu E in der vorhergehenden Einführungsstufe 3, deshalb gab es hier noch mehr technische Probleme. Ein anderer Teilbereich des Gesamtbereichs D war bereits in der zweiten Pilotphase vertreten, der Erfahrungsaustausch mit diesem Bereich war aber nicht sehr groß.

Der betrachtete Bereich wirkte gut organisiert und strukturiert, die Arbeitsgruppe war relativ klein.

Ergebnisse der Interviews:

1. Bewertung des Produkts

Bewertung des Produkts	positiv	mittel	Negativ
Anzahl Nennungen	2	6	5
Nennungen in %	15%	46%	38%

Exemplarische Aussagen: „SAP ist selbst ein gutes Programm, warum gibt es noch so viele Fehler?" Aber: „Vorgängersoftware war auch nicht perfekt"

2. Stimmung bzgl. des Produkts

Stimmung vor Einführung	positiv	mittel	Negativ
Anzahl Nennungen	2	9	2
Nennungen in %	15%	69%	15%

Exemplarische Aussagen: „man hat nicht konkret gewusst, was auf einen zukommt", „an IVIP gehangen", „zu viel Angst durch Gerüchte"

Stimmung nach Einführung	positiv	mittel	Negativ
Anzahl Nennungen	5	5	3
Nennungen in %	38%	38%	23%

Exemplarische Aussagen: „noch nicht so sicher im Umgang, aber man gewöhnt sich dran", „Eigentlich ein gutes und modernes Programm"

3. Welche Maßnahmen erachteten Sie als hilfreich?

Maßnahme	Anzahl Nennungen (n=22)	Nennungen in %
CBT	6	27%
Kick-Off Workshop	5	22%
Schulungen	5	22%
Erfahrungsaustausch mit anderen	3	14%
Konzept Key User	3	14%

Exemplarische Aussagen: „CBT: man sieht schon mal, was auf einen zukommt"

3.1 Information

Bewertung von Information	positiv	mittel	Negativ
Anzahl Nennungen	7	5	1
Nennungen in %	54%	38%	8%

Exemplarische Aussagen: „nicht schwarz malen und nicht beschönigen", „Information sehr wichtig, um Unsicherheiten abzubauen"

3.2 Schulungen

Bewertung von Schulungen	positiv	mittel	Negativ
Anzahl Nennungen	2	8	3
Nennungen in %	15%	62%	23%

Exemplarische Aussagen: „Termin tw. zu früh", „Dozenten tw. nicht genügend IVIP-Erfahrung", „Positiv: Austausch - man sieht: anderen geht es genauso"

3.3 Rolle des Key-Users

Bewertung der Rolle KU / VB	positiv	mittel	Negativ
Anzahl Nennungen	2	5	6
Nennungen in %	15%	38%	46%

Exemplarische Aussagen: Mögliche Probleme: Mangelnde Ansprechbarkeit „KU nicht gut ansprechbar", Mangelndes Zuständigkeitsdenken „Fühlt sich tw. nicht zuständig", Mangelnde Schulung „Weiß oft nicht genug", Überforderung „zusätzlicher Veränderungsbegleiter wäre gut gewesen"

3.4 Bewertung von Erfahrungsaustausch

Bewertung von Erfahrungsaustausch	positiv	mittel	Negativ
Anzahl Nennungen	2	7	4
Nennungen in %	15%	54%	31%

Exemplarische Aussagen: „Wichtig, Hätte man mehr draus machen können", „Aber: Bei negativen Erfahrungen Gefahr des gegenseitigen Runterziehens"

3.5 Bewertung der Notwendigkeit von CM-Maßnahmen

Bewertung CM-Maßnahmen allgemein	positiv	mittel	Negativ
Anzahl Nennungen	6	4	3
Nennungen in %	46%	31%	23%

Exemplarische Aussagen: Notwendig: „Unsicherheit ist bei Veränderungen immer vorhanden" Aber: „Gefahr des Aufbauschens" Auch für die Führungskraft:„Veränderungen gibt es immer, dabei ist immer die Unterstützung der Führungskraft gefragt"

4. Wünsche zur Einführung

Kategorie	Anzahl Nennungen (n=34)	Nennungen in %
Mehr Zeit	6	18%
Teambildende Maßnahmen	6	18%
Nachschulung	5	14%
Management von CM Maßnahmen	4	12%
Unterstützung durch FK	4	12%
Einbeziehung der MA	4	12%
Bessere Planung	3	9%
Frühzeitige Regelung des Umgangs mit Mehrarbeit	2	6%

5. Bewertung der Zusammenarbeit mit dem Zentralprojekt

Kategorie	Anzahl Nennungen (n=13)	Nennungen in %
Gute Ansprechbarkeit	6	46%
Task Force	4	31%
Mangelnde Dienstleistungsmentalität	3	23%

Exemplarische Aussage: „Wunsch: Ansprechbarkeit über Einführungstermin hinaus"

Bewertung der Zusammenarbeit	positiv	mittel	Negativ
Anzahl Nennungen	9	4	0
Nennungen in %	62%	31%	0%

6. Bewertung der Einführung insgesamt

Bewertung der Einführung	positiv	mittel	Negativ
Anzahl Nennungen	6	6	1
Nennungen in %	46%	46%	8%

Exemplarische Aussagen: „Projektplanung gut", „Problem: mangelnde Funktionalität, SAP hat noch zu viele Baustellen"

7. Klima und Zusammenarbeit

Bewertung Klima	positiv	mittel	Negativ
Anzahl Nennungen	8	4	1
Nennungen in %	62%	31%	8%

9. Wünsche an die Führung

Kategorie	Anzahl Nennungen (n=18)	Nennungen in %
Anerkennung	6	33%
Auf MA eingehen	5	28%
Offene Information	4	22%
Zeit nehmen	3	17%

Exemplarische Aussage: Wunsch der Führung an MA: „bei Problemen selber aktiv werden"

9.1 Bewertung der Führungskraft

Bewertung der FK	positiv	mittel	Negativ
Anzahl Nennungen	5	5	3
Nennungen in %	38%	38%	23%

10. Stimmung in einem Satz

Exemplarische Aussagen:

„Im Großen und Ganzen läuft´s ganz gut, bis auf ein paar Baustellen"
„Man gewöhnt sich dran"
„Ich hab Vertrauen, ist schließlich ein Großprojekt"
„Es hätte noch besser klappen können"
„Wenn die Kinderkrankheiten erst mal überwunden sind, war die Entscheidung positiv"

Über den Leitfaden hinaus wurden folgende Feststellungen gemacht:

Aufgrund der früheren Einführungsstufe hatten die Mitarbeiter noch in größerem Maße mit mangelhaften technischen Funktionalitäten zu kämpfen. In diesem Zusammenhang wurde teilweise auch die häufige Abwesenheit des Key Users beklagt.

Die Führungskraft präsentierte sich als starke Führung.

Betriebsklima und Zusammenarbeit erschienen gleich bleibend gut, die Key User Problematik hatte sich weitestgehend aufgelöst. Die Stimmung bezüglich der Einführung schien „verhalten zuversichtlich".

211

8.1.6 Der Bereich C

Der Bereich C befand sich ebenfalls in der Einführungsstufe 3 mit einem Piloten in Stufe 2. Dieser Bereich wirkt vergleichsweise unstrukturiert. Eine Abteilungszusammenlegung zwei Jahre vor Interviewzeitpunkt von einer Ost- und einer Westabteilung erschien nicht durchgängig geglückt. Es gab verstärkte Grüppchenbildung und Einzelkämpfertum. Die Arbeitsgruppe war relativ groß.

Ergebnisse der Interviews:

1. Bewertung des Produkts

Bewertung des Produkts	positiv	mittel	Negativ
Anzahl Nennungen	4	4	1
Nennungen in %	44%	44%	11%

Exemplarische Aussagen: „Zukunftsweisendes Programm, langfristige Orientierung"

2. Stimmung bzgl. des Produkts

Stimmung vor Einführung	positiv	mittel	Negativ
Anzahl Nennungen	2	6	1
Nennungen in %	22%	67%	11%

Exemplarische Aussagen: „Misstrauen", „gemischte Gefühle"

Stimmung nach Einführung	positiv	mittel	Negativ
Anzahl Nennungen	6	3	0
Nennungen in %	67%	33%	0%

Exemplarische Aussagen: „man gewöhnt sich dran", „SAP ist eigentlich ein gutes und modernes Programm"

3. Welche Maßnahmen erachteten Sie als hilfreich?

Maßnahme	Anzahl Nennungen (n=18)	Nennungen in %
CBT	5	28%
Konzept Key User	5	28%
Montagsrunden	5	28%
Schulungen	3	17%

Exemplarische Aussagen: „CBT: sehr gute Übung", Montagsrunden: „hilfreich, um Probleme zu besprechen", Schulungen: „um Ängste abzubauen"

3.1 Information

Bewertung von Information	positiv	mittel	Negativ
Anzahl Nennungen	4	4	1
Nennungen in %	44%	44%	11%

Exemplarische Aussagen: „Vorteile rausstellen, aber nicht lügen"

3.2 Schulungen

Bewertung von Schulungen	positiv	mittel	Negativ
Anzahl Nennungen	6	3	0
Nennungen in %	67%	33%	0%

Exemplarische Aussagen: „Ängste werden abgebaut", „Gruppe wächst zusammen", „Qualität abhängig vom Trainer"

3.3 Rolle des Key-Users

Bewertung der Rolle KU / VB	positiv	mittel	Negativ
Anzahl Nennungen	5	3	1
Nennungen in %	56%	33%	11%

Exemplarische Aussagen: „Sehr hilfreich", „Leider zu schnell weg"

3.4 Bewertung von Erfahrungsaustausch

Bewertung von Erfahrungsaustausch	positiv	mittel	Negativ
Anzahl Nennungen	1	4	4
Nennungen in %	11%	44%	44%

Exemplarische Aussagen: „Informationen tw. schöngefärbt", „Andere Bereiche haben sowieso andere Probleme"

3.5 Bewertung der Notwendigkeit von CM-Maßnahmen

Bewertung von CM-Maßnahmen allgemein	positiv	mittel	Negativ
Anzahl Nennungen	7	2	0
Nennungen in %	78%	22%	0%

Exemplarische Aussagen: „Besseres kennen lernen innerhalb der Abteilung", „Verstärkt die Identifikation mit dem Projekt", „Workshops können Veränderungen anregen", Aber: „Vorsicht bei internen Gesprächsrunden: Man hat Angst, sich zu blamieren"

213

4. Wünsche zur Einführung

Kategorie	Anzahl Nennungen (n=18)	Nennungen in %
Mehr Zeit	6	33%
Nachschulung	6	33%
Unterstützung durch FK / KU	4	22%
Teambildende Maßnahmen	2	11%

5. Bewertung der Zusammenarbeit mit dem Zentralprojekt

Kategorie	Anzahl Nennungen (n=3)	Nennungen in %
Mangelndes Eingehen auf Bereich	3	100%

Bewertung der Zusammenarbeit	positiv	mittel	Negativ
Anzahl Nennungen	2	5	2
Nennungen in %	22%	56%	22%

6. Bewertung der Einführung insgesamt

Bewertung der Einführung	positiv	mittel	Negativ
Anzahl Nennungen	3	5	1
Nennungen in %	33%	56%	8%

Exemplarische Aussagen: „Projektplanung gut"

7. Klima und Zusammenarbeit

Bewertung Klima	positiv	mittel	Negativ
Anzahl Nennungen	1	2	6
Nennungen in %	11%	22%	67%

Exemplarische Aussagen: „Orientierung an BC-Einheiten, keine BC übergreifende Zusammenarbeit", „Zusammengewürfelter Haufen", „jeder macht seins", Ost-West: tw. unterschiedliche Mentalitäten „man sitzt in einer fremden Wohnung", „Chance, durch die Veränderung zusammenzuwachsen, nicht genutzt"

9. Wünsche an die Führung

Kategorie	Anzahl Nennungen (n=17)	Nennungen in %
Anerkennung	6	35%
Auf MA eingehen	6	35%
Vorbildfunktion	5	29%

Exemplarische Aussage: „Verständnis nicht nur als Lippenbekenntnis"

9.1 Bewertung der Führungskraft

Bewertung der FK	positiv	mittel	Negativ
Anzahl Nennungen	2	4	3
Nennungen in %	22%	44%	33%

10. Stimmung in einem Satz

Exemplarische Aussagen:

„Bin zuversichtlich, dass alles noch besser wird"
„Relativ reibungslos verlaufen, entgegen der Befürchtungen"
„Es gibt durch SAP Vor- und Nachteile"
„man hätte mehr draus machen können"

Über den Leitfaden hinaus wurden folgende Feststellungen gemacht:

Viele Mitarbeiter hatten Befürchtungen, den zusätzlichen Anforderungen nicht gewachsen zu sein. Es herrschte kein guter Zusammenhalt unter den Kollegen, so dass Befürchtungen nicht gerne zugegeben wurden. Die Key User mussten vieles auffangen und klagten über Überforderung.

Das Betriebsklima und die Stimmung erschienen schlecht.

Die Führungskraft präsentierte sich mäßig stark und mäßig interessiert am Projekt.

Die Veränderung wurde als Chance für einen verbesserten Gruppenzusammenhalt und neue Strukturen nicht genutzt.

8.2 Zusammenfassung der Ergebnisse über alle Bereiche hinweg

Im Folgenden werden die Ergebnisse der Interviews über die Bereiche hinweg zusammengefasst und mit systemtheoretischen Überlegungen verknüpft. Die Aussagen in Anführungszeichen sind direkte Zitate aus den Interviews.

1. Bewertung des Produkts

Bewertung des Produkts (vor Einführung)	positiv	mittel	Negativ
Anzahl Nennungen (n=36)	15	14	7
Nennungen in %	42%	39%	19%

Vor der Einführung wurde das Produkt positiv bis zwiespältig bewertet. Hoffnung auf Arbeitserleichterung und Bedenken bzgl. der Funktionalitäten hielten sich oft die Waage.

Bewertung des Produkts (nach Einführung)	positiv	mittel	Negativ
Anzahl Nennungen (n=53)	25	20	8
Nennungen in %	47%	38%	15%

Nach der Einführung überwogen die positiven Bewertungen deutlicher. Positive Erwartung wurden besonders bei den späteren Einführungsterminen erfüllt: „Technisch noch nicht ganz ausgereift, aber im Großen und Ganzen ein modernes und anwenderfreundliches Verfahren".

Je später der einzuführende Bereich das Produkt implementierte, umso besser wurde die Funktionalität des Produkts bewertet. Das Produkt wurde während der Einführung ständig verbessert, ebenso wurde auch das Einführungsmanagement beispielsweise durch Kundenzufriedenheitsabfragen fortlaufend den aktuellen Erfordernissen angepasst (siehe auch den Punkt „Internes Lernen").

Im Großen und Ganzen gab es keine Enttäuschung durch das Verfahren, dem schon im Vorfeld ein Vertrauensvorschuss gegeben wurde, da es modern und bekannt ist („Erfolgsstories"). Es erwies sich für die Mitarbeiter als taugliches Arbeitsmittel und im Vorfeld gezeigte Befürchtungen erwiesen sich im Nachhinein betrachtet als unberechtigt („alles halb so wild").

Das Produkt zeigte sich also als stabile und zuverlässige Randbedingung, die dem System zweckmäßige und durchführbare Verhaltensregeln vorgibt – mit anderen Worten, die Nutzung des neuen Verfahrens ist sinnvoll und hilfreich, um die Arbeit zu bewältigen. Dies ist nicht selbstverständlich: Werden durch ein neues Verfahren die Arbeitsprozesse stark beeinträchtigt oder deutlich erschwert, so wird der Mitarbeiter sich aus gutem Grund weigern, diese zu benutzen. Im vorliegenden Fall nutzen die Mitarbeiter das neue Produkt jedoch gerne und ihr Verhalten wird so durch die Randbedingung Produkt im Sinne des Projekts verändert.

Ein gut funktionierendes Produkt ist also Grundvoraussetzung für die erfolgreiche Einführung. Dennoch garantiert ein funktionales Produkt alleine noch nicht den Einführungserfolg. Die möglichen Hindernisse auf dem Weg zum Projekterfolg sind vielfältig. Beispielsweise besteht die Gefahr, dass der Mitarbeiter das neue Verfahren nicht nutzen kann, weil ihm die Fähigkeiten fehlen oder weil durch die Einführung des Produkts funktionierende Arbeitsabläufe aus der Bahn geworfen wurden. Möglich ist auch, dass die persönlichen Abneigungen gegenüber dem Produkt so hoch sind, dass sie den objektiven Nutzen überlagern oder dass das Projektmanagement so große Fehler macht, dass die Mitarbeiter zu verunsichert sind, um dem Produktversprechen Glauben zu schenken. Vielleicht vermuten die Mitarbeiter auch, dass mit dem Projekt der Weg für größere Umstrukturierungen freigemacht werden soll und sind aus diesem Grunde misstrauisch.

Auch wenn all dies nicht der Fall ist, so hat man doch in den seltensten Fällen ein völlig ausgereiftes und an jede Eventualität angepasstes Produkt zur Verfügung. Bei einem Veränderungsprojekt muss immer mit Abweichungen und Unsicherheiten gerechnet werden.

Mit einer guten Projektplanung ist es aber möglich, auch ein nicht ganz ausgereiftes Produkt einzuführen und Verunsicherungen der Mitarbeiter abzufangen und konstruktiv aufzulösen.

Ein funktionales Produkt, das die Arbeit nicht erschwert, sondern vereinfacht ist also conditio sine qua non. Systemtheoretisch gesehen handelt es sich um eine stabile Randbedingung, psychologisch betrachtet gibt ein funktionales Produkt Vertrauen und Sicherheit, ist aber auch ein Arbeitsmittel, das motiviert, da es den Erfordernissen angemessen ist. Zum Projekterfolg gehört aber noch mehr, wie im Folgenden gezeigt werden soll.

2. Stimmung bzgl. des Produkts

Stimmung vor Einführung	positiv	mittel	Negativ
Anzahl Nennungen (n=76)	16	41	19
Nennungen in %	21%	54%	25%

Vor der Einführung war die Stimmung bezüglich des Produktes ambivalent. Es gab viele Ängste vor Überforderung durch zu hohe Arbeitsbelastung oder zu schnelles Tempo für die Älteren. Aber auch Angst vor Statusverlust der mit dem Altverfahren Erfahrenen, ungenügenden Funktionalität des Programms („so schafft man die Arbeit nicht") und Zeitknappheit sorgten für Unsicherheit und Gerüchte. Es gab aber auch Vorfreude auf zukünftige Arbeitserleichterung und ein modernes Verfahren.

Stimmung nach Einführung	positiv	mittel	Negativ
Anzahl Nennungen (n=53)	29	21	3
Nennungen in %	55%	40%	6%

Die Stimmung nach der Einführung war deutlich positiv. Gründe dafür waren Erleichterung („alles gut geklappt"), Zufriedenheit mit der Funktionalität, Vertrauen ins Produkt/Projekt und Gewöhnung an das neue Verfahren.

Unsicherheiten und Misstrauen gegenüber dem neuen Programm wurden graduell im Verlauf der Implementierung abgebaut. Die Mitarbeiter bewerteten das neue Verfahren umso besser, je länger die (erfolgreiche) Einführung zurücklag und je länger sie mit dem neuen Programm im Arbeitsalltag zu tun hatten. Gründe für die positive Bewertung im Nachhinein liegen somit zum einen in der guten Funktionalität des Programms, aber auch in der Gewöhnung an das neue Verfahren über die Zeit. Die Stimmung gegenüber dem Verfahren war von Anfang an relativ gut, da dem bekannten Namen ein Vertrauensvorschuss gegeben wurde („die werden sich wohl keinen Flop leisten, sind ja bekannte Namen"). In einigen Bereichen gab es allerdings einen deutlichen Stimmungsabfall durch Gerüchte, insbesondere schlechte Nachrichten von den Piloten trugen deutlich zur Verunsicherung bei.

Systemtheoretisch gesehen stellt die Funktionalität des Verfahrens, wie oben bereits dargelegt, eine klare Randbedingung dar. Die Gewöhnung an das Neue, das irgendwann in den Arbeitsalltag übergeht und zum Bekannten wird, ist hingegen der bedeutsame Phasenübergang vom alten zum neuen Systemzustand. Psychologisch gesehen schwinden durch die Gewöhnung die Ängste, das Neue wird vertraut, man weiß wie man mit ihm umgehen kann und wie es reagiert (Izard, 1981, S. 397ff.). Nach Luhmann (1989, S. 20) ist Vertrauen allgemein ein Mechanismus zur Reduktion sozialer Komplexität. Es wird also durch den Akt des Vertrauens

„...die Komplexität der zukünftigen Welt reduziert. Der vertrauensvoll Handelnde engagiert sich so, als ob es in der Zukunft nur bestimmte Möglichkeiten gäbe.".

Platzköster (1990, S. 48) sieht Vertrauen als

„der bewusste Verzicht auf Informationen zur Erhöhung der Erwartungssicherheit bei positiver Wertschätzung der Erwartung und einer ihr zugemessenen (hohen) Eintretenswahrscheinlichkeit",

im Unterschied zur Kontrolle, bei der Erwartungen nicht in der Annahme von Sicherheit, sondern unter Inkaufnahme von Risiko gebildet werden.

Da der Punkt Gewöhnung sowohl systemtheoretisch als der entscheidende Phasenübergang zum neuen Systemzustand gefasst werden kann als auch psychologisch als Übergang des Unbekannten ins Vertraute so wichtig ist, werden die im Folgenden aufgeführten Maßnahmen auch auf diesen Punkt hin untersucht: Inwiefern leisten sie einen Beitrag zur Gewöhnung der Mitarbeiter an das neue Verfahren, machen das neue Verfahren sichtbar, zeigen die Funktionalitäten?

Zur positiven Bewertung des neuen Verfahrens führte auch der Vertrauensvorschuss, der dem bekannten Namen gegeben wurde. Wird die Projektleitung dazu als kompetent erlebt und dem einzuführenden Bereich genügend großer Handlungsspielraum eingeräumt, seine eigenen Belange erfolgreich zu integrieren, so ist das Projekt systemtheoretisch gesehen so aufgesetzt, dass die globalen Randbedingungen nicht zur Diskussion stehen, da auf deren sinnvolle Setzung vertraut wird. Innerhalb dieser Fremdorganisation wird aber genügend Raum zur effektiven Selbstorganisation des einzelnen Bereichs gelassen. Auf diese Weise bilden sich selbstorganisiert erfolgreiche Verhaltensregeln heraus. Das globale Vertrauen in die Einführung und in das Produkt wirkt also als stabilisierende Randbedingung, die den weiteren Projektverlauf in konstruktive Bahnen lenkt. Allerdings wirken Gerüchte in hohen

Maße destabilisierend. Gerüchte sollten deshalb frühestmöglich durch Information und vertrauensbildende Maßnahmen eingedämmt werden!

3. Maßnahmen

Im Folgenden sollen die getroffenen Einzelmaßnahmen unter Berücksichtigung des bisher Gesagten interpretiert werden.

Folgende Maßnahmen wurden spontan als wichtig genannt:

Maßnahme	Anzahl Nennungen (n=225)	Nennungen in %
Schulungen	33	15%
CM-Maßnahmen (auch Montagsrunde, CM-WS, Kick Off)	30	13%
Konzept KU /VB	24	11%
CBT (Computer Based Training) als Sonderform von Schulung	23	10%
Ehrliche Information	19	8%
Ansprechbarkeit Projektteam	14	6%
Einbindung der Mitarbeiter	13	6%
Experten vor Ort	12	5%
Unterstützung durch FK	10	4%
Erfahrungsaustausch mit Piloten	10	4%
Gute Projektorganisation	9	4%
Vertrauen ins Projektteam	8	3%
Schnupperaufenthalt beim Zentralprojekt	6	3%
Incentive für MA	5	2%
Zusammenhalt in der Gruppe	4	2%
Genügend Zeit lassen	3	1%
Konzept SLFs	2	1%

Ergänzend werden Maßnahmen besprochen, die aus Projektmanagementsicht notwendig sind, aber in den Interviews nicht abgefragt wurden, da sie für die Endanwender nicht relevant bzw. nicht sichtbar sind. Diese projektplanerischen Maßnahmen werden zuerst erläutert.

3.1 Projektorganisation/Projektplanung

Aus Sicht des Zentralprojekts und der Projektverantwortlichen wurde die transparente Projektplanung mit Kick-Off Veranstaltung, Meilensteinen, Zielkaskaden und Implementierungsleitfaden, anhand dessen die einzuführenden Bereiche auf ihre Aufgaben vorbereitet wurden, als positiv und gut umgesetzt empfunden. Ein derartiges Vorgehen gibt Klarheit, Struktur und Orientierung durch das Aufzeigen konkreter, nächster Schritte und somit Sicherheit. Die Projektpläne wurden dem Stand des Projekts laufend angepasst, waren also flexibel, ohne dabei zu ungenau zu werden und das eigentliche Ziel aus den Augen zu verlieren. Transparenz und Klarheit bezüglich der Aufgaben schafften auch die standardisierten Projektaufgabenbeschreibungen für alle Projektmitglieder. Besonders wichtig war für die erfolgreiche Projektplanung, die einzelnen Schritte für den einzuführenden Bereich nicht zu detailliert vorzugeben, um eine bestmögliche Anpassung der Vorgehensweise an die vorherrschende Situation zu ermöglichen.

Eine strukturierte Projektplanung muss übergeordnete Ziele in Teilziele herunterbrechen und deren Erreichung in Meilensteine fassen. Werden diese eingehalten und die Projekterfolge öffentlich gefeiert, so stellt dies eine wichtige Randbedingung für das Projekt dar. Meilensteine bieten Stabilität und Struktur. Werden zum Meilenstein Teilabschnitte mit Erfolg abgeschlossen, so wirkt dies motivierend auf die Projektmitglieder („wir sind auf dem richtigen Weg", „ein Anfang ist gemacht"). Die Projektfortschritte werden real und das Wir-Gefühl gestärkt. Dabei ist es wichtig, dass der Meilenstein realistisch gesetzt wird, um ihn nicht verschieben oder verändern zu müssen und die Stabilität des Projektverlaufs zu wahren.

Ziele ordnen das Verhalten in eine bestimmte Richtung, sind also Randbedingungen, die vergleichsweise direkt auf den Ordnungsparameter Verhalten einwirken und das Verhalten in eine bestimmte Richtung orientieren. Die Ziele müssen allerdings vom System als bedeutsam und erstrebenswert angenommen werden. Innerhalb des von außen vorgegebenen Rahmens durch Meilensteine und Projektziele muss dem System die Möglichkeit gegeben werden, anhand der von der Projektleitung vorgegebenen Ziele den konkreten Weg zur Zielerreichung selbstorganisiert zu bestimmen, um zu bestangepassten Ordnungsparametern zu kommen. So gibt der Implementierungsleitfaden zwar Teilschritte vor, deren konkrete Ausgestaltung liegt jedoch im Ermessen des Bereiches – Selbstorganisation durch Fremdorganisation.

Systemtheoretisch gesehen sind projektplanerische Maßnahmen also wirkungsvolle Randbedingungen, die dem System zuverlässige und stabile Vorgaben machen, innerhalb derer es sich selbstorganisiert den für die Probleme vor Ort am besten angepassten Lösungsweg suchen kann.

Über den Faktor Zeit dynamisieren Kick-Off und Meilensteine darüber hinaus den Projektverlauf und wirken somit auch als Kontrollparameter. Im Kick-Off werden die am Projekt Beteiligten erstmalig zusammengeführt und die Weichen für den weiteren Projektverlauf gestellt (=erster Dynamisierungsschub). Mehrere Meilensteine in bestimmten Abständen sichern die Konstanz des Kontrollparameters. Um den Meilenstein zu einem bestimmten Zeitpunkt zu erfüllen, werden systeminterne Aktivitäten und Verhaltensänderungen notwendig. Diese erweisen sich optimalerweise mit Erreichen des Meilensteines als zielführend. Auf dem Weg zum nächsten Meilenstein wird dann auf diesen Verhaltensweisen aufgebaut. Systemtheoretisch gesehen wird dabei die Fluktuation, d.h. die neu entstandene Verhaltensweise, verfestigt und irgendwann zum neuen Ordnungsparameter und Phasenübergang. Um diesen Vorgang in Gang zu halten und nicht als einmaligen „Systemausschlag" im Sande verlaufen zu lassen, ist eine kontinuierliche oder immer wieder erneuerte Dynamisierung nötig, wie sie z.B. durch den nächsten Meilenstein und Termin erreicht wird.

3.2 Projektcontrolling

Um jederzeit über den Projektstand Bescheid zu wissen, ist die Messbarkeit des Projektstandes, beispielsweise wie im vorliegenden Fall durch Scorecards, entscheidend. Durch dieses Controllingsystem konnte der Stand der Zielerreichung der einzelnen Maßnahmen auf Knopfdruck abgerufen werden und notwendige Zulieferungen ebenfalls problemlos eingefordert werden. Damit wird die Sicherung des Gesamtprojektziels durch die rechtzeitige Einleitung notwendiger Maßnahmen bei Zielabweichungen gewährleistet.

Systemtheoretisch gesehen ist das Scorecardsystem als Controllingmaßnahme durch die Erfassung der Ist-Zustände und deren Abgleich mit den fest definierten Ziele (Soll-Zustände) eine Randbedingung, die Orientierung bietet und das Verhalten in eine bestimmte Richtung lenkt.

Durch Einbeziehung des Faktors Zeit bei der Visualisierung von Terminen wird das System zusätzlich dynamisiert (Kontrollparameter). Die ständige Abrufbarkeit des Scorecardsystems sorgt dabei für einen kontinuierlichen Druck, der bei mangelnder Resonanz im System noch weiter erhöht werden kann.

Durch die Wahrnehmung des Projektstandes und die Möglichkeit des aktuellen Feedbacks beeinflusst das Controlling aber auch den organisationalen Lernprozess bzw. die Systementwicklung. Dieser Vorgang des internen Lernens kann als selbstreferentielle Feedbackschleife aufgefasst werden und soll im nächsten Punkt näher ausgeführt werden.

3.3 Internes Lernen im Projekt

Internes Lernen als kontinuierliche Projektverbesserung und –Anpassung wurde seitens des Zentralprojekts gewährleistet durch die regelmäßige Durchführung projektinterner Audits, standardisierter Lessons-Learned Prozesse, Systemprüfungen (EDV), die im vorhergehenden Punkt besprochenen Scorecards und die Einrichtung einer informellen „Mittagsrunde", in der jeder Projektmitarbeiter vom aktuellen Stand berichten konnte. Weiterhin wurden der Stand des Projekts und die Bewertung der einzelnen Maßnahmen durch regelmäßige Kundenzufriedenheitsabfragen überprüft. Festgestellte Defizite und Anregungen wurden in konkrete Maßnahmen überführt und abgearbeitet. All diese Maßnahmen stellten ein kontinuierliches Feedback über den Projektstand und den Erfolg der eingeleiteten Schritte, eine angemessene Bearbeitung aufgetretener Probleme und somit einen Regelkreis des Lernens sicher.

Systemtheoretisch betrachtet sind die Wahrnehmung des aktuellen Systemzustands und das Aufbauen darauf für die weitere Systementwicklung der selbstreferentielle Regelkreis, der die Weiterentwicklung des Systems und seine bestmögliche Anpassung an die Umwelt sichert. Im Projektverlauf wurde durch die genannten Maßnahmen der Regelkreis zwischen Randbedingung und Ordnungsparameter gesichert, um gegebenenfalls die Randbedingung (=entsprechende Maßnahme) besser und angepasster setzen zu können, um einen optimale Ordnung innerhalb des Systems zu ermöglichen. Die ständige Rückmeldung über den Systemstand durch standardisiertes Feedback ist also ausgesprochen wichtig, um die Richtung und Geschwindigkeit zu überprüfen, in die sich das System entwickelt und entsprechende Steuerungsmaßnahmen zu treffen. Nur so können bereits kleine Abweichungen vom gewünschten Systemver-

lauf erkannt und korrigiert werden, bevor sie sich zu großen Fluktuationen auswachsen, die u.U. den gesamten Projektverlauf negativ beeinflussen. Ebenso
kann die Wirksamkeit und Notwendigkeit getroffener Maßnahmen überprüft
werden und nur auf diesem Wege ist es möglich, aus Fehlern zu lernen.

Als internes Lernen kann auch die Verbesserung des Produkts durch den Change
Request Prozess und das integrierte Fehlermanagement gefasst werden. Hier
hatte der Mitarbeiter bzw. Key User des Bereichs die Möglichkeit, durch Formulierung und Weiterleitung möglicher Produktänderungen an das Zentralprojekt direkt auf die Gestaltung des Produkts Einfluss zu nehmen. Das verbessert
nicht nur das einzuführende Verfahren durch Aufnahme tatsächlicher Problemstellungen aus der Praxis, sondern beteiligt darüber hinaus die betroffenen Bereiche auch konkret am Projektgeschehen. So kann die jeweilige Bereichssicht
ins Standardverfahren aufgenommen werden.

Allerdings sind die Aufnahmemöglichkeiten bereichsspezifischer Lösungen begrenzt. Nach Vorgabe der obersten Projektleitung sollten nur diejenigen Änderung Aufnahme finden, die entweder für alle Bereiche von Belang sind oder
aber für den einzelnen Bereich unabdingbar. Was nun unabdingbar ist oder nicht
ist natürlich nicht ganz einfach zu bestimmen. Die Schwierigkeiten bestanden
also darin, dass projektseitig nicht jede Bereichslösung zugelassen werden konnte, da dies zu viel Änderung an der Standardsoftware bedeutet hätte. Der Bereich
sieht sich durch die häufige Ablehnung seiner Vorschläge aber in seiner Ent-
scheidungsfreiheit eingeschränkt und brüskiert. Ein „zähes Ringen um Einzellö-
sungen" birgt das Risiko, die Vorteile der Einbeziehung durch nachträgliches
nicht ernst nehmen der aus den Bereichen vorgebrachten Änderungen wieder
zunichte zu machen.

Psychologisch gesehen gibt der Change Request Prozess die Möglichkeit, Entscheidungen zu treffen und Autonomie zu bewahren. Wird diese Entscheidungs-
freiheit beschnitten, so zeigt sich der Bereich empfindlich, da er sich in seiner
Autonomie eingeschränkt fühlt. Da projektseitig aber trotzdem nicht alle bereichsspezifischen Änderungen akzeptiert werden können, gilt es die Vorschläge
ehrlich zu prüfen, schnell zu bearbeiten und bei Absagen begründete Erklärungen mitzuliefern.

Systemtheoretisch gesehen bietet der Change Request Prozess eine direkte Möglichkeit, sich am Setzen der zukünftigen Randbedingung „Funktionen des Verfahrens SAP", die die Arbeitsweisen und Abläufe in Zukunft erheblich beein-

flussen werden, zu beteiligen. Die Randbedingungen stehen an dieser Stelle zumindest teilweise vom System zur Disposition und können innerhalb des von der obersten Projektleitung gegebenen Rahmens bearbeitet und somit auf die tatsächlichen Verhältnisse zugeschnitten werden. Dies bedeutet besser angepasste Randbedingungen und in der Folge auch funktionale Verhaltensweisen (Ordnungsparameter). Hier gibt es also eine Möglichkeit für das System, seine Randbedingung aktiv mit zu gestalten und in der Folge bestimmen die selbst geschaffenen Randbedingungen das neue Verhalten, also die neuen Ordnungsparameter des Systems.

Im Folgenden werden nun diejenigen Maßnahmen erläutert, die in den Interviews direkt abgefragt wurden.

3.4 Information und Kommunikation

Bewertung von Information	positiv	mittel	Negativ
Anzahl Nennungen (n=89)	41	39	9
Nennungen in %	46%	44%	10%

Die Informationspolitik im Projekt wurde knapp mehrheitlich als gut beschrieben. Die Kommunikation wurde überwiegend als aktuell, umfassend und ehrlich eingeschätzt. Kommunikation bewirkt ein Teilhaben der Mitarbeiter am Veränderungsprozess. Unsicherheiten werden abgebaut und die Realität der Veränderung wird verdeutlicht („vom Papier kommen").

Eine umfassende, zeitnahe und ehrliche Information führt dazu, dass sich die Mitarbeiter ernst genommen fühlen und das Vertrauen ins Projektteam wächst. Es entsteht Klarheit über die nächsten Schritte und das Fortkommen des Projekts wird verdeutlicht. Gerüchten wird vorgebeugt und sollten Gerüchte bereits entstanden sein, so ist es Aufgabe der Informationspolitik diesen zu begegnen, um sie auszuräumen. Um Gerüchte im Vorfeld zu vermeiden, die naturgemäß immer dann entstehen, wenn die offiziellen Informationen nicht glaubwürdig klingen oder fehlen, sollte zu jedem Zeitpunkt des Projekts aktiv informiert werden.

Information und Kommunikation bergen allerdings einige Hürden.

Zur umfassenden Information: Zu viel Information führt zu Überfrachtung, einem Abschalten des Mitarbeiters und als Folge daraus paradoxerweise zu einem Informationsdefizit, weil die Information im Einzelnen gar nicht mehr sondiert wird. Es kann auch nicht jeder Mitarbeiter mit jeder Information etwas anfangen, wenn diese ihn vielleicht gar nicht betrifft.

Zur zeitnahen Information: Eine besondere Herausforderung stellen Informationen dar, die nicht zeitnah gegeben werden können („Problem: im Sommer über Weihnachten informieren"), da sie häufig im Alltagsgeschäft untergehen. Leider ist es nicht immer möglich, absolut zeitnah zu informieren, man muss sich aber dessen bewusst sein, dass zu früh gegebene Information mit hoher Wahrscheinlichkeit zu einem späteren Zeitpunkt nicht mehr präsent ist und erneut gegeben werden muss.

Zur ehrlichen Information: Für den Mitarbeiter ärgerlich sind übertrieben positive Informationen („Lobhudeleien"), da sie das Projekt unglaubwürdig machen, somit das Vertrauen schwächen und darüber hinaus noch Misstrauen säen („wenn die das so hoch loben, wird es wohl einen Haken haben müssen"). Gefährlich sind aber auch zur Schau gestellte Unsicherheiten und übertrieben negative Informationen („Schwarzmalerei"), da diese verunsichern und Lähmungen erzeugen („was sollen wir da noch machen können"). Die Ehrlichkeit in der Information ist wichtig, dennoch muss beachtet werden, dass man nicht jeden über jede Kleinigkeit informieren muss (Überfrachtung) und kann. Weiterhin gibt es zu bestimmten Zeiten des Projekts, wenn die Unsicherheit noch sehr groß ist, gute Gründe dafür, zunächst verhalten zu kommunizieren, um keine Unsicherheiten zu wecken. Trotzdem sollte nicht offensichtlich und in großem Maße Information verschwiegen oder verfälscht werden – schon allein deshalb, weil es sich auf Dauer nicht durchhalten lässt und Gerüchten unnötigen Vorschub leistet.

Es ist also schwierig, informationspolitisch die Balance zwischen zu viel und zu wenig zu halten. Die im Projekt gewählte Taktik „besser etwas zu viel informieren als zu wenig" erwies sich aber als richtig. Es lässt sich auch ein deutliche Lernkurve zwischen der Informationspolitik beim Piloten und dem weiteren Projektverlauf nachweisen - natürlich auch deshalb, weil zur Zeit der Piloteinführung der Informationsstand allgemein noch nicht so hoch war.

Psychologisch betrachtet dient die Information in erster Linie der Kommunikation des Projektstands und der nächsten Schritte. Dahinter verbergen sich außerdem der Abbau von Unsicherheiten und das Gefühl der Wertschätzung und der Einbeziehung des Bereichsmitarbeiters. Bereichsseitig möchte man um jeden Preis vermeiden, dass über die eigenen Köpfe hinweg entschieden wird. Weiterhin verdeutlicht Information über den Projektstand und den Projektfortschritt, dass das Projekt „lebt".

Dieses gespürte „Leben", also die fortschreitende Weiterentwicklung des Projekts, ist systemtheoretisch gesehen ein Kontrollparameter. Das „vom Papier kommen" des Projekts dynamisiert die Abläufe innerhalb des Systems und führt somit direkt zu Fluktuationen und zur Bildung neuer Regeln – die auf die Projektziele hin ausgerichtet sind.

Information wirkt über die Inhalte aber auch als Randbedingung. Insbesondere nicht gegebene Information fällt dem System als fehlende Randbedingung auf. Da Systeme ohne Randbedingungen, die sie von ihrer Umwelt abgrenzen, nicht existieren können, werden Lücken im Informationsfluss oder offensichtliche Falschinformationen (keine bzw. unglaubwürdige Randbedingungen) vom System zwangsläufig selbst durch Gerüchte (Ersatzrandbedingungen) ersetzt. Es ist leicht einsichtig, dass die so möglicherweise entstehende Randbedingung „mangelnde Funktionalität des Produkts" das System in einen völlig anderen Verlauf drängt, da sie zu anderen Verhaltensweisen führt als die Randbedingung „gute Funktionalität des Produkts". Dies verdeutlicht noch einmal die gewaltige destruktive Kraft von (negativen) Gerüchten und die Notwendigkeit, diese ernst zu nehmen und ihnen frühzeitig zu begegnen.

3.5 Schulungen

Bewertung der Schulungen	positiv	mittel	Negativ
Anzahl Nennungen (n=63)	33	25	5
Nennungen in %	52%	40%	8%

Die Schulungen wurden sehr positiv bewertet. Schulungen erfüllen über die konkrete Hilfe und Erläuterung von Lösungswegen noch eine Reihe anderer Funktionen, wie Teambuilding, Austausch mit Anderen („alle in einem Boot"), Gewöhnung an die neue Situation durch Vertrautheit mit dem Produkt, Schaffung von Realität durch Arbeiten mit dem neuen Produkt und allgemein Sicherheit.

Einschränkend wurde allerdings genannt, dass die Schulungen teilweise nicht zeitnah stattfanden, zu Beginn noch falsche Inhalte hatten und ein gegenseitiges „runterziehen" möglich ist.

CM-Workshop (nur Bereich P):

Bewertung des CM-WS	positiv	mittel	Negativ
Anzahl Nennungen (n=18)	10	6	2
Nennungen in %	56%	33%	11%

Der CM-Wokshop wurde sehr positiv bewertet. Die Teilnehmer empfanden ihn als konkrete Hilfe zur Problembewältigung, zur Schaffung und Verfestigung des Teamgedankens und zum Abbau von Unsicherheit. Deutlich bemängelt wurde allerdings die fehlende Wiederholung („einmalige Aktionen haben keinen dauerhaften Erfolg") und die Gefahr der Überpsychologisierung („nicht zu sehr auf die „Psycho-Schiene" einschießen").

Schulungen, sowohl fachlicher Natur (Anwenderkenntnisse) als auch CM-Schulungen, dienen natürlich in erster Linie der Vermittlung von Fachkenntnissen. So werden Unsicherheiten abgebaut und das Vertrauen in die eigenen Fähigkeiten gestärkt. Das neue Verfahren wird real, man kann sich den zukünftigen Arbeitsalltag besser vorstellen und eine gut aufgebaute Schulung entlässt den Mitarbeiter im Idealfall mit dem Gedanken „alles halb so wild". Bei CM- Schulungen oder Workshops sollten Hilfestellungen beim Umgang mit Ängsten und Widerständen, grundlegende psychologische Zusammenhänge und Techniken zur langfristigen Stärkung des Teamgedankens vermittelt werden.

Darüber hinaus bieten Schulungen und Workshops aber auch ein hervorragendes Forum zum Teambuilding und zum Austausch mit Anderen. Durch Einbeziehung der Führungskraft in die Schulungsplanung wird die Zusammengehörigkeit der Arbeitsgruppe noch weiter verstärkt. Da die Schulung nicht am Arbeitsplatz stattfindet, sondern in Form eines Seminars, bei dem möglicherweise auch mehrere Arbeitsgruppen zusammen geschult werden, handelt es sich immer um eine Ausnahmesituation, einen „Ausbruch aus dem Arbeitsalltag". Idealerweise findet ein persönlicher Austausch mit den anderen Mitarbeitern statt, vielleicht ergeben sich sogar Gelegenheiten, diejenigen näher kennen zu lernen mit denen man sonst nicht allzu viel zu tun hat. Die besondere Gruppensituation („wir sitzen alle in einem Boot") motiviert und baut Ängste ab (vgl. zum „Wir-Gefühl" in Gruppen z.B. Winterhoff-Spurk, 2002, S. 96). Auch aus diesem Grund ist eine zeitnahe Schulungsplanung wichtig, um die erzeugte Aufbruchstimmung nicht ungenutzt im Sande verlaufen zu lassen.

Der Erfolg der Schulung ist wesentlich von den auf die Mitarbeiterbedürfnisse zugeschnittenen Inhalten abhängig. Ebenso wichtig ist aber auch die Person des Trainers. Er muss nicht nur fachliche Kompetenz besitzen, sondern sich auch mit den jeweiligen Organisationsspezifika auskennen, um Nachfragen begegnen zu können. Nicht zu unterschätzen ist auch, dass die Mitarbeiter in der Schulung den unmittelbarsten Kontakt zum Projekt aufbauen. Sie ist also die Visitenkarte und das Aushängeschild des Projekts und des neuen Verfahrens. Schlampigkeit an dieser Ecke rächt sich.

Der Trainer braucht zusätzlich zur fachlichen auch soziale Kompetenz. Bei einer vorherrschenden schlechten Grundstimmung besteht das Risiko, dass sich die Teilnehmer gegenseitig „runterziehen", die Unbrauchbarkeit des Produkts nachzuweisen versuchen und sich eine negative Gruppendynamik aufbaut. Die starken Effekte, die die Gruppe positiv gesehen haben kann (Aufbruchstimmung, „Gemeinsam schaffen wir das") kann sie leider auch im negativen Sinne entwickeln („alles mies, das wird doch nie was"). Dem muss unbedingt begegnet werden (vgl. die aus der Gruppenarbeit bekannte Forderung „Störungen haben Vorrang"). Sollten Probleme dieser Art in einer fachlichen Schulung auftreten, könnte beispielsweise ein zusätzlicher CM-Workshop installiert werden, in dem diese Probleme behandelt und positiv aufgelöst werden. Hier kann sich nämlich ein unterschwelliger Widerstand manifestieren, dem begegnet werden muss, um jeden Mitarbeiter bei der Veränderung mitzunehmen.

Die Bewertung der CM-Workshops sowohl für die Key User und Veränderungsbegleiter als auch, sofern stattgefunden, für alle Mitarbeiter, war durchwegs sehr positiv. Einschränkend wurde allerdings darauf hingewiesen, dass verhindert werden sollte, zu sehr auf die „Psycho-Schiene" zu geraten. Weder möchten die Teilnehmer ihr Innerstes nach Außen kehren noch in einer einmaligen Aktion verstört werden. Bei der Auswahl der psychologischen Verfahren ist darauf zu achten, dass diese nicht als zu kindisch oder abgehoben interpretiert werden können. Beschränkt man sich jedoch auf die fachliche Ebene, wird die Vermittlung psychologischer Grundkenntnisse sehr hoch geschätzt.

Die zweite Einschränkung betrifft das bekannte Problem des Transfers von isoliert gelernten Weiterbildungsmaßnahmen in den Arbeitsalltag. Die Aufbruchstimmung, die im Workshop erzeugt wird und die damit verbundene Begeisterung bleibt in der Regel ungenutzt, da keine weiteren Workshops folgen, um auf dem Gelernten aufzubauen und die Entwicklung weiterzutreiben. Ist nur ein

Teil der Mitarbeiter in den Workshop eingebunden und die Führungskraft gar nicht, so ist es für die Workshop-Teilnehmer fast unmöglich, längerfristige Änderungen im Arbeitsalltag durchzusetzen – die Trägheit des System ist zu stark. Systemtheoretisch gesehen ist die Schulung bzw. der Workshop ein dynamisierender Faktor (Kontrollparameter), der Fluktuationen einleitet, die das System und die vorherrschenden Regeln und Abläufe in Bewegung bringen und aufbrechen. Hier ergibt sich eine hervorragende Möglichkeit, die bestehenden Verhaltensregeln zu ändern und neu zu festigen (Veränderung des Ordnungsparameters). Leider verharrt man im betrieblichen Alltag allzu oft auf der Stufe des Aufbrechens, vielleicht noch des Änderns, aber die Konsolidierungsphase fehlt, in der die Veränderung im System verankert wird. Da aber das System träge ist, wird es bei einem Nachlassen oder Abschalten des Kontrollparameters wieder zu seinen alten Ordnungsparametern (=Verhaltensweisen) zurückfinden. Um den Kontrollparameter konstant zu halten, um also einen kontinuierlichen Anreiz zur Veränderung zu setzen, muss die Schulung bzw. der Workshop also wiederholt werden oder andere Maßnahmen gefunden werden, das Gelernte zu konsolidieren, denn nur dadurch wird im System der Übergang von der Fluktuation zum neuen Ordnungsparameter geschafft (Phasenübergang) und das Neue im System verankert. Solch eine Maßnahme könnte beispielsweise die Installation von Arbeitsgruppen sein, die sich mit dem aufgetauchten Problem und dessen Lösung beschäftigen. Der Erfolg dieser Maßnahmen steht und fällt aber mit der Beteiligung der Führungskraft. Da diese an den vorherrschenden Verhaltensregeln maßgeblich beteiligt ist, liegt es an ihr, eine Änderung mit Nachdruck zu verfolgen, gutzuheißen oder abzulehnen.

Eine Sonderform der Schulung ist das **Computer Based Training (CBT)**, das sehr häufig (10% der Spontannennungen) spontan als sinnvolle Maßnahme genannt wurde.

Die CBT (eine Anwenderschulung auf CD) als eine Art Einzelschulung gibt dem Mitarbeiter die Möglichkeit, sich in aller Ruhe mit dem neuen Verfahren vertraut zu machen und Fachkenntnisse zu erwerben - Fehler sind folgenlos. Dies ist vor allem für unsichere Mitarbeiter von großer Bedeutung, da sie in ihrem eigenen Tempo an die Aufgabe herangehen können. Sie nimmt folglich die Angst vor dem Unbekannten, zeigt im besten Falle die gute Funktionalität des neuen Verfahrens oder gibt zumindest konkrete Ansatzpunkte für Befürchtungen und Sorgen, die das neue Verfahren betreffen, da man sich die neuen Arbeitsweisen besser vorstellen kann. Letztendlich dient sie somit der Gewöhnung an das neue Verfahren.

Der Mitarbeiter gewinnt Vertrauen sowohl in das neue Verfahren als auch in die eigenen Fähigkeiten und gewöhnt sich an die neue Programmoberfläche. Dies reduziert auf der psychologischen Seite die Ängste und Unsicherheiten oder aber lässt sie bei konkret gefundenen Problemen zumindest leichter verbalisierbar und somit bearbeitbar werden.

Das neue Verfahren beginnt also, Realität anzunehmen, die CBT ist ein erster konkreter Schritt in Richtung Einführung. Das Projekt wird Wirklichkeit, dadurch wird das System dynamisiert und angestoßen, sich zu bewegen (Kontrollparameter).

Auf der anderen Seite vermittelt die CBT Fähigkeiten und Vertrauen, und ist somit eine Randbedingung, die sehr nah am Ordnungsparameter (=neu gelernte Verhaltensweise) wirkt.

3.6 Konzept des Key Users/Veränderungsbegleiters

Bewertung der Rolle KU / VB	positiv	mittel	Negativ
Anzahl Nennungen (n=61)	25	23	13
Nennungen in %	41%	38%	21%

Das Konzept des Key Users / Veränderungsbegleiters wurde generell positiv bewertet, die Ausführung des Konzepts war hingegen je nach Bereich unterschiedlich gut geglückt.

Der Key User ist immer ein Mitglied der Arbeitsgruppe vor Ort, das durch einen bereits bestehenden Expertenstatus und/oder zusätzliche Schulung den Anwendern insbesondere als fachlicher Ansprechpartner dienen soll. Darüber hinaus gibt es das Konzept des Veränderungsbegleiters, der vor allem als Ansprechpartner in Fragen wie Umgang mit Widerstand, persönlichen Ängsten, Überforderung etc. dienen soll. Die meisten Bereiche installierten nur das Konzept des Key Users. Der Key User/ Veränderungsbegleiter kann somit als Change Agent vor Ort gelten, der die Veränderung aus den eigenen Reihen vorantreibt. Ist die Führungskraft wenig ansprechbar, so ist der Key User / Veränderungsbegleiter sogar der Haupttreiber der Veränderung vor Ort. Dies entlastet sowohl die Projektleitung als auch die Mitarbeiter, weil es ihnen die Möglichkeit gibt, eine schnelle und unbürokratische Antwort auf ihre Fragen zu bekommen. Da der

Key User über Key User -Treffen ins aktuelle Projektgeschehen eingebunden ist, ist über seine Person auch immer der aktuellste Informationsfluss gewährleistet. Der Key User gibt dem Mitarbeiter große Sicherheit, zum einen in fachlichen Fragen, zum andern auch, weil er der Gruppe bereits vertraut ist und die Hemmschwelle, mit einer „dummen" Frage zu kommen, in der Regel niedriger ist.

Der Key User selbst steht allerdings unter einer besonderen Arbeitsbelastung, da er in der Regel nicht vom Alltagsgeschäft freigestellt ist. Deshalb braucht er auch einen besonderen Stand in der Gruppe. Zum einen, weil die Gruppe seine Alltagsgeschäfte oftmals mit erledigen muss und zum anderen, damit die Mitarbeiter ihm vertrauen und Gehör schenken. Je nach vorherrschender Struktur muss er die Führung ersetzen oder zwischen Führung und Mitarbeiter vermitteln. Oft genug ist der Key User nicht nur für fachliche Fragen der Ansprechpartner und muss, da nicht jeder Bereich einen extra Veränderungsbegleiter eingerichtet hat, ebenso den Mitarbeiter die Ängste nehmen und die Projektplanung transparent machen.

Da der Key User eine solch prominente Stellung hat, kam es in einigen Fällen zu Neid innerhalb der Gruppe, da mehrere Personen Key User werden wollten. Andere Gruppen waren wiederum sehr ängstlich und stützten sich in ihrer Angst vor der Veränderung sehr stark auf den Key User. In all diesen Fällen ist es besonders wichtig, den Key User seitens der Führungskraft nicht alleine zu lassen, sondern ihm Handwerkszeug an die Hand zu geben, um mit den Problemen umgehen zu können, beispielsweise einer zusätzlichen CM- Schulung für Key User, wie sie auch oft durchgeführt wurde. Die Führungskraft muss sich der besonderen Belastung und Funktion, die der Key User zu erfüllen hat, bewusst sein und unterstützend beistehen, anstatt die Veränderung vom Key User alleine stemmen zu lassen. Viele Key User klagten über Überforderung durch die zusätzliche Arbeitsbelastung, hier wäre die Möglichkeit einer zumindest teilweisen Freistellung vom Tagesgeschäft zu überdenken, wie es auch in einigen Bereichen gemacht wurde.

Systemtheoretisch gesehen ist der Key User / Veränderungsbegleiter eine von außen angestoßene interne Fluktuation, die dem System die neuen Verhaltensregeln (Ordnungsparameter) nahe bringen soll. Durch die Ernennung eines Mitarbeiters aus der Gruppe zum Key User wird hier die Möglichkeit zur Selbstorganisation im System gegeben. Ein solches Arrangement hat die größten

Aussichten auf Erfolg bei der Änderung der systeminternen Verhaltensweisen, da von außen nicht direkt auf das System eingewirkt werden kann - der Key User ist aber Teil des Systems und befindet sich somit innen. Gelingt es ihm, die neuen Verhaltensweisen vorzuleben, andere mitzureißen und somit einen neuen Ordnungsparameter zu implementieren, so ist der Phasenübergang zum neuen Systemzustand geglückt.

Psychologisch gesehen ist ein bestehendes Gruppenmitglied auch besonders vertrauenerweckend und einflussreich, zumal diejenige Person als Key User ausgewählt wurde, die von Persönlichkeit und Erfahrung her bereits einen festen Stand in der Gruppe innehatte.

3.7 Erfahrungsaustausch

Bewertung von Erfahrungsaustausch	positiv	mittel	Negativ
Anzahl Nennungen (n=71)	11	42	18
Nennungen in %	15%	59%	25%

Erfahrungsaustausch als direkter Aufenthalt in Pilotabteilungen oder auch Kontakte zu Ansprechpartnern in Bereichen, die im Einführungsplan weiter vorne lagen wurde zwar aus einen generellen Interesse an den Abläufen bei anderen heraus von etlichen Befragten als wichtig und nötig angesehen. Sofern stattgefunden - in der Regel auf Key User Ebene – wurde er auch als hilfreich zur Vermittlung von Problemlösungen und zur Stärkung des Gemeinschaftsgefühls gewertet. Die meisten Befragten schränkten die Nützlichkeit von Erfahrungsaustausch allerdings aufgrund der mangelnden Vergleichbarkeit der Bereiche, der generellen Möglichkeit von Falschaussagen und der Gefahr der Verbreitung schlechter Stimmung ein.

Als positiv ist zu werten, dass der Austausch mit Anderen konkrete Hilfestellung bei der Problemlösung leistet. Zusätzlich wird verdeutlicht, dass das Projekt vorankommt und tatsächlich die ersten konkreten Umsetzungen erfolgt sind („vom Papier kommen"). Außerdem wird das Gefühl der Unternehmens-Gemeinschaft gestärkt und somit die Einschwörung auf ein gemeinsames Ziel verfolgt. Es besteht ein grundsätzliches Interesse an den Abläufen der anderen Bereiche und der Möglichkeit, von diesen zu lernen.

Problematisch sind allerdings zwei Faktoren. Zunächst sind die Bereiche sehr unterschiedlich, so dass Erfahrungen in der Regel nicht eins zu eins übertragen werden können, nicht einmal innerhalb eine Bereichs, der an verschiedenen Standorten zu unterschiedlichen Zeiten einführt und schon gar nicht zwischen den verschiedenen Bereichen.

Außerdem möchten sich die Bereiche untereinander auch nicht gern in die Karten schauen lassen, so dass die Gefahr besteht, dass sich ein Bereich besser präsentiert, als er eigentlich ist („bei uns gab es keinerlei Probleme"). Auch das Gegenteil ist vorstellbar, läuft die Einführung in einem bestimmten Bereich sehr schlecht, so werden vielleicht Negativmeldungen übertrieben und unnötig schlechte Stimmung verbreitet.

Psychologisch gesehen stärkt der Erfahrungsaustausch das Gemeinschaftsgefühl, bindet alle an der Veränderung teilnehmenden Bereiche gleichmäßig ein und relativiert die eigenen Befürchtungen.

Systemtheoretisch gesehen steht der Erfahrungsaustausch für das Zusammenspiel der Subsysteme. Gerade bei Unternehmen mit mehreren Unternehmensbereichen ist es besonders schwierig, die Vorstellung eines gemeinsamen Zieles bzw. einer Gemeinschaft zu erzeugen – die verschiedenen Bereiche sehen sich oft nicht als Teil eines übergeordneten Unternehmens, sondern als individuelle Einheiten, denen der eigene Nutzen - auch durch die Geschäftsstruktur bedingt – manchmal näher steht als der Gesamtnutzen. Eine natürliche Solidarität mit dem Gesamtunternehmen ist nicht ohne weiteres vorauszusetzen.

Da wiederholt betont wurde, wie unterschiedlich die einzelnen Bereiche sind - in der Sprache der Systemtheorie sind sie durch verschiedenen Randbedingungen (=Systemgrenzen) voneinander abgegrenzt - ist im Einzelfall sorgfältig zu prüfen, inwiefern ein Erfahrungsaustausch tatsächlichen Nutzen bringt. Unterscheiden sich die Parameter (Randbedingung, Ordnungsparameter, wirksamer Kontrollparameter) der betrachteten Systeme nämlich zu sehr voneinander, so kann das eine vom anderen nicht lernen (vgl. auch im Kapitel „3.3 Organisationen als komplexe soziale Systeme"). Es muss ein Kontrollparameter gefunden werden, der alle Systeme gleichermaßen anspricht und anregt, der also zu den verschiedenen Randbedingungen passt. Dieser kann notwendigerweise nur sehr allgemein sein. Die nötige Ausdifferenzierung der Anregung muss durch individuell gesetzte Randbedingungen erfolgen, die dann den jeweils bestangepassten Ordnungsparameter hervorrufen.

Eine weitere Form des Erfahrungsaustauschs war der **Aufenthalt beim Zentralprojekt ("Anwendereinbindung")**.

Interessierte Key User hatten die Möglichkeit, für einen Zeitraum von mehreren Tagen bis einigen Wochen im Zentralprojekt vor Ort zu agieren. Dies erfüllte gleich mehrere Zwecke. Durch den Aufenthalt im Zentralprojekt wurde die Projektleitung transparent. Der Bereichsvertreter konnte besser nachvollziehen, warum Entscheidungen getroffen wurden, welche Entscheidungen getroffen wurden – und vielleicht auch, dass überhaupt Entscheidungen getroffen wurden. Für konkrete Fragen wurden schnell konkrete Hilfestellungen angeboten und für den weiteren Projektverlauf Kontakte geknüpft und Ansprechpartner benannt und persönlich kennen gelernt. Außerdem kann auf die Projektplanung und auf die technische Seite aktiv Einfluss genommen werden, denn der Bereichsvertreter befasst sich vor Ort mit dem neuen System und gibt Input und Lösungsvorschläge. All dies stärkt das Vertrauensverhältnis und ermöglicht rasche und unbürokratische Lösungen. Diejenigen Key User, die von dem Angebot Gebrauch machten, beurteilten es auch durchgängig als positive und hilfreich.

Durch das Knüpfen persönlicher Beziehungen und kennen lernen der zuständigen Ansprechpartner wird der Projektverlauf entscheidend dynamisiert (Kontrollparameter), reibungsloser gemacht und vorangetrieben. Persönliche Beziehungen geben Sicherheit, da sie der Anonymität in einem Großprojekt entgegenwirken und verkürzen die Entscheidungswege. Vertrauen ins Projektteam und in die eigenen Möglichkeiten, bei Entscheidungen mitzuwirken ("nicht über uns, sondern mit uns entscheiden") wirken stabilisierend und sind somit wirkungsvolle Randbedingungen.

3.8 CM-Maßnahmen allgemein

Bewertung von CM-Maßnahmen allgemein	positiv	mittel	Negativ
Anzahl Nennungen (n=89)	57	26	6
Nennungen in %	64%	29%	7%

Die Installation vielfältiger CM - Maßnahmen, von der Installation des Key Users, spezieller Schulungen, der Auswirkungsanalyse bis hin zu speziellen CM-Workshops zur Steigerung des Teamgedankens und Umgang mit Widerständen und Ängsten wurde von Mitarbeitern und Führungskräften durchwegs sehr positiv aufgenommen. Durch CM fühlen sich die Mitarbeiter in ihren Ängsten und Einwänden ernst genommen und bekommen wirkungsvolle Hilfestellungen an die Hand, um mit der veränderten Lage umzugehen. CM ermöglicht Einbeziehung und Wertschätzung der Beteiligten, persönliche Ansprache, konkrete Hilfe, Sicherheit und hilft dabei, positive Stimmung aufbauen. Die Einrichtung einer Extra Projektsäule CM gab den Mitarbeitern das Gefühl, in ihren Sorgen und Befürchtungen ernst genommen zu werden.

Besonders häufig wurde der Punkt genannt, die Veränderung als Chance nicht nur für neue Prozesse, sondern auch für neue Gruppenstrukturen und Installation neuer Kommunikationsmuster zu nutzen. Dies gelang den einzelnen Bereichen in unterschiedlicher Ausprägung. Die Veränderung und der Übergang gelangen besonders gut, wenn diejenigen Personen, die der Veränderung von vornherein positiv gegenüberstanden, in wichtiger Position, als Key User oder ähnliches, eingebunden und damit zu Treibern der Veränderung gemacht wurden, die positive Stimmung verbreiteten.

Nicht verschwiegen werden soll an dieser Stelle, dass CM die Gefahr birgt, Dinge zu „überproblematisieren" oder zu sehr zu psychologisieren. Ein Aufbauschen unproblematischer Gegebenheiten sollte also in jedem Fall vermieden werden. Nichtsdestotrotz ist das Zusammenwirken im Team und das Verhältnis Führungskraft/ Mitarbeiter einer der wichtigsten Faktoren, die über den Projekterfolg entscheiden und an dieser Stelle kann mit den entsprechenden CM Maßnahmen wirkungsvoll angesetzt werden.

Die CM Maßnahmen stellen systemtheoretisch gesehen diejenigen Randbedingungen dar, die am nächsten auf den Ordnungsparameter Verhalten verändernd einwirken können und müssen deshalb mit besonderer Sorgfalt ausgewählt werden. Ein CM-Workshop kann darüber hinaus dynamisierend wirken (Kontrollparameter). Wichtig ist es, die Maßnahmen an die Erfordernisse und Probleme vor Ort anzupassen und nicht nach dem Gießkannenprinzip überall das gleiche Konzept zu installieren. Somit muss CM-Maßnahen wie anderen projektplanerischen Maßnahmen auch eine sorgfältige Analysephase vorausgehen.

4. Wünsche und Anregungen
Diese werden im Punkt „Bewertung der Einführung insgesamt" dargestellt und behandelt.

5. Zusammenarbeit mit dem Zentralprojekt

Bewertung der Zusammenarbeit	positiv	mittel	Negativ
Anzahl Nennungen (n=89)	42	32	15
Nennungen in %	47%	36%	17%

Kategorie	Anzahl der Nennungen (n=107)	Nennungen in %
Gute Ansprechbarkeit	24	22%
Menschlichkeit	14	13%
Mangelnde Dienstleistungsmentalität	10	9%
Mangelndes Eingehen auf Bereich	10	9%
Fachliche Sicherheit	9	8%
Betreuungskontinuität	9	8%
Gute Kommunikation	8	7%
Task Force	4	4%

Nur Bereich P

Kategorie	Anzahl Nennungen (n=140)	Nennungen in %
Mangelnde Kommunikation	12	11%
Mangelnde Professionalität	7	7%

Die Zusammenarbeit mit dem Zentralprojekt wurde überwiegend als positiv beschrieben. Auf der persönlichen Ebene und der Ebene der Projektmitarbeiter war die Zusammenarbeit sogar durchgängig problemlos, auf der Ebene der Projektleitung gab es durch verschieden gelagerte politische Interessen hingegen teilweise Spannungen, besonders beim Piloten. Vermisst wurde teilweise eine größere Dienstleistungsmentalität, andere Bereiche wiederum lobten die gute Ansprechbarkeit und schnelle Problemlösungen.

Eine Projektplanung, die wie im vorliegenden Projekt als kompetent und sicher, dabei aber ansprechbar erlebt wird, erlangt das Vertrauen der Mitarbeiter. Durch dieses Vertrauen werden Maßnahmen leichter akzeptiert und die Motivation wird gesteigert („man hat nicht das Gefühl, für die Tonne zu produzieren"). Eine transparente Projektplanung mit Meilensteinen und Zielkaskaden setzt den Rahmen für das Projekt, bietet somit Sicherheit und Orientierung.

Besonders positiv wurde die Tatsache empfunden, dass das Zentralprojekt die Ausgestaltung der einzelnen Maßnahmen dem Bereich vor Ort überlässt und nur die groben Zielvorgaben vorgibt. Dies lässt Selbstorganisation innerhalb von Fremdorganisation zu. Somit kann der Bereich zu der für ihn am besten angepassten Lösung kommen.

Eine Zusammenarbeit zwischen Zentralprojekt und Bereich, die von Vertrauen und gegenseitiger Achtung geprägt ist, stabilisiert also über den übergeordneten Punkt Vertrauen den Projektverlauf. Dadurch können auch kleine Klippen, Verunsicherungen und Störungen umschifft werden, da grundsätzlich davon ausgegangen wird, dass keiner versucht, den anderen zu übervorteilen. Somit werden Schwierigkeiten nicht als böse Absicht und Hinterhältigkeit gewertet, was den Projektverlauf stören könnte. Vertrauen verhindert außerdem ein Ausweichen auf Nebenkriegsschauplätze, da ehrlich und offen über das wirkliche Problem geredet kann.

Eine vertrauensvolle Zusammenarbeit zwischen Bereich und Zentralprojekt wirkt also als stabilisierende Randbedingung, die das Verhalten in Richtung auf das Gesamtprojektziel leitet. Demgegenüber würde eine misstrauische Grundhaltung jede Aussage und Maßnahme in Frage stellen, zu endlosen Kämpfen über Nichtigkeiten führen und den Projektverlauf in destruktive Bahnen lenken.

Vertrauen als übergeordneter Punkt wirkt aber auch dynamisierend, da er die Abläufe und Kommunikationen im Projekt beschleunigt und vereinfacht. Die Entscheidungswege werden somit schneller, die Ergebnisse sicherer und es entstehen weniger Missverständnisse, die leichter ausgeräumt werden können.

Zu guter Letzt kann das Vertrauen auch als übergeordneter Ordnungsparameter gefasst werden, im Sinne von Unternehmenskultur oder im vorliegenden Fall eben Projektkultur. Vertrauen ordnet Verhaltensweisen auf ein konstruktives Ziel hin. Besonders die Angstfreiheit, die durch Vertrauen erlangt wird, spielt dabei eine wichtige Rolle. Angst erzeugt Automatismen und hemmt somit das Ausprobieren neuer Verhaltensweisen. In einem angstfreien Rahmen kann hingegen das Neue gefahrlos ausprobiert werden und es können neue Verhaltensweisen entstehen.

6. Bewertung der Einführung insgesamt

Bewertung der Einführung	positiv	mittel	Negativ
Anzahl Nennungen (n=89)	44	30	15
Nennungen in %	49%	34%	17%

Die Einführung wurde insgesamt positiv bewertet. Bei der Frage nach den Wünschen zur Einführung wurden noch einige Kritikpunkte genannt, die im Folgenden aufgelistet sind.

Wünsche	Anzahl Nennungen (n=140)	Nennungen in %
Mehr Zeit	37	26%
Mehr teambildende Maßnahmen	13	9%
Nachschulung	11	8%
Bessere Terminierung der Schulungen	9	6%
Schulungen auch für FK	9	6%
Unterstützung durch FK	8	6%
Ansprechbarkeit	6	4%
Zusammenarbeit	6	4%
Mehr Ansprache durch FK	5	4%
Mehr Prozessorientierung	5	4%
Mehr Ressourcen	4	3%
Bessere Ansprechbarkeit der FK	4	3%
Management von CM Maßnahmen	4	3%
Einbeziehung der MA	4	3%
Analysephase	3	2%
Längere Begleitung	3	2%
Bessere Planung	3	2%
Standardsoftware beibehalten	2	1%
Mehr Regelbetrieb fokussieren	2	1%
Frühzeitige Regelung des Umgangs mit Mehrarbeit	2	1%

Die bereits im Einzelnen vorgestellten Maßnahmen wurden von den Bereichen als zweckmäßig und zielführend empfunden, ohne dass sie sich in ihrer Autonomie zu sehr eingeschränkt sahen. Wie bereits erwähnt, ist eine als sinnvoll und angemessen empfundene Projektplanung der wirkungsvolle Rahmen, der dem Projekt stabilen Halt gibt und somit das System begrenzt und Selbstorganisation innerhalb von Fremdorganisation zulässt. Eine klare Linie seitens der Projektleitung gibt Sicherheit. Für Transparenz und Klarheit sorgten besonders die Einführungsplanung durch den Implementierungsleitfaden sowie die Messbarkeit des Projektstandes zu jedem Zeitpunkt durch Scorecards. Dadurch wurde gewährleistet, dass der Stand der Aufgabenerfüllung jederzeit deutlich sichtbar war.

Aus dem Vergleich mit der „KT" Einführung zeigte sich, dass verschiedene projektplanerische Fehler aus der „KT" Einführung kein zweites Mal begangen wurden. Als besonders positiv am aktuellen Projekt wurde bewertet, dass der Informationsfluss deutlich besser war, das Team als qualifizierter erlebt wurde, mehr Kapazität zur Verfügung stand und das ganze Projekt mehr im Bereich angesiedelt war.

All die genannten Maßnahmen lassen sich natürlich nur mit einem entsprechenden Budget installieren und durchführen. Die Bereitstellung eines hinreichenden finanziellen Polsters ist Grundvoraussetzung für eine erfolgreiche Einführung.

Aber nicht nur Einzelmaßnahmen sind für den Projekterfolg entscheidend. Immer wieder genannt wurde die positive Projektkultur, bezogen auf den Umgang miteinander. Hierzu gehören die Zusammenarbeit zwischen Auftraggeber und Auftragnehmer, ein Feiern der Erfolge, eine offene Kommunikation ebenso wie eine Fehlerkultur, die den Verantwortlichen nicht an den Pranger stellt und somit ein Lernen ermöglicht. All diese Maßnahmen erhöhen das Vertrauen ins Projekt. Und die Einführung ist, wie bereits ausgeführt, maßgeblich vom Vertrauen ins Projekt abhängig, da der übergeordnete Parameter Vertrauen den Projektverlauf positiv und konstruktiv beeinflusst. Das Vertrauen wirkt also über alle Parameter hinweg und hält, wenn man so will, das ganze System zusammen. Durch das grundsätzliche Vertrauen ins Projektteam müssen keine Grundsatzdiskussionen geführt werden und das grundsätzliche Ziel ist klar und unverrückbar.

Psychologisch gesehen minimiert Vertrauen Ängste und erlaubt dadurch ein lockeres und positives Agieren und Ausprobieren von Möglichkeiten innerhalb eines gesetzten Rahmens, der Sicherheit gibt. Hierzu gehört auch ein offener Umgang mit Fehlern, der das Lernen erst ermöglicht.

Eine besondere Rolle spielt auch der Punkt „kein Zurück möglich". Durch diesen starken Kontrollparameter orientiert sich das Projekt von selbst in Richtung der Zielerreichung, ohne Zeit mit Fragen nach „hätte, könnte, sollte" und Grundsatzdiskussionen zu verlieren. Dies funktioniert natürlich nur innerhalb zweckmäßiger Rahmenbedingungen. Nur an der Schraube Druck zu drehen, führt nicht zum gewünschten Erfolg! Sind die Randbedingungen aber vernünftig gesetzt, so ist ein genügend starker und gleich bleibender Druck die treibende Kraft des Projekts, die Fluktuationen und neue Ordnungsparameter hervorbringt. Der Kontrollparameter in Form eines Vorstandsbeschlusses ist für alle Bereiche gleich bindend und in einer für sei verständlichen Sprache gesprochen. Die Nachhaltigkeit des Kontrollparameters wird durch verschiedene projektplanerische Maßnahmen erreicht, wie z.B. Informationspolitik, Meilensteinplanung, wiederholte Rundschreiben des Vorstandes, Treffen etc.

7. Betriebsklima und Zusammenarbeit

Bewertung Klima	positiv	mittel	Negativ
Anzahl Nennungen (n=89)	42	28	19
Nennungen in %	47%	31%	21%

Betriebsklima und Zusammenarbeit wurden insgesamt als positiv beurteilt. In diesem Punkt gab es aber deutliche Unterschiede zwischen den verschiedenen Bereichen. Interessant ist auch die Einschätzung einiger Mitarbeiter: „Die Einführung ist teamabhängig: je nachdem wie das Team ist, klappt es auch mit der Einführung".

Interessanterweise hoben sich diejenigen Bereiche, bei denen Betriebsklima und Zusammenarbeit als gut bewertet wurde, auch in der Qualität der Einführung, in der Anzahl der Fehler und bei sonstigen zu bewältigenden Schwierigkeiten positiv hervor.

Aus den vorliegenden Ergebnissen kann die Hypothese abgeleitet werden, dass Klima und Zusammenarbeit ein wesentlicher Faktor für den Projekterfolg sind. Je nachdem, wie das Team zueinander steht bzw. ob man überhaupt von einem Team sprechen kann, ist auch die Einführung mehr oder weniger erfolgreich.

Das hat folgenden Grund: Gruppen benötigen für ihr Funktionieren gemeinsam geteilte Normvorstellungen, also „von der Mehrheit getragene standardisierte Denk- und Handlungsmuster in Form von Aufforderungen" (Wahren, 1994, S. 155). Diese Normen bestimmen das Verhalten in der Gruppe sowohl positiv als auch negativ. Da im vorliegenden Fall die Einführung als Gruppe bewältigt wurde, die vor und nach der Einführung weiter besteht, konnten sich die Mitarbeiter aufeinander stützen („wir helfen uns gegenseitig aus der Patsche"). Durch die Sozialkontakte können Ängste wirkungsvoll vermieden werden („gemeinsam sind wir stark") Umgekehrt sieht der Fall aus, wenn in der Gruppe ein negatives Klima der Angst und generellen Unzufriedenheit vorherrscht. In diesem Fall ist die Gefahr der gegenseitigen negativen Beeinflussung („sich gegenseitig runterziehen") sehr groß. Dem muss von der Führungskraft unbedingt aktiv begegnet werden, da der Projekterfolg durch ein gegenseitiges „negatives Hineinsteigern" nachhaltig beeinträchtigt werden kann. Die Bedeutung der Gruppe ist also positiv wie negativ als sehr hoch einzuschätzen. Interventionen in die Gruppenstruktur können mit Hilfe von Workshops, aber auch durch veränderte Arbeitsbedingungen, notfalls Austausch einzelner Gruppenmitglieder, Neustrukturierungen oder Anregung neuer Kommunikationsmuster erfolgen.

Systemtheoretisch gesehen kann das Betriebsklima ähnlich der Unternehmenskultur als übergeordneter Ordnungsparameter gelten, da es durch das Verhalten der Mitarbeiter bestimmt wird, gleichzeitig aber auch bestimmend auf die Mitarbeiter zurückwirkt. Das Betriebsklima und der Zusammenhalt in der Gruppe äußern sich in expliziten Regeln zum Umgang miteinander, häufiger aber in impliziten Verhaltensregeln, die von den Betroffenen nicht unbedingt verbalisiert werden müssen, aber trotzdem verhaltensleitend sind – ähnlich Scott-Morgans heimlichen Spielregeln. Betriebsklima und Zusammenhalt in der Gruppe geben dem Verhalten der Mitarbeiter auf einer übergeordneten Basis eine Konnotation. Je nachdem ob diese positiv oder negativ ist, wirkt sich das auch auf das Befolgen der neuen Verhaltensregeln aus, die direkt mit dem neuen Verfahren zusammenhängen.

Das Betriebsklima umfasst Punkte wie Hilfsbereitschaft, Umgang mit Fehlern und Umgang mit Informationen. Von daher ist es nicht weiter verwunderlich, dass das Betriebsklima als übergeordneter Ordnungsparameter andere Verhaltensweisen in dem Sinne bestimmt, dass es Verhaltensweisen möglich oder unmöglich macht: In einer Atmosphäre, in der Fehler nicht gern gesehen werden und der Einzelne nicht das Gefühl hat, sich auf sein Team verlassen zu können,

können Ängste und Unsicherheiten naturgemäß viel leichter entstehen. Da Angst aber neue Verhaltensweisen hemmt und Automatismen erzeugt, ist die Vermeidung von Angst das Wichtigste beim Veränderungsprozess. Das Gefühl im Team aufgehoben zu sein reduziert aufgrund des damit verbundenen Gefühls der Sicherheit durch Sozialkontakte Ängste erheblich – ein funktionierendes Team vorausgesetzt. Ein negatives Betriebsklima multipliziert die Ängste, beispielsweise durch Mobbing.

Leider ist das Betriebsklima eine Konstante, die man als Veränderer von außen in einer bestimmten Ausprägung vorfindet. Wichtig ist es aber auf diese zu achten, da bei einem guten Betriebsklima und Gruppenzusammenhalt deutlich anspruchsvollere Veränderungsprojekte durchgeführt werden können als bei einem schlechten. Bei einem Team mit schlechtem Zusammengehörigkeitsgefühl ist es wichtig, dieses durch Begleitmaßnahmen so weit wie möglich zu verbessern. Ebenso wichtig ist es darauf zu achten, in welcher Stimmung man die Gruppe vorfindet. Wer ist der Wortführer? Ist er positiv der negativ gestimmt? Wie verhalten sich die Mitarbeiter normalerweise untereinander? Eine schlechte Grundstimmung färbt auf die Veränderung über, in diesem Fall muss besonders auf begleitende Maßnahmen geachtet werden!

Notfalls müssen Maßnahmen wie eine Veränderung der Gruppenstruktur überdacht werden, um nicht schlechten Stimmungsmachern die Möglichkeit zu geben, das ganze Projekt schlecht zu reden. Eine Veränderung der Gruppenzusammensetzung würde zu einer Neuordnung der Gruppe und somit zu neuen Ordnungsparametern bzw. Verhaltensweisen führen.

In einem hierarchischen Unternehmen können Betriebsklima und Zusammenarbeit aber nicht ohne eine gleichzeitige Betrachtung der Führungskraft analysiert und verstanden werden. Die Stimmung in einer Gruppe und die dort herrschenden Verhaltensregen sind hier in wesentlichem Maße von der Führungskraft geprägt.

8. Führung

Bewertung der FK	positiv	mittel	Negativ
Anzahl Nennungen (n=89)	35	39	15
Nennungen in %	39%	44%	17%

Die Führung wurde ebenso wie das Betriebsklima sehr unterschiedlich und oft kritisch bewertet. Folgende Wünsche an die Führung wurden genannt:

Kategorie	Anzahl Nennungen (n=156)	Nennungen in %
Anerkennung	38	24%
Vorbildfunktion	28	18%
Auf MA eingehen	22	14%
Information / Kommunikation	22	14%
Ansprechbarkeit	14	9%
Teilnahme	12	8%
Auf MA zugehen	10	6%
Gemeinschaftsgefühl stärken	7	4%
Zeit nehmen	3	2%

Wie bereits im vorhergehenden Punkt Betriebsklima und Zusammenarbeit erwähnt, ist die Führungskraft neben der Gruppe der Schlüssel zum Erfolg beim Change Management. Der Mitarbeiter orientiert sich sehr stark an seiner Führungskraft, denn sie hat für ihn Vorbildfunktion im Sinne des sozialen Lernens (vgl. Kapitel „2.3.1 Soziale Lerntheorien"). Das wurde unter anderem auch darin deutlich, dass ca. dreiviertel der befragten Mitarbeiter auf die Frage: „Was ist für Sie motivierender, eine Sonderzahlung oder die persönliche Anerkennung ihrer Führungskraft?" die persönliche Anerkennung der Sonderzahlung mindesten gleichwertig sahen. Ungefähr ein Drittel stellte die Anerkennung sogar über die Sonderzahlung. Die Führungskraft ist also in ganz besonderem Maße gefordert, aktiv auf die Mitarbeiter zuzugehen, Probleme und Befürchtungen zu erkennen und zu beseitigen. Dazu gehört im vorliegenden Projekt auch eine Grundeinarbeitung in das neue Verfahren, um vom Mitarbeiter ernst genommen zu werden. Die Führungskraft kann dem Mitarbeiter durch ihr Verhalten Vertrauen in das Veränderungsprojekt, aber auch in die eigenen Fähigkeiten geben.

Die Führungskraft hat aber auch deshalb eine Schlüsselfunktion inne, weil sie in der Position ist, zu belohnen oder zu bestrafen. In einem hierarchischen Unternehmen führt der Weg zum beruflichen Erfolg des Mitarbeiters, zur Karriere, zu besseren Arbeitsinhalten oder zu mehr Gehalt etc. immer über die Führungskraft. Welche Verhaltensweise „richtig" oder „falsch" ist, entscheidet nicht ausschließlich, aber doch in hohem Maße die Führungskraft.

Somit ist die Einbindung der Führungskraft in den Veränderungsprozess eminent wichtig. Die Durchführung der Veränderung ist nicht alleinige Sache der Mitarbeiter („meine Mitarbeiter stemmen das schon"). Die Führungskraft muss aus den genannten Gründen hinter dem neuen Projekt stehen, die Sinnhaftigkeit verdeutlichen, die Stimmung in der Gruppe sondieren und gegebenenfalls Maßnahmen treffen diese zu verändern. Fast alle Mitarbeiter wünschten sich eine Führung, die aktiv auf sie zugeht, denn „wer Angst hat, geht damit nicht von selber zur Führungskraft aus Angst sich zu blamieren". (vgl. hierzu auch das sozialpsychologische Konzept des „Impression Management" Schlenker/ Weigold 1992). Eine Politik der offenen Türen darf nicht nur auf dem Papier stehen sondern muss auch gelebt werden!

In den untersuchten Bereichen zeigte sich, dass sich Führung und Zusammenhalt in der Gruppe notfalls gegenseitig ergänzen können. Ist die Führung schwach, so kann dies durch eine gute Zusammenarbeit in der Gruppe kompensiert werden. Die besten Ergebnisse wurden erzielt, wenn sowohl Führung als auch Betriebsklima sehr gut und stabil waren.

Führung ist systemtheoretisch je nach Fokus der Betrachtung eine Randbedingung oder eine Fluktuation. Betrachtet man das Kernsystem Arbeitsgruppe, so ist die Führungskraft eine Randbedingung, die sehr nah am Ordnungsparameter Verhalten liegt. Je nach Führungsverhalten wird das Verhalten im Kernsystem an bestimmten Stellen eingeschränkt, bestimmte Verhaltensweisen also unmöglich gemacht, wohingegen andere wiederum gefördert werden. Die Führungskraft wirkt durch ihr Verhalten also begrenzend und stabilisierend. Betrachtet man hingegen ein übergeordnetes System, z.B. alle im vorliegenden Projekt an der Veränderung beteiligten Personen und deren Verhaltensweisen, so spielt die Führungskraft die Rolle der Fluktuation, die neue Verhaltensweisen vorlebt, fördert oder verhindert – vergleichbar mit der geschilderten Rolle des Key Users in der Arbeitsgruppe.

Durch diese Doppelfunktion und den Stand innerhalb oder außerhalb des Systems, je nach Betrachtungsweise, wird es nicht nur aus psychologischer, sondern auch aus systemtheoretischer Sicht so wichtig, die Führungskraft explizit in den Veränderungsprozess mit einzubeziehen.

In den vorangegangenen Erläuterungen wurde dargelegt, welche konkrete Maßnahmen vom beobachteten System als besonders hilfreich empfunden wurden und wie diese in einem psychologischen und einem systemtheoretischen Zusammenhang zu bewerten sind.

Im folgenden Kapitel sollen den einzelnen systemtheoretischen Parametern konkrete Einzelmaßnahmen in Form einer Überblicksdarstellung zugeordnet werden.

9   Interpretation der Ergebnisse

9.1   Überführung der Interviewergebnisse in systemtheoretische Parameter

Die im vorangehenden Kapitel genannten Punkte und Einzelmaßnahmen, die von den Interviewpartnern als besonders bedeutsam herausgestellt wurden, sollen nun in Form einer Überblicksdarstellung den systemtheoretischen Parametern zugeordnet werden. Die Zuordnung folgt den Erläuterungen im vorangehenden Kapitel. Dadurch sollen die systemischen „Triggerpunkte" extrahiert werden. Triggerpunkte sind also die abgefragten Einstellungen und Maßnahmen, die nun den systemtheoretischen Parametern in direkter Entsprechung zugeordnet werden.

Die erste Tabelle stellt die Triggerpunkte analog zum Fragebogen mit Ergänzung der Punkte Vorstandsbeschluss, Projektorganisation, Projektcontrolling und Internes Lernen dar (Tab. 33). In der zweiten Tabelle soll versucht werden, „übergeordnete Aspekte" wie übergeordnete Soft Facts, Stimmungen oder Einstellungen, die in allen Antworten immer wieder genannt wurden, systemtheoretisch zu erfassen und zuzuordnen (Tab. 34).

Dabei bedeuten die Abkürzungen:

- **KP** = Kontrollparameter
- **RB** = Randbedingung
- **OP** = Ordnungsparameter

Triggerpunkt im System	Systemtheoretischer Parameter
Funktionalität des Produkts	Unveränderliche Vorgabe von außen -> **RB**
Stimmung / Einstellung ggü. Produkt	Einstellungen sind verhaltensleitend und nicht direkt beeinflussbar -> **OP**
Vorstandsbeschluss	Dynamisierend -> **KP**
Projektorganisation: Projektplan, definierte Ziele/Meilensteine	Unveränderbar und systemleitend -> **RB** Dynamisierend über Zeit und Kontrolle -> **KP**
Projektcontrolling	Unveränderbar und systemleitend -> **RB** Dynamisierend über Zeit und Kontrolle -> **KP**
Internes Lernen	**Selbstreferentieller Regelkreis**
Information	Aspekt Inhalt: stabilisierend -> **RB** Aspekt „Leben des Projekts": dynamisierend -> **KP**
Schulungen/CM-Workshops	Aspekt Inhalte: stabilisierend und systemleitend -> **RB** Aspekte Termine + soziale Beziehungen: dynamisierend -> **KP**
Selbststudium auf CD (CBT)	über Inhalte stabilisierend/systemleitend -> **RB**
Konzept Key User/ Veränderungsbegleiter	systeminterne **Fluktuation** → **Vorstufe zu neuem OP**
Erfahrungsaustausch	Als Maßnahme zur Information -> **RB** Aber auch verbessertes **Zusammenspiel der Subsysteme**
Anwendereinbindung	Aspekt Inhalt und Sicherheit: stabilisierend -> **RB** Aufbau von sozialen Beziehungen: dynamisierend -> **KP**
Change Management insgesamt	über Inhalte stabilisierend/systemleitend -> **RB** Als Anstoß für die Veränderungen: dynamisierend -> **KP**
Zusammenarbeit mit Zentralprojekt	Bezogen auf die Maßnahmen -> **KP** und **RB** Als übergeordneter Aspekt Vertrauen -> **KP, RB, OP**
Bewertung Einführung insgesamt	Bezogen auf die Maßnahmen -> **KP** und **RB** Als übergeordneter Aspekt Vertrauen -> **KP, RB, OP**
Betriebsklima/Zusammenarbeit	Systeminterner **OP**
Führungskraft	Aspekt Inhalt und Sicherheit: stabilisierend -> **RB** Durch Kontrollfunktion: dynamisierend -> **KP** Aber auch systeminterne **Fluktuation** → **Vorstufe zu neuem OP**

Tab. 34: Triggerpunkte im System (übergeordnete Aspekte)

Triggerpunkt im System	Systemtheoretischer Parameter
Vertrauen	Dynamisierend -> **KP** Stabilisierend -> **RB** Verhaltensleitend -> **OP**
Angst	(unerwünscht) dynamisierend / destabilisierend -> **KP** verhaltensleitend -> **OP**
Sicherheit/Orientierung	Stabilisierend und systemleitend -> **RB**
Mikropolitik (als übergeordnete interne Verhaltens- regeln)	systemleitend -> **RB** verhaltensleitend -> **OP**
Widerstand (als interne Verhaltensregeln)	verhaltensleitend -> **OP**
Motivation	dynamisierend -> **KP** verhaltensleitend -> **OP**
„Leben des Projekts" („vom Papier kommen" „die meinen es ernst")	dynamisierend -> **KP**
Selbstorganisation in den Bereichen (Selbstorganisation innerhalb von Fremdorganisation)	Bildung **systemrelevanter OP**
Gewöhnung (an das Neue)	Phasenübergang in die neue Ordnung
Feedback	organisationales Lernen

Zusammenfassend lässt sich Folgendes festhalten:

Im untersuchten Projekt sind als **Kontrollparameter** zu fassen:

Alle Maßnahmen, die einen dynamisierenden Effekt auf das System haben - also alle Maßnahmen, die das Projekt mit „Leben" erfüllen:

- **Vorstandsbeschluss, hohe Management Attention**
- **Projektorganisation** (Projektplan, Ziele, Meilensteine) über den Faktor Zeit und Kontrolle
- **Projektcontrolling** über den Faktor Zeit und Kontrolle
- **Information und Kommunikation** über den Aspekt „Leben des Projekts"
- **Schulungen/Workshops** über Termine und soziale Aspekte/Beziehungen
- **Anwendereinbindung** durch Aufbau von sozialen Beziehungen
- **CM-Maßnahmen insgesamt** als Anstoß für die Veränderungen
- **Einbindung der Führungskraft** als dynamisierender Faktor für Kernsystem
- **Aufbau von Vertrauen** als übergeordnetem Aspekt

Im untersuchten Projekt sind als **Randbedingungen** zu fassen:

Alle Maßnahmen, die einen stabilisierenden, systemleitenden, lenkenden und eingrenzenden Effekt auf das System haben:

- **Funktionalität des Produkts**
- **Projektorganisation** mit Meilensteinen und Zielen als Projekteckpfeilern
- **Projektcontrolling** als Zielvereinbarungen
- **Information und Kommunikation** über die Inhalte
- **Schulungen/Workshops** über die Inhalte, auch Selbststudium auf CD
- **Erfahrungsaustausch** als Maßnahme zur Information
- **Anwendereinbindung** über die Aspekte Inhalt und Sicherheit
- **Change Management Maßnahmen** über die Inhalte
- Gute **Zusammenarbeit mit dem Zentralprojekt**
- **Einbindung der Führungskraft** als stabilisierender Faktor für Kernsystem
- **Aufbau von Vertrauen** als übergeordnetem Aspekt

Im untersuchten Projekt sind als **Ordnungsparameter** zu fassen:

Die vorliegenden bewussten oder unbewussten Verhaltensregeln, die das Verhalten der Systemangehörigen bestimmen:

- **Stimmung/Einstellung gegenüber dem Produkt**
- **Konzept Key User/Veränderungsbegleiter** als systeminterne Fluktuation
- **Betriebsklima und Zusammenarbeit**
- **Führungskraft** als systeminterne Fluktuation
- **Aufbau von Vertrauen** als übergeordnetem Aspekt

9.2 Leitfaden zum Change Management

Leitfaden für die Durchführung von Change Management Projekten (Abb.34):

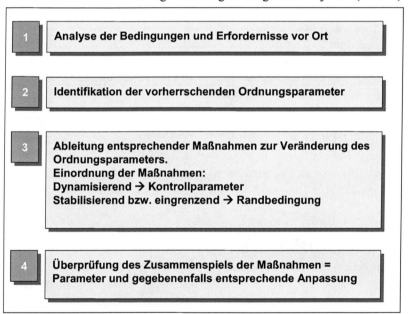

Abb. 34: Leitfaden zum Change Management

Leitfaden für die Analyse laufender Projekte (Abb. 35):

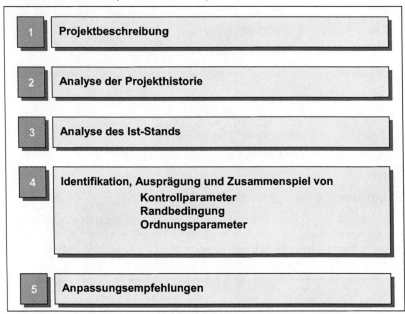

Abb. 35: Leitfaden zum Change Management (Projektanalyse)

9.3 Anwendungsbeispiel: Ein Kennzahlenprojekt

Der vorgestellte Leitfaden wurde zur Problemanalyse und Vorgabe von Handlungsempfehlungen in einem weiteren Projekt eingesetzt. Das Vorgehen soll hier zum besseren Verständnis der Anwendung des Leitfadens wiedergegeben werden.

9.3.1 Projektbeschreibung

Im vorliegenden Projekt ging es um die weltweite Einführung eines Kennzahlensystems zur Messung der Qualität der operativen Personalarbeit eines international agierenden Unternehmens. Dabei sollten die Personalorganisationen der einzelnen Unternehmensbereiche und Regionen ihre erbrachten Leistungen nach vorgegebenen Kriterien berechnen und die daraus resultierenden Kennzahlen ins firmeneigene Intranet einspeisen. Zu diesem Zweck waren von der Zentralabteilung des Unternehmens 13 Kennzahlen vorgegeben. Die Projektlaufzeit betrug zum Zeitpunkt der Diagnose zwei Jahre.

Kennzahlen:

Kennzahlen bieten die Möglichkeit, aktuell relevante Daten mit denen der Vorjahre zu vergleichen und dienen somit als Planungs- und Steuerungsinstrument. Auch Vergleiche mit anderen Unternehmen einer entsprechenden Branche (Benchmarking) werden möglich. Ein Kennzahlensystem bietet also einen detaillierten Einblick in das Unternehmen.

Die Verwendung von Kennzahlen ist aber generell nicht unproblematisch. Insbesondere im Personalbereich sind die zu erhebenden Leistungen selten einfach quantifizierbar. Der Weg zur Kennzahl ist dadurch außerhalb des betrachteten Personalbereichs nicht immer nachvollziehbar. Trotzdem eine Vergleichbarkeit durch die unterschiedlichen Prozesse der verschiedenen Personalorganisationen nicht vorausgesetzt werden kann, verführt die vermeintlich einfache Gegenüberstellung durch eine „objektive" Zahl zu Vergleichen und Wettbewerbsdenken.

Die im Projekt einzuführenden 13 Kennzahlen entstammten den Bereichen Personalbeschaffung, Trennung, Personalentwicklung sowie Abrechnung und Administration. Zum besseren Verständnis sollen exemplarisch drei Kennzahlen, ihre Berechnung und damit verbundene Schwierigkeiten aufgeführt werden:

Beispielkennzahl "Time-to-fill" (Personalbeschaffung)

Die Kennzahl "Time-to-fill" errechnet die Anzahl der Tage zwischen dem Eingang der Personalanforderung in der Personalorganisation bis zur schriftlichen Akzeptanz des Vertragsangebots durch den Bewerber. Diese Kennzahl stellt eine quantitative Messgröße dar, die durch eine Formel berechnet wird, in die Zeitpunkt der Vertragsunterzeichnung, Zeitpunkt der Personalanforderung und Anzahl der gemessenen Stellenbestzungen mit eingehen. Die Vergleichbarkeit gestaltet sich in diesem Fall sowohl innerhalb des Unternehmens als auch extern relativ einfach. Dennoch gibt es auch hier Unsicherheiten, die die Vergleichbarkeit massiv beeinflussen können. Wichtig für einen solchen Vergleich ist nämlich die Berücksichtigung der Standortqualität. Hierzu zählen die lokale Arbeitsmarktsituation, die Infrastruktur und das kulturelle Angebot der Region.

Beispielkennzahl „Quality-of-hire" (Personalbeschaffung)

Diese Kennzahl liefert Aussagen über die Qualität der rekrutierten Mitarbeiter bezogen auf deren Leistung, Erfüllung des Anforderungsprofils und den Verbleib im Unternehmen. Anhand dieser Ergebnisse soll die Wirksamkeit der

Auswahlmethoden festgestellt werden. Bei der Beurteilung der Leistung treten bereits die ersten Probleme auf. Diese erfolgt durch eine einfache Schätzung der Führungskraft in 25% Schritten auf einer Skala von 0-100%. Auch den Erfüllungsgrad des Anforderungsprofils schätzt die Führungskraft nach dem gleichen Prinzip ein. Somit beruht diese Kennzahl auf qualitativen Daten und persönlichen Einschätzungen. Unsicherheitsfaktoren liegen in der subjektiven Beurteilung des Mitarbeiters durch die Führungskraft auf einer nur gering skalierten Skala. Die Interpretation der einzelnen Skalen ist durchaus subjektiv. Auch ist die Aussage über die Qualität des Mitarbeiters nicht unabhängig von der Person des Beurteilenden.

Beispielkennzahl „Betreuungsspanne" (Abrechnung und Administration)

Diese Kennzahl ist bereits in der Definition problematisch. Sie gibt Auskunft über die Anzahl derer, die von einem einzelnen Mitarbeiter der Personalorganisation betreut werden. Obwohl die Zahl intuitiv als leicht messbar erscheint, ergeben sich Schwierigkeiten in der Definition der "betreuten Mitarbeiter". Je nach Personalorganisation gehören beispielsweise Azubis, Teilzeitkräfte, Praktikanten oder Werkstudenten dazu oder nicht. Auch ist der Aufwand für die verschiedenen Gehaltsgruppen recht unterschiedlich. Mitglieder eines oberen Führungskreises sind einfacher abzurechnen als Leistungslöhner, die monatlich ein differierendes Einkommen beziehen. Betreut ein Personalmitarbeiter eine Abteilung, die zu großen Teilen aus Gehaltsempfängern besteht, würde dies nicht zwingend bedeuten, dass ein anderer Betreuer, der hauptsächlich Leistungslöhner abrechnet, qualitativ schlechtere Arbeit leistet, auch wenn Letzterer unter der gemessenen „optimalen" Anzahl Kunden liegt und eventuell eine höhere Korrekturquote aufweist.

9.3.2 Analyse der Projekthistorie

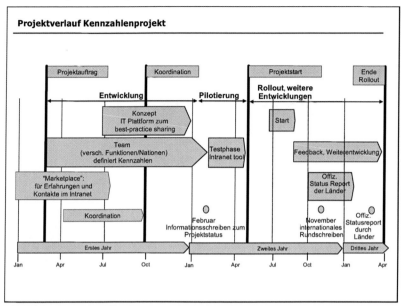

Abb. 36: Projektverlauf (Quelle: unternehmensintern)

Zunächst sollen die wichtigsten positiven und negativen Einflüsse auf die Projekthistorie erfasst werden.

Positive Einflussfaktoren:

- Das Kennzahlenprojekt wurde durch einen Vorstandsbeschluss initiiert. Durch positive Zwischenberichte und internationale Rundschreiben wurde die Dringlichkeit und Verbindlichkeit des Projekts offiziell bestätigt. Offizielle Statusberichte führten kurzfristig zu verstärkten Aktivitäten.

- Bei der Entwicklung der Kennzahlen waren Vertreter verschiedener Bereiche beteiligt. Die Personalleiter der Bereiche nahmen an einem Workshop (Thema:„Nach welchen Kennzahlen wollen Sie sich messen lassen?") teil, in dem die Kennzahlen gemeinschaftlich diskutiert wurden

- Ein außerdeutsches Land zeigte sich an dem Projekt besonders interessiert und wirkte als Treiber der Veränderung und best-practice Vorbild.

- Das Erhebungs-Tool wurde fachlich und technisch aus einer Hand entwickelt und ist benutzerfreundlich und gut verständlich.

Negative Einflussfaktoren:

Beleuchtet man die Projekthistorie jedoch im Detail, so kristallisieren sich ernstzunehmende negative Einflussfaktoren auf das Projektgeschehen heraus.

- Vorstandsbeschluss und Rundschreiben lagen mit sechs Monaten zeitlich zu weit auseinander. Die Formulierung von Beschluss und Rundschreiben konnte bezüglich der Verbindlichkeit des Projektes außerdem missverständlich interpretiert werden. Bei Nichteinstellen in das Kennzahlensystem sind keine Sanktionen zu erwarten. Die Pilotierung wurde nur mit geringer Intensität verfolgt. Folgerichtig ist das ganze Projekt unternehmensweit kein Thema mit oberster Priorität.

- Zwar waren Vertreter verschiedener (nicht aller) deutscher Bereiche bei der Konzeption der Kennzahlen beteiligt, jedoch nur ein Bereich außerhalb Deutschlands, der noch dazu nicht aktiv beteiligt war. Somit ist das entstandene Kennzahlensystem deutsch gedacht, basierend auf den deutschen Prozessen. Eine „deutsche" Lösung erscheint aber vielen Ländern als auf ihre Verhältnisse nicht richtig zugeschnitten. Allerdings ist die Beteiligung auch in Deutschland nicht allzu hoch.

- Seitens des Projektteams gab es verschiedene Schwierigkeiten beispielsweise durch den häufigen Wechsel der Projektmitglieder während der Einführungsphase und einen Wechsel der Projektleitung zwischen Entwicklungsphase und Roll-Out. Als besonders gravierend ist zu nennen, dass die Projektvertreter weder die Macht noch das Committment haben, um als Multiplikatoren zu wirken.

- Die am Projekt beteiligten Länder und Bereiche sind untereinander nur lose gekoppelt, so dass ein „Schneeballeffekt" durch einen Vorreiter-Bereich nur mit Mühe zu erreichen ist.

9.3.3 Analyse des Ist-Stands

Das Kennzahlenprojekt kommt nicht richtig „ins Leben". Die meisten Personalorganisationen erheben die projektseitig vorgegebenen Kennzahlen nicht und stellen keine Kennzahlen ins Intranet ein. Dies ist aber nicht als Abkehr von Kennzahlen generell zu verstehen: die Bereiche und Länder erheben durchaus eigene, auf ihre Bedürfnisse zugeschnittene Kennzahlen. Diese sind mit den 13 Projektkennzahlen aber in der Regel nicht deckungsgleich.

Interviews mit Bereichs- und Ländervertretern ergaben folgende Probleme:

- Kennzahlenphilosophie ist nicht klar
- Thema hat keine Priorität
- Nutzen ist nicht klar
- Transparenz ist nicht willkommen
- Angst vor Kontrollfunktion
- Problem mangelnder Vergleichbarkeit
- Globale Kennzahlen sind nicht zielführend

9.3.4 Identifikation, Ausprägung und Zusammenspiel der Parameter

Kontrollparameter:

Im vorliegenden Projekt gab es einen Vorstandsbeschluss, der dynamisierend wirken sollte. In einem Rundschreiben wurde die Nachhaltigkeit des Beschlusses noch einmal betont. Statusberichte folgten im halbjährigen Rhythmus. Dennoch fehlte es an Konsequenzen - stellten die beteiligte Bereiche und Länder zum genannten Stichtag ihre Kennzahlen nicht ein, so passierte gar nichts. Der Kontrollparameter ist also nicht hoch genug, um das System wirkungsvoll zu mobilisieren bzw. der Kontrollparameter bleibt nicht lange genug wirkungsvoll. Das System verharrt also in seinem gewohnten Zustand, da die Notwendigkeit zur Veränderung nicht wirklich dringlich erscheint.

Randbedingungen:

Als positiv ist zu nennen, das die technische Umsetzung in Form eines Intranet-Tools vor keinerlei Probleme stellt.

Dennoch gibt es beim Kennzahlenprojekt massive Schwierigkeiten mit grundsätzlich falsch gesetzten Randbedingungen: Der Nutzen der Verwendung globaler Kennzahlen ist für die Anwender nicht klar. Die grundsätzliche Frage, die hier hinter dem Widerstand steckt, ist: Sind globale Kennzahlen zur Erreichung der Geschäftsziele praktikabel?

Globale Kennzahlen bringen in den Augen der Vertreter von Bereichen und Ländern vielerlei Schwierigkeiten mit sich:

Die Berechnungsvorschriften der Kennzahlen sind nicht eindeutig. Die Bereiche unterscheiden sich deutlich voneinander. Da es den einzelnen Ländern überlassen bleibt, in welchem Detaillierungsgrad sie ihre Zahlen einstellen, ist die Vergleichbarkeit ebenfalls nicht gewährleistet. Möglich ist das Einstellen auf Bereichsebene oder Standortebene oder aber eine Kennzahl für das gesamte Land Ohnehin bietet die als Vorteil angepriesene Transparenz der Bereiche untereinander in der Realität ebenfalls nicht nur Vorteile, sondern weckt auch die Angst vor Imageverlust. Da in der Tabelle am Ende nur eine Zahl steht, nicht aber, wie es dazu kam, kann das Ergebnis nicht mehr relativiert werden.

Beispielsweise betrage die „time to fill" an einem Standort 5 Tage und an einem anderen 120 Tage. Auf den ersten Blick scheint ersichtlich, wer hier besser oder schlechter arbeitet. Nicht in die Berechnung eingegangen ist jedoch die Tatsache, dass der eine Bereich in einer strukturschwachen Region liegt, in der sich auf eine Bewerbung 4000 Leute melden, der andere hingegen in einer Region in der auf eine Bewerbung 40 Kandidaten kommen, die viel schneller abgearbeitet werden können. Noch schwieriger wird der Vergleich auf Länderebene, da die Bedingungen hier noch viel unterschiedlicher ausfallen. Zudem stellt sich die Vertrauensfrage: Sollen die Kennzahlen von zentraler Seite genutzt werden, um eine Kontrollfunktion auszuführen?

Somit sind die Kennzahlen selbst als Randbedingung nicht wirklich überzeugend und lassen dem System gute Möglichkeiten, diese zu umgehen. Sie sind also nicht verhaltensleitend für einen neuen Systemverlauf. Der Einsatz des neuen Verfahrens bedeutet zunächst einmal Mehraufwand, der Nutzen ist fraglich und die Konsequenzen bei nicht Benutzen (Kontrollparameter) gering. Die Einführung globaler Kennzahlen kann auch als Fremdorganisation der Bereiche und Länder durch die Zentralabteilung interpretiert werden. Wie wir gesehen haben, ist ein gewisses Maß an Selbstorganisation für die Entwicklung systemspezifischer Ordnungsparameter unabdingbar. Die Kennzahlen können als Randbedingung interpretiert werden, die aus den Ordnungsparametern heraus entstehen müssen, um für das System handlungsleitend zu werden.

Die Bereiche haben also gute Gründe, dem Kennzahlensystem Widerstand entgegen zu setzen. Eine Analyse weiterführender Maßnahmen um die Akzeptanz zu erhöhen und das Systemverhalten zu verändern, wie z.B. Prüfung der Definitionen der Kennzahlen, nur gleichartige Bereiche/Länder in der Auswertungsfunktion zulassen, Bemerkungsfelder bei jeder Kennzahl bzgl. Bereichsspezifika oder Festlegung eines einheitlichen Detaillierungsgrades sind erst dann sinnvoll, wenn die grundsätzliche Nutzenfrage geklärt ist.

Klärung der Grundsatzfrage (Abb. 37):

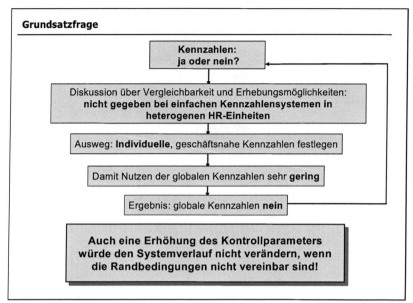

Grundsatzfrage

Kennzahlen:
ja oder nein?

Diskussion über Vergleichbarkeit und Erhebungsmöglichkeiten:
nicht gegeben bei einfachen Kennzahlensystemen in heterogenen HR-Einheiten

Ausweg: **Individuelle,** geschäftsnahe Kennzahlen festlegen

Damit Nutzen der globalen Kennzahlen sehr **gering**

Ergebnis: globale Kennzahlen **nein**

Auch eine Erhöhung des Kontrollparameters würde den Systemverlauf nicht verändern, wenn die Randbedingungen nicht vereinbar sind!

Abb. 37: Analyse der Grundsatzfrage

Ordnungsparameter:

Die vorliegende Verhaltensweise, die das Systemverhalten als Ordnungsparameter bestimmt, ist „Keine Kennzahlen einstellen". Das System hat durch mangelnden Kontrollparameter und schwache Randbedingungen keine wirkliche Veranlassung, zu fluktuieren.

Eine Analyse der Ordnungsparameter zeigt folgende Gründe für den vermeintlichen Widerstand in Form „heimlicher Spielregeln":

„Anweisungen von zentraler Seite werden grundsätzlich mit Vorsicht entgegengenommen– man möchte sich nichts sagen lassen."

„Angst vor einer „Hitliste", mit der die Bereiche anhand der Zahlen in eine Rangreihe gebracht werden können."

„Werden meine regionalen Besonderheiten auch richtig abgebildet oder werden Äpfel mit Birnen verglichen?"

„Wenn ich keine Kennzahlen einstelle, kann mich auch keiner daran messen. Wenn ich einstelle, bin ich der Dumme!"

„Was habe ich davon?"

259

Vereinfachte Darstellung der vorliegenden Problematik (Abb. 38 u. 39):

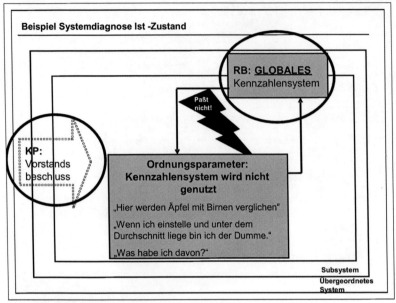

Abb. 38: Systemanalyse Ist-Zustand

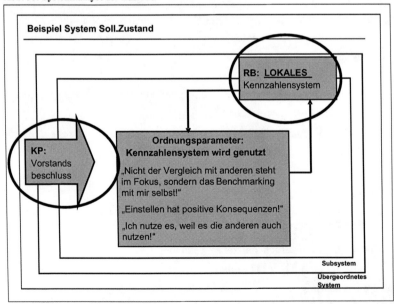

Abb. 39: Systemanalyse Soll-Zustand

9.3.5 Handlungsempfehlungen

Zur Projektneugestaltung gibt es aus synergetischer Sicht drei Anhaltspunkte:

Kontrollparameter:

Es ist zu überprüfen, ob der Beschluss vom Vorstand wirklich ausreichend trag-fähig und weitreichend ist. Ein Nichtbeachten des nächsten Meilensteines muss spürbare Konsequenzen haben. Hilfreich wären auch mehrfache Erinnerungen durch den Vorstand bei informellen Gesprächen mit den verschiedenen Berei-chen oder Ländern.

Randbedingungen:

Bevor man sich mit Verbesserungen im Detailbereich beschäftigt, muss die Grundsatzfrage geklärt werden, ob globale Kennzahlen überhaupt von Nutzen für die einzelne Personalorganisation sind.

Ordnungsparameter:

Die Menschen müssen überzeugt werden, dass ihnen beim Nutzen des Systems kein Schaden droht. Das Vertrauen muss bei den jeweiligen Führungskräften etabliert werden.

Das Einstellen von Kennzahlen bedeutet zunächst einmal Mehraufwand ohne unmittelbaren Nutzen. Deshalb sollte der eigene Nutzen deutlicher herausge-stellt werden (Marketing), beispielsweise eine genauere Kenntnis der eigenen Prozesse. Motivationale Anreize müssen geschaffen werden, die sich auf die Verwendung der Kennzahlen gründen, beispielsweise eine Abhängigkeit des Einkommens von einer Verbesserung der Kennzahlen. Es sollte genauer auf die landesspezifischen Probleme mit dem Kennzahlensystem eingegangen werden. Nicht jedes Land stellt aus den gleichen Gründen nicht ein. Die jeweiligen Gründe sind zu erheben und spezifisch zu beseitigen.

Daraus ergibt sich folgende Handlungsempfehlung (Abb. 40):

Ausgangslage: Kennzahlen sind auch in HR generell von Nutzen. Aber globale, einheitliche Kennzahlen zeigen keine breite Akzeptanz.

Handlungsempfehlung: Randbedingung verändern: Projektmodifikation

Optionen	Wie	Vorteil	Nachteil
Weiter-machen	• mehr Druck ⇨ **KP erhöhen**	• evtl. Schaffung einheitlicher Kennzahlen • kein Gesichtsverlust	• Nutzung fallend, Widerstand steigend • Nutzen schwer vermittelbar • Sinn-Frage: globale Kennzahlen für heterogene HR-Einheiten angemessen?
Projekt-modifikation	• Kennzahlen als freiwillige Wissensplattform • Nutzung bereichs-spezifischer Kennzahlen ⇨ **RB verändern**	• bisherige Ressourcen wertschöpfend eingesetzt	• überregionale Vergleichbarkeit sinkt
Einstellen	• Wissensplattform canceln • Projektteam auflösen ⇨ **KP, RB abbauen**	• freie Ressourcen • sowieso kein Prio 1 - Thema	• politisch sinnvoll? • Thema „Kennzahlen" wird negativ behaftet

Abb. 40: Handlungsempfehlung: Projektmodifikation

Aus der Problemanalyse folgt, dass trotz schwacher Ausprägung des Kontrollpa-rameters dessen Erhöhung ohne gleichzeitige Veränderung der Randbeding-ungen den Systemverlauf nicht positiv beeinflussen würde. Die Randbedingung erscheint grundsätzlich falsch gesetzt, eine Analyse der dem Ordnungsparameter zugrunde liegenden Verhaltensweisen und Ansichten wirft die Frage nach der grundsätzlichen Weiterführung des Projektes in dieser Form auf. Durch Ernst nehmen der gefundenen Einwände der Bereichsvertreter und Suchen einer Lö-sung auf dieser Ebene der tatsächlichen Probleme, können die Randbedingungen dahingehend modifiziert werden, dass der grundsätzliche Vorteil von Kennzah-len erhalten bleibt. Die Bereiche erhalten die Möglichkeit, sich eigene, auf ihre Bedürfnisse hin abgestimmte Kennzahlen zu geben. Dies verdeutlicht die Be-deutung der Selbstorganisation, die bislang durch die Verordnung zentraler Kennzahlen nicht zugelassen wurde. Es soll die Autonomie der Bereiche ange-strebt werden, die sich ihre Kennzahlen selber geben, damit sie auf ihre Bedürf-nisse und Gegebenheiten optimal angepasst sind. Somit wird Selbstorganisation innerhalb von Fremdorganisation zugelassen. Dies ist Voraussetzung für die Systementwicklung. Die Untersuchung der tatsächlichen Gründe für das Verhal-ten (heimliche Spielregeln) bringt die Ursachen für den mangelhaften Projekt-verlauf zu Tage, an denen angesetzt werden muss, um nicht einen grundsätzlich nicht sinnvollen Projektverlauf unnötig in die Länge zu ziehen.

10 Schlussbemerkungen

Mit der vorliegenden Arbeit wurde ein weiter Bogen gespannt von phänomeno-
logischen, methodischen und theoretischen Grundlagen aus Psychologie, Soziologie, Systemwissenschaften und Managementlehre bis hin zur Entwicklung,
Validierung und praktischen Beispielanwendung eines neuen Handlungsmodell
fürs Change Management auf Basis von Synergetik und soziologischer Systemtheorie. Mit dem vorgelegten Modell soll zum einen eine allgemeine Theorie des
Wandels begründet werden, die einen neuen Blickwinkel auf die Prozesse der
Veränderung von Unternehmen gestattet, zum andern aber auch konkrete Handlungsempfehlungen ausgesprochen werden. Eine integrierende Theorie des organisatorischen Wandels, die die unterschiedlichen Teilansätze und -lösungen
zu einer umfassenden Theorie zusammenfasst, fehlt bis heute.

Die Mehrzahl betriebswirtschaftlicher Vorstellungen über eine adäquate Bewältigung von Veränderungen bzw. über organisationalen Wandel halten weitgehend an herkömmlichen mechanistischen und vor allem linearen Vorstellungen
über die Durchführung von Veränderungen in Unternehmen fest (vgl. Rieter,
1992, S. 84f.). Eine angemessene Darstellung betrieblicher Geschehen darf aber
gerade nicht die komplexen und dynamischen Prozesse im Unternehmen bagatellisieren und ausklammern. Es gilt im Gegenteil komplexe und nichtlineare
Prozesse innerhalb des Unternehmens zu berücksichtigen und mit ihnen statt
gegen sie zu arbeiten. Dazu gehören beispielsweise Aspekte der Motivation von
Mitarbeitern, Formen des Widerstandes gegen Veränderungen, Probleme bei der
Umsetzung von einmal getroffenen Entscheidungen, ablaufende Machtprozesse
oder allgemein die Verselbständigung vieler Prozesse. Derartige interne Prozesse laufen dabei nicht losgelöst voneinander ab, sondern stehen in einem komplexen nichtlinearen Zusammenhang. Insbesondere beim vermeintlichen Widerstand der Mitarbeiter gegen eine anstehende Veränderung zeigt sich bei näherer
Betrachtung oftmals, dass es sich gar nicht um Widerstand handelt. Vielmehr
wird das Verhalten der Mitarbeiter durch die in der Organisation vorherrschenden Verhaltensregeln und gesetzten Randbedingungen bedingt.

Der wissenschaftliche Ansatz der Systemtheorie stellt nun gerade darauf ab, mittels des theoretischen Konstruktes „System" die Vernetzung, Komplexität und
Dynamik von Ganzheiten abzubilden. Die zu betrachtenden Systeme werden
dabei in Abhängigkeit von der Problem- und Fragestellung modelliert. Über die
Formulierung einer „Allgemeinen Systemtheorie" wurde von der jeweiligen ma-

teriellen Beschaffenheit einzelner Systeme weitgehend abstrahiert, um Ähnlichkeiten in den Strukturen ausmachen zu können. Allerdings münden die erhaltenen universellen Formulierungen letztlich oftmals in wenig operationale Aussagen mit einem geringen Informationsgehalt (vgl. Staehle, 1990, S. 40). Die Systemtheorie hat demzufolge mit Problemen wie

„hohe Abstraktion der Aussagen, Reduktion der Vielfalt auf universell nachweisbare Kategorien und Formulierung wenig operationaler Aussagen mit geringem Informationsgehalt für alle Arten von Systemen" (Staehle, 1990, S. 40)

zu kämpfen. Oder, wie Bischof (1993, S. 9) in polemischer Form bemerkt hat:

„Der Ausdruck (System) allein klingt schon so professionell, dass er sich auch ohne weitergehende Destillation erfolgreich als Geschmacksverstärker für andernfalls allzu offenkundige gedankliche Fadheit unter den Text mischen lässt."

Um ein Arbeiten mit modernen, aber dennoch inhaltsleeren Begrifflichkeiten zu vermeiden, wurde der vorliegenden Arbeit der Ansatz der Synergetik zugrunde gelegt, die sehr konkrete Aussagen über das Systemverhalten während der Systementwicklung macht. Der synergetische Ansatz des organisationalen Wandels stellt Veränderungsprozesse für nichtlineare und komplexe Prozesse dar, verzichtet dabei jedoch auf weitreichende Vorannahmen. Da in der Darstellung des synergetischen Wandels nicht das **was**, also die Objekte des Wandels, im Mittelpunkt stehen, sondern die Prozesse, d.h. das **warum** und **wie** des Wandels betrachtet wird (vgl. Beisel, 1994, S. 329) kann er für die Erklärung von Veränderungen der unterschiedlichsten nichtlinearen Systeme herangezogen werden.

Wie wir im Vorangegangenen gesehen haben, bietet das vorgestellte synergetische Handlungsmodell die Möglichkeit, auf komplexe soziale Systeme steuernd einzugreifen. Das naturwissenschaftliche Konzept der Synergetik wurde dabei an den organisationalen Rahmen angepasst, um ein Abgleiten in bloße Metaphern zu vermeiden – kein „alter Wein in neuen Schläuchen". Somit kann fassbare und greifbare Hilfestellung bei der Einflussnahme auf komplexe soziale Systeme bzw. Veränderungsprozesse geboten werden.

Der Vorteil des Modells liegt zum einen in der theoretischen Fundierung. Diese ermöglicht eine Generalisierung über verschiedene Situationen und Anwendungszusammenhänge hinweg. Der Praxisbezug und die daraus entstandenen Checklisten ermöglichen es wiederum, in einer vorliegenden Situation ganz konkret zu benennen, an welchen Stellen des Systems und in welchem Ausmaß Eingriffe notwendig sind.

Die Synergetik bietet dabei durch die Fokussierung auf das selbstorganisierte Verhalten eines Systems beim Phasenübergang und die Benennung dreier grundlegender Parameter zur Systemsteuerung eine tragfähige Basis. Die Anpassung des synergetischen Modells auf den betrieblichen Kontext ermöglicht konkrete Aussagen zur Steuerung des Veränderungsprozesses. Besonders wichtig ist dabei, dass **nie ein Parameter alleine das Systemverhalten bestimmt**. Es handelt sich immer um eine **Wechselwirkung** zwischen den drei genannten Parametern Kontrollparameter, Randbedingung und Ordnungsparameter. Kontrollparameter und Randbedingung sind dabei direkt von außen zu beeinflussen – das Systemverhalten kann so aber nicht direkt gesteuert oder gar kontrolliert werden! Über Kontrollparameter und Randbedingung ist aber eine **indirekte** Beeinflussung des Ordnungsparameters gegeben. Bei diesem handelt es sich um die Verhaltensregeln, die von den Mitgliedern des Systems hervorgebracht wurden und deren Verhalten wiederum steuernd bestimmen. Deshalb ist ein genügend großer Freiraum innerhalb der festgesetzten Randbedingung so wichtig, damit das System fluktuieren kann und zu den für seine jeweilige Situation am besten angepassten Lösungen kommt. Dies schafft die notwendige Akzeptanz für Veränderungsmaßnahmen, da die tatsächlichen Verhaltensregeln aus dem System selbst entstehen und nicht von außen aufgezwungen werden – was ohnehin wenig Aussicht auf Erfolg hat. Durch möglichst exakte Eingriffe von außen an den richtigen Stellen, den so genannten Bifurkationspunkten des Systems, an denen das Systems auf Einflüsse von außen besonders empfindlich reagiert, soll also Selbstorganisation im gewünschten Rahmen und in der gewünschten Richtung entstehen bzw. zugelassen werden.

Somit konnte gezeigt werden, dass komplexe Systeme weder unsteuerbar sind noch sich gänzlich chaotisch verhalten. Es kommt stattdessen darauf an, die Eigenlogik des komplexen Systems zu akzeptieren, sie nach Möglichkeit auszunutzen und mit ihr zu arbeiten, anstatt sich mit unzulässigen Vereinfachungen gegen eine Komplexität zu wehren, die aber Teil der Realität ist und sich nicht wegdiskutieren lässt. Sicherlich kann aufgrund der komplexen Interaktionen innerhalb des Systems der Erfolg einer bestimmten Maßnahme nicht mit Gewissheit vorhergesagt werden. Trotzdem bietet die vorgelegte Systematik eine gute Orientierungsmöglichkeit, um diejenigen Probleme anzugehen, an denen der Projekterfolg entscheidend festgemacht ist.

11 Anhang

Interviewleitfaden

Einleitung

1. Bewertung des Produkts SAP HR
„Wie würden Sie das Produkt SAP HR R/3 im Hinblick auf seine Funktionalität bewerten?"

2. Stimmung bzgl. des Produkts
„Wie ist Ihre Stimmung bezüglich des neuen Produkts, haben Sie beispielsweise Ängste oder freuen Sie sich auf die Einführung?"

3. Bewertung der Maßnahmen zur Einführung
„Welche Maßnahmen fallen Ihnen spontan ein, die Sie für die Einführung als hilfreich erachteten?

„Wir wollen nun noch einige Maßnahmen detaillierter auf ihren Einführungserfolg hin beleuchten."

3.1 Information und Kommunikation
„Wie bewerten Sie Information und Kommunikation bei der Einführung?"

3.2 Schulungen
„Wie bewerten Sie die Schulungen?"

3.3 Rolle des Key Users
„Wie bewerten Sie das Konzept des Key Users / Veränderungsbegleiters?"

3.4 Erfahrungsaustausch
„Wie bewerten Sie möglichen oder stattgefundenen Erfahrungsaustausch?"

3.5 CM-Maßnahmen
„Wie bewerten Sie generell die Notwendigkeit von CM Maßnahmen?"

4. Wünsche und Anregungen
„Haben Sie spontan Wünsche oder Anregungen zur Einführung?"

5. Zusammenarbeit mit dem Zentralprojekt
„Wie bewerten Sie die Zusammenarbeit mit dem Zentralprojekt?"
„Welche Aspekte möchten Sie dabei besonders hervorheben?"

6. Bewertung der Einführung insgesamt
„Wie bewerten Sie die Einführung insgesamt?"

7. Betriebsklima und Zusammenarbeit
„Wie bewerten Sie Betriebsklima und Zusammenarbeit in Ihrer Abteilung?"

8. Führung

„Haben Sie spezielle Wünsche an Ihre Führungskraft?"

„Wie bewerten Sie Ihre Führungskraft?"

9. Stimmung in einem Satz

„Fassen Sie doch bitte Ihre Stimmung bezüglich der Einführung in einem Satz zusammen."

Abschluss

Abb. 41: Interviewleitfaden

12 Literaturverzeichnis

Argyris, C. & Schön, D. (1978). *Organizational Learning: A Theory of Action Perspective*. Reading: MA.

Argyris, C. (1993). Defensive Routinen. In G. Fatzer (Hrsg.), *Organisationsentwicklung für die Zukunft: ein Handbuch* (S.179-226). Köln: Edition Humanistische Psychologie.

Arthur, W. (1990). Positive Rückkopplung in der Wirtschaft. *Spektrum der Wissenschaft*, 4, 122-129.

Ashby, W. (1974). *Einführung in die Kybernetik*. Frankfurt am Main: Suhrkamp.

Baecker, D. (1992). Fehldiagnose „Überkomplexität". Komplexität ist die Lösung, nicht das Problem. *gdi impuls, 4*, 55-62.

Baecker, D. (1994). *Postheroisches Management: Ein Vademecum*. Berlin: Merve-Verlag.

Balzer, A. & Wilhelm, W. (1995). McKinsey. Die Firma. *Manager Magazin, 4*, 43-57.

Bandura, A. (1977). *Social Learning Theory*. Englewood Cliffs: NJ.

Banner, D. & Gagné, T, (1995). *Designing Effective Organizations: Traditional and Transformational Views*. Thousand Oaks: Sage.

Bateson, G. (1972). *Steps to an Ecology of Mind*. New York: Bantam Books.

Bateson, G. (1983). *Ökologie des Geistes*. Frankfurt am Main: Suhrkamp.

Bea, F. & Göbel, E. (1999). *Organisation*. Stuttgart: Lucius und Lucius UTB.

Beisel, R. (1996). *Synergetik und Organisationsentwicklung*. München und Mering: Rainer Hampp Verlag.

Bertalanffy, L.v. (1951). General Systems Theory: A New Approach to the Unity of Science. *Human Biology, 23*, 302-361.

Bertalanffy, L.v. (1979). *General Systems Theory*. New York: Wiley.

Bischof, N. (1990). Untersuchungen zur Systemanalyse der sozialen Motivation. Die Regulation der sozialen Distanz – Von der Feldtheorie zur Systemtheorie. *Zeitschrift für Psychologie, 201*, 5-43.

Böhnisch, W. (1979). *Personale Widerstände bei der Durchsetzung von Innovationen*. Stuttgart: Schäffer-Poeschel.

Bortz, J. & Döring, N. (1995). *Forschungsmethoden und Evaluation*. Heidelberg: Springer.

Böse, R. & Schiepek, G. (1989). *Systemische Theorie und Therapie. Ein Handwörterbuch*. Heidelberg: Asanger.

Bourne, L. & Ekstrad, B. (1992). *Einführung in die Psychologie*. Eschborn: Klotz.

Brandenburg, A. (1971). *Systemzwang und Autonomie*. Düsseldorf: Bertelsmann Universitätsverlag.

Brehm, J. (1966). *A Theory of Psychological Reactance*. New York: Academic Press.

Breuer, F. (1996). Theoretische und methodologische Grundlinien unseres Forschungsstils. In F. Breuer (Hrsg), *Qualitative Psychologie. Grundlagen, Methoden und Anwendungen eines Forschungsstils*. Opladen: Westdeutscher Verlag.

Bruggemann, A., Groskurth, P., Ulich, E. (1975). Arbeitszufriedenheit. Bern: Huber.

Brunken, R. (2002). *Verbesserte Anpassungsfähigkeit des Änderungsmanagements durch komplementäre Selbstorganisation.* Fraunhofer IRB Verlag.

Coch, L. & French, J. jr. (1948). Overcoming Resistance to Change. *Human Relation, 1,* 512-532.

Comelli, G. (1985). *Training als Beitrag zur Organisationsentwicklung.* München: Hanser.

Conner, D. (1995). *Managing at the Speed of Change.* New York: Villard Books.

Crozier, M. (1961). De la bureaucratie comme système d'organisation. *Archives euro-péennes de Sociologie,* Jg. 2, 18-52 .

Crozier, M. (1971). Der bürokratische Circulus vitiosus und das Problem des Wandels. In R. Mayntz (Hrsg.), *Bürokratische Organisation* (S. 277-288). Köln, Berlin: Kiepenhauer &Witsch.

Crozier, M. (1979). *Die Zwänge kollektiven Handelns. Über Macht und Organisation.* König-stein/Ts: Athenäum.

Czichos, R. (1997). *Change-Management.* München, Basel: Reinhardt.

Deeken, M. (1997). *Organisationsveränderungen und das Konzept der Mobilisierung.* Wies-baden: Gabler.

Doppler, K. & Lauterburg, C. (2000). *Change Management.* Frankfurt am Main: Campus.

Dörner, D. (1989). *Die Logik des Misslingens. Strategisches Denken in komplexen Situatio-nen.* Reinbeck: Rohwolt.

Drucker, P. (1974). *Management: Tasks, Responsibilities, Practices.* New York: Harper&Row.

Dyer, W. (1985). The Cycle of Cultural Evolution in Organizations. In R. Kilmann et. al. (Hrsg.), *Gaining Control of the Corporate Culture* (S. 200-230). San Francisco: Jossey-Bass.

Eijnatten, F. van (2002). Een introductie in concepten van het Chaosdenken (An Introduction in the Concepts of Chaos Thinking). In F. van Eijnatten, J. Poorthuis & J. Peters (Hrsg.), *Inleiding in Chaosdenken: theorie en praktijk (Introduction in Chaos thinking: Theory and practice)* (S. 7-21). Assen: Van Gorcum.

Emery, F. & Thorsrud, E. (1969). *Form and Content in Industrial Democracy.* London: Ta-vistock.

Emery, F. & Trist, E. (1965). The Casual Texture of Organizational Environments. *Human Relations, 18,* 21-32.

Feldman, M. & March, J. (1981). Information in Organizations as Signal and Symbol. *Admin-istrative Science Quarterly, 26,* 171-186.

Festinger, L. (1957). *A Theory of Cognitive Dissonance.* Stanford, CA: Stanford University Press.

Flaherty, J. (1979). *Managing Change: Today's Challenge to Management.* New York: Nellen.

Foerster, H.v. (1960). On Self-Organizing Systems and Their Environments. In M. Yovits & S. Cameron (Hrsg.). *Self-Organizing Systems*. New York: Pergamon Press.

Foerster, H.v. (1981). *Observing Systems*. Seaside: Intersystems Publications.

Foerster, H.v. (1985). *Sicht und Einsicht. Versuche zu einer operativen Erkenntnistheorie*. Braunschweig, Wiesbaden: Vieweg.

Foerster, H.v. (1992). Entdecken oder Erfinden. Wie lässt sich Verstehen verstehen? In H. Gumin & H. Meier (Hrsg.), *Einführung in den Konstruktivismus, Band 5* (S. 41-88). München: Piper.

Forrester, J. (1971). Planung unter dem dynamischen Einfluss komplexer sozialer Systeme. In V. Ronge & G. Schmieg (Hrsg.), *Politische Planung in Theorie und Praxis*. München: Piper.

French, J., Israel, J. & As, D. (1960). An Experiment on Participation in a Norwegian Factory: Interpersonal Dimensions of Decision-Making. *Human Relation, 13*, 3-20.

Frese, E. (1995). *Grundlagen der Organisation*. Wiesbaden: Gabler.

Frese, M. & Brodbeck, F. (1988). *Computer in Büro und Verwaltung. Psychologisches Wissen für die Praxis*. Berlin: Springer.

Fritz, R. (2000). *Den Weg des geringsten Widerstandes managen. Energie, Spannung und Kreativität in Unternehmen*. Stuttgart: Klett-Cotta.

Gattermeyer, W. & Al-Ani, A. (2001). *Change-Management und Unternehmenserfolg. Grundlagen-Methoden-Praxisbeispiele*. Wiesbaden: Gabler.

Gebert, D. & Rosenstiel, L.v. (1996). *Organisationspsychologie*. Stuttgart: Kohlhammer.

Gerken, G. (1992). *Manager...Die Helden des Chaos*. Düsseldorf: ECON-Verlag.

Giddens, A. (1984). *Interpretative Soziologie. Eine kritische Einführung*. Frankfurt am Main: Campus.

Giddens, A. (1988). *Die Konstitution der Gesellschaft*. Frankfurt am Main: Campus.

Göbel, E. (1998). *Theorie und Gestaltung der Selbstorganisation*. Berlin: Duncker & Humblot.

Greif, S. et al (1998). *Erfolg und Misserfolg von Veränderungen nach Erfahrungen von Insidern. Bericht eines Studienprojekts*. Universität Osnabrück, Fachbereich Psychologie.

Greiner, L. (1972). Evolution and Revolution as Organizations Grow. *Harvard Business Review, 4*, 37-46.

Güldenberg, S. (2001). *Wissensmanagement und Wissenscontrolling in lernenden Organisationen. Ein systemtheoretischer Ansatz*. Wiesbaden: DUV.

Habermas (1981). *Theorie des kommunikativen Handelns*. Frankfurt am Main: Suhrkamp.

Haiss, P. (2001). Monitoring Change: Die Messung von Veränderungsmaßnahmen und – prozessen. In W. Gattermayer & A. Al-Ani (Hrsg.), *Change Management und Unternehmenserfolg* (S. 57-80). Wiesbaden: Gabler.

Haken, H. (1995). *Erfolgsgeheimnisse der Natur. Synergetik: Die Lehre vom Zusammenwirken*. Hamburg: rororo science.

Haken, H. & Haken-Krell, M. (1997). *Gehirn und Verhalten*. Stuttgart: Deutsche Verlags-Anstalt.

Hammer, M. & Champy, J. (1993). *Reengineering the Corporation. A Manifesto for Business Evolution*. New York: Harper.

Hejl, P. (1982). *Sozialwissenschaft als Theorie selbstreferentieller Systeme*. Frankfurt am Main: Campus.

Hejl, P. (1992). Selbstorganisation und Emergenz in sozialen Systemen. In W. Krohn & G. Küppers (Hrsg.), *Emergenz: Die Entstehung von Ordnung, Organisation und Bedeutung* (S. 269-292). Frankfurt am Main: Suhrkamp.

Herkner, W. (1991). *Lehrbuch der Sozialpsychologie*. Bern: Huber.

Hiroto, D. (1974). Locus of Control and Learned helplessness. *Journal of Experimental Psychology, 102,* 187-193.

Hülshoff, T. (2001). *Emotionen*. München: Reinhardt.

Izard, C. (1981). *Die Emotionen des Menschen*. Weinheim und Basel: Beltz.

Jantsch, Erich (1980). *The Evolutionary Vision. Toward a Unifying Paradigm of Physical, Biological and Sociocultural Evolution*. Reading, Mass: Addison-Wesley.

Jensen, S. (1983). *Systemtheorie*. Stuttgart: Kohlhammer.

Kanter, R., Stein, B. & Jick, T. (1992*). The Challenge of Organizational Change: How Companies Experience it and Leaders Guide it*. New York: Free Press.

Kasper, H. (1992). Neuerungen durch selbstorganisierende Prozesse. In W. Staehle & Conrad, P. (Hrsg.), *Managementforschung* (S. 1-74). Berlin: De Gruyter.

Kelso, S. (1995). *Dynamic patterns. The Self-Organization of Brain and Behavior*. Cambridge, Massachusetts: MIT press.

Kepplinger, W. (1992). Erfolgsmerkmale im Projektmanagement. *Zeitschrift für Führung und Organisation (ZfO), 2,* 47-53.

Keser et al. (1979). *Der strukturale Ansatz der Organisationsentwicklung aus betriebswirtschaftlicher Sicht*. Universitäts-Seminar der Wirtschaft, Erfstadt-Liblar.

Kieser, A. (1971): Zur wissenschaftlichen Begründbarkeit von Organisationstrukturen. *Zeitschrift für Führung und Organisation (ZfO),* 40, 239-249.

Kieser, A. (2001). *Organisationstheorien*. Stuttgart: Kohlhammer.

Kieser, A., Hegele, C. & Klimmer, M. (1998). *Kommunikation im organisatorischen Wandel*. Stuttgart: Schäffer-Poeschel.

Kim, S. (2001). *1001 Wege zur Motivationssteigerung. So motivieren Sie sich und andere*. Falken TB.

Kirk, J. & Miller, M. (1986). *Reliability and Validity in Qualitative Research*. Beverly Hills: Sage.

Kirsch, W. (1976). *Organisationale Führungssysteme. Bausteine zu einem verhaltenswissenschaftlichen Bezugsrahmen*. München: Universitätsverlag.

Kirsch, W. (1992). *Kommunikatives Handeln, Autopoiese, Rationalität. Sondierungen zu einer evolutionären Führungslehre.* Herrsching: Kirsch.

Kirsch, W. & Maaßen, H. (1990). *Managementsysteme.* Herrsching: Kirsch.

Kirsch, W., Esser, W. & Gabele, E. (1979). *Das Management des geplanten Wandels von Organisationen.* Stuttgart: Schäffer-Poeschel.

Klages, H. & Schmidt, R. (1978) *Methodik der Organisationsänderung. Ein kurzgefasster Überblick.* Baden-Baden: Nomos.

Klimecki, R., Probst, G. & Eberl, P. (1991). Systementwicklung als Managementproblem. In W. Staehle & J. Sydow (Hrsg.), *Managementforschung. Bd.1* (S.103-162). Berlin, New York: De Gruyter.

Klimecki, R., Probst, G. & Eberl, P. (1994). *Entwicklungsorientiertes Management.* Stuttgart: Schaeffer-Poeschel.

Knyphausen, D. zu (1988). *Unternehmungen als evolutionsfähige Systeme. Überlegungen zu einem evolutionären Konzept für die Organisationstheorie.* Herrsching: Kirsch.

Köckeis-Stangl, E. (1980). Methoden der Sozialisationsforschung. In D. Ulich & K. Hurrelmann (Hrsg.), *Handbuch der Sozialisationsforschung* (S. 321-370). Weinheim: Beltz.

Kolbeck, C. & Nicolai, A. (1996). *Von der Organisation der Kultur zur Kultur der Organisation.* Marburg: Metropolis.

Kotter, J. (1995). Acht Kardinalfehler bei der Transformation. *Harvard Business Manager, Jg 17,* Nr. 3, 21-28 .

Kotter, J. (1996). *Leading Change.* Boston: Harvard Business School Press.

Krammer, A. (1990). Die Bedeutung von Instabilitäten für die Entstehung neuer Strukturen. In K. Kratky & F. Wallner (Hrsg.), *Grundprinzipien der Selbstorganisation* (S. 59-76). Darmstadt: Wiss. Buchgesellschaft.

Krohn, W. & Küppers, G. (1992*). Emergenz: Die Entstehung von Ordnung, Organisation und Bedeutung.* Frankfurt am Main: Suhrkamp.

Krüger, W. (1994). *Organisation der Unternehmung.* Stuttgart: Kohlhammer.

Kruse, P. & Stadler, M. (1995). *Ambiguities in Mind and Nature - Multistability in Cognition.* Berlin: Springer.

Kühl, S. (1995). *Wenn die Affen den Zoo regieren.* Frankfurt am Main: Campus.

Kühl, S. (2000). *Das Regenmacher Phänomen.* Frankfurt am Main: Campus.

Kuhn, T. (1970). *The Structure of Scientific Revolution.* Chicago: University Press.

Kummer, W. et.al. (1993). *Projektmanagement. Leitfaden zu Methode und Teamführung in der Praxis.* Zürich

Lanthaler, W. & Schiepek, G. (1997). *Selbstorganisation und Dynamik in Gruppen.* Münster: Lit-Verlag.

Legewie, H. & Ehlers, W. (1994). *Knaurs moderne Psychologie.* München: Knaur-TB.

Lewin, K. (1982). *Feldtheorie (Werkausgabe Band 4).* Bern, Stuttgart: Huber&Klett-Cotta.

Lewin, K. (1947). Frontiers in Group Dynamics. *Human Relation, 1,* 5-41.

Linden, F. (1996). General Jack. *Manager Magazin, 8,* 34-37.

Lippitt, R., Watson, J. & Westley, B. (1958). *The Dynamics of Planned Change.* New York: Harcourt, Brace & World.

Litke, H. (1991). *Projektmanagement: Methoden, Techniken, Verhaltensweisen.* Planegg: STS-Verlag.

Lorenz, E. (1963). Deterministic Nonperiodic Flow. *Journal of the Atmospheric Sciences, 20,* 130-141.

Luhmann, N. (1984). *Soziale Systeme. Grundriss einer allgemeinen Theorie.* 1. Auflage. Frankfurt am Main: Suhrkamp.

Luhmann, N. (1989). *Vertrauen. Ein Mechanismus der Reduktion sozialer Komplexität.* Stuttgart: Enke.

Luhmann, N. (1993). *Soziale Systeme. Grundriss einer allgemeinen Theorie.* 3. Auflage. Frankfurt am Main: Suhrkamp.

Luhmann, N. (1995). *Soziologische Aufklärung, Band 6: Die Soziologie und der Mensch.* Opladen: Westdeutscher Verlag.

Lundin, S., Paul, H. & Christensen, J. Fish. (2001). *Ein ungewöhnliches Motivationsbuch.* Ueberreuter Wirtschaft.

Machiavelli, N.(1978). *Der Fürst.* 6. Aufl., Stuttgart: Reclam.

Malik, F. (1979). Die Managementlehre im Lichte der modernen Evolutionstheorie. *Die Unternehmung, 4,* 303-315.

Malik, F. (1984). *Strategie des Managements komplexer Systeme.* Bern: Haupt.

Malik, F. (1993). *Systemisches Management, Evolution, Selbstorganisation.* Bern: Haupt.

Mandelbrot, B. (1977). *The Fractal Geometry of Nature.* New York: Freeman.

Manteufel, A. & Schiepek, G. (1998). *Systeme spielen. Selbstorganisation und Kompetenzentwicklung in sozialen Systemen.* Göttingen: Vandenhoeck & Ruprecht.

Maturana, H & Varela, F. (1987). *Der Baum der Erkenntnis.* Bern/München: Scherz.

Mayntz, R. (1963). *Soziologie der Organisation.* Reinbek: Rowohlt.

Mayring, P. (1993). *Qualitative Inhaltsanalyse. Grundlagen und Techniken.* Weinheim: Deutscher Studienverlag.

Mende, W. & Bieta, V. (1997). *Projektmanagement. Praktischer Leitfaden.* München/Wien: Oldenbourg

Miller, K. & Monge, P. (1986). Partcipation, Satisfaction and Productivity: A Meta-Analytic Review. *Academy of Management Journal, 29 (4),* 727-753.

Mildenberger, U. (1998). *Selbstorganisation von Produktionsnetzwerken. Erklärungsansatz auf Basis der neueren Systemtheorie.* Wiesbaden: Gabler.

Mintzberg, H. & Westley, F. (1992). Cycles of organizational change. *Strategic Management Journal, 13,* 39-59.

Mohr, N. & Woehe, J. (1998). *Widerstand erfolgreich managen. Professionelle Kommunikation in Veränderungsprojekten.* Frankfurt am Main: Campus.

Morgan, G. (1986). *Images of Organizations*. Beverly Hills: Sage

MOW – Meaning of Working International Research Team (1987*). The Meaning of Working*. London: Academic Press

Nadler, D. & Tushman, M. (1989). Beyond the Charismatic Lader. Leadership and Organizational Change. *California Management Review*, 77-97.

Naujoks, H. (1998). *Unternehmensentwicklung im Spannungsfeld von Stabilität und Dynamik*. Wiesbaden: Gabler.

Naujoks, H. (1994a). *Autonomie in Organisationen. Perspektive und Handlungsleitlinie des Managements*. Hochschule St. Gallen: Dissertation.

Naujoks. H. (1994b). Konzernmanagement durch Kontextsteuerung – die Relevanz eines gesellschaftstheoretischen Steuerungskonzepts für betriebswirtschaftliche Anwendungen. In G. Schreyögg & P. Conrad (Hrsg.), *Managementforschung* (S.105-141). Berlin, New York: De Guyter.

Neubauer, C. (1993). *Strategisch orientierte Kostenrechnung. Programmatik, Problemfelder und Lösungsansätze*. Herrsching: Kirsch.

Neuberger, O. (1990). Widersprüche in Ordnung. R. Königswieser & C. Lutz (Hrsg.), *Das systemisch-evolutionäre Management – Der neue Horizont für Unternehmen* (S. 146-167). Wien: Orac.

Neuberger, O. (1995). *Mikropolitik: der alltägliche Aufbau und Einsatz von Macht in Organisationen*. Stuttgart: Enke .

Neuberger, O. & Kompa, A. (1993). *Wir, die Firma – der Kult um die Unternehmenskultur*. München: Heyne.

Nonaka, I. (1995). A Dynamic Theory of Organizational Knowledge Creation. *Organization Science 5*, 1, 14-3.

Osgood, C. (1952). The Nature and Measurement of Meaning. *Psychological Bulletin, 49*, 197-237.

Parsons, T. (1951). *The Social System*. London: Routledge & Kegan.

Pautzke, G. (1989). *Die Evolution der organisatorischen Wissensbasis: Bausteine zu einer Theorie des organisatorischen Lernens*. Herrsching: Kirsch.

Pedler, M., Boydell, T. & Burgnye, J. (1991). Auf dem Weg zum „lernenden Unternehmen". In T. Sattelberger (Hrsg.), *Die lernende Organisation: Konzept für eine neue Qualität der Unternehmensentwicklung* (S. 57-65). Wiesbaden: Gabler.

Peters, T. & Waterman, R. jr. (1984). *Auf der Suche nach Spitzenleistungen*. Landsberg am Lech: Verlag moderne Industrie.

Piaget, J. (1975). *Nachahmung, Spiel und Traum*. Gesammelte Werke. Stuttgart: Klett-Cotta.

Picot, A. (1993). Organisation. In M. Bitz et. al. (Hrsg.), *Vahlens Kompendium der BWL, Band 2* (S. 1-57). München: Vahlen.

Picot, A., Freudenberg, H. & Gaßner, W. (1999). *Management von Reorganisationen. Maßschneidern als Konzept für den Wandel*. Wiesbaden: Gabler.

Platzköster, M. (1990). *Vertrauen. Theorie und Analyse interpersoneller, politischer und betrieblicher Implikationen.* Essen: Beleke.

Polanyi, M. (1958). *Personal Knowledge.* Chicago: University Press.

Popper, K. (1984). *Logik der Forschung.* Tübingen: Siebeck.

Prigogine, I. (1988). *Vom Sein zum Werden. Zeit und Komplexität in den Naturwissenschaften.* München: Piper.

Prigogine, I. & Glansdorff, P. (1971). *Thermodynamic Theory of Structure, Stability and Fluctuation.* New York: Wiley.

Prigogine, I. & Stengers, I. (1986). *Dialog mit der Natur. Neue Wege wissenschaftlichen Denkens.* München: Piper.

Probst, G. (1992). *Organisation: Strukturen, Lenkungsinstrumente, Entwicklungsperspektiven.* Landsberg am Lech: Verlag moderne Industrie.

Probst, G. (1994). Organisationales Lernen und die Bewältigung von Wandel. In P. Gomez, D. Hahn, G. Müller-Stewens & R. Wunderer (Hrsg.), *Unternehmerischer Wandel: Konzepte zur organisatorischen Erneuerung.* Wiesbaden: Gabler.

Probst, G. & Büchel, B. (1998). *Organisationales Lernen – Wettbewerbsvorteil der Zukunft.* Wiesbaden: Gabler.

Probst, G., Raub, S. & Romhardt, K. (1999). *Wissen managen. Wie Unternehmen ihre wertvollste Ressource optimal nutzen.* Wiesbaden: Gabler.

Reckwitz, A. (1997). *Struktur: Zur sozialwissenschaftlichen Analyse von Regeln und Regelmäßigkeiten.* Opladen: Westdeutscher Verlag.

Reothlisberger, F. & Dickson, W. (1966). *Management and the Worker.* Cambridge, Mass: Harvard University Press.

Rice, A. (1958). *The Enterprise and its Environment.* London: Tavistock.

Robbins, A. (1995). *Das Powerprinzip. Grenzenlose Energie.* München: Heyne.

Rosenstiel, L. v. (1987). Was „bringen" partizipative Veränderungsstrategien? In L. v. Rosenstiel, H. Einsiedler, R. Streich & S. Rau (Hrsg.), *Motivation durch Mitwirkung* (S.12-38). Stuttgart: Schäffer-Poeschel.

Rosenstiel, L. v., Molt, W. & Rüttinger, B. (1995). *Organisationspsychologie.* Stuttgart: Kohlhammer.

Ruffner, A. (1972). Wissenschaftstheoretische Überlegungen zur betriebswirtschaftlichen Organisationslehre. In G. Dlugos, G. Eberlein & H. Steinmann (Hrsg.), *Wissenschaftstheorie und Betriebswirtschaftslehre, Bd.2* (S. 185 – 207). Düsseldorf.

Ryle, G. (1949). *The Concept of Mind.* London: Hutchinson.

Sattelberger, T. (1991) *Die lernende Organisation: Konzepte für eine neue Qualität der Unternehmensentwicklung.* Wiesbaden: Gabler.

Schein, E. (1987). *Organizational Culture and Leadership: A Dynamic View.* San Francisco: Jossey-Bass.

Schiemenz, B. (1994). *Interaktion, Modellierung, Kommunikation und Lenkung in komplexen Organisationen.* Berlin: Duncker&Humblot.

Schlenker, B. & Weigold, M. (1992). Interpersonal Processes Involving Impression Regulation and Management. *Annual Review of Psychology, 43*, 133-168.

Schmidli, A. & Schnüriger, W. (2001). *Projektmanagement. Führung, Planung, Kontrolle.* Basel: Helbing & Lichtenhahn.

Schneider, B. et.al. (1998). Personality and Organizations: A Test of the Homogeneity of Personality Hypothesis. *Journal of Applied Psychology, Vol. 83*, No. 3, 462-470.

Schreyögg, G. (2000) Neuere Entwicklungen im Bereich des organisatorischen Wandels. In R. Busch (Hrsg.), *Change Management und Unternehmenskultur* (S. 26-44). Hampp: Mering.

Schreyögg, G. & Noss, C. (2000). Von der Episode zum fortwährenden Prozess – Wege jenseits der Gleichgewichtslogik im Organisatorischen Wandel. In G. Schreyögg & P. Conrad (Hrsg.), *Organisatorischer Wandel und Transformation* (S. 33-62). Wiesbaden: Gabler.

Schwaninger, M. (1994). *Managementsysteme. Das St. Galler Managementkonzept.* Frankfurt am Main: Campus.

Scott-Morgan, P. (1994). *Die heimlichen Spielregeln. Die Macht der ungeschriebenen Gesetze im Unternehmen.* Frankfurt/New York: Campus.

Seligman, M. (1975). *Helplessness: On Depression, Development, and Death.* San Francisco: Freeman.

Senge, P. (1994). *The fifth Discipline: The Art and Practice of the Learning Organization.* New York: Doubleday/Currency.

Senge, P. et. al. (1996). *Das Fieldbook zu fünften Disziplin.* Stuttgart: Klett-Cotta.

Shermann, S., Presson, C. & Chassin, L. (1984). Mechanisms Underlying the False Consensus Effect. The Special Role of Threats to the Self. *Personality and Social Psychology Bulletin, Vol.10*, 127-138.

Shirastava, P.(1983). Typology of Organizational Learning Systems. *Journal of Management Studies, Iss1*, 7-28.

Sievers, B. (1977). *Organisationsentwicklung als Problem.* Stuttgart: Klett-Cotta.

Sievers, B. & Slesina, W. (Hrsg.) (1980) Organisationsentwicklung in der Diskussion. Offene Systemplanung und partizipative Organisationsforschung. *Arbeitspapiere des Fachbereichs Wirtschaftswissenschaft der Gesamthochschule Wuppertal, 44*, 152-164.

Silverman, D. (1993). *Interpreting Qualitative Data. Methods for Analyzing Talk, Text and Interaction.* London: Sage.

Simon, F. (1990). *Meine Psychose, mein Fahrrad und ich – zur Selbstorganisation der Verrücktheit.* Heidelberg: Auer.

Simon, H. (2001). *Unternehmenskultur und Strategie.* Frankfurter Allgemeine Buch.

Skinner, B. (1938). *The Behaviour of Organisms.* New York: Appleton-Century-Crofts.

Spranger, R. (1992). *Mythos Motivation: Wege aus der Sackgasse.* Frankfurt am Main: Campus.

Sprenger, R. (1995). *Das Prinzip Selbstverantwortung – Wege zur Motivation.* Frankfurt am Main/New York: Campus.

Stacey, R. (1997). *Unternehmen am Rande des Chaos. Komplexität und Kreativität in Organisationen*. Stuttgart: Schäffer-Poeschel.

Stadler, M. & Kruse, P. (1992). Zur Emergenz psychischer Qualitäten. Das psychophysische Problem im Lichte der Selbstorganisation. In W. Krohn & G. Küppers (Hrsg.), *Emergenz: Die Entstehung von Ordnung, Organisation und Bedeutung* (S. 134-160). Frankfurt am Main: Suhrkamp.

Staehle (1991a). *Management. Eine verhaltenswissenschaftliche Perspektive*. München: Vahlen.

Staehle, W. (1991b). Organisatorsicher Konservativismus in der Unternehmensberatung. *Gruppendynamik, 22*, Heft 1, 19-32.

Stein, B. & Westermayer, G. (1996). Betriebliche Gesundheitsförderung als Organisationsentwicklung. In R. Busch (Hrsg.), *Unternehmenskultur und betriebliche Gesundheitsförderung. Forschung und Weiterbildung für die betriebliche Praxis. Bd. 12* (S.36-49). Berlin: FU Berlin, DGB.

Steinle, C. (1995). Effiziente Projektarbeit. In C. Steinle, H. Bruch & D. Lawa (Hrsg.), *Projektmanagement.Instrument moderner Dienstleistung* (S.23-36). Franfurt am Main: FAZ Wirtschaftsbücher.

Steinmann, H. & Schreyögg, G. (1993). *Management: Grundlagen der Unternehmensführung, Konzepte, Funktionen, Fallstudien*. Wiesbaden: Gabler.

Stünzner, L. (1996). *Systemtheorie und betriebswirtschaftliche Organisationsforschung*. Berlin: Duncker&Humblot.

Taylor, F. (1919). *Die Grundsätze wissenschaftlicher Betriebsführung*. München, Berlin: Oldenbourg. (Erstausgabe: *"The Priniciples of Scientific Management"*, 1911, New York: Harper)

Teubner, G. (1989). *Recht als autopoietisches System*. Frankfurt am Main: Suhrkamp.

Thornton, B. (1992). Repression and its Mediating Influence on the Defensive Attribution of Responsibility, *Journal of Research in Personality, 26*, 44-57.

Tichy, N. (1993). Handbook for Revolutionaries. In N. Tichy & S. Sherman (Hrsg.), *Control your Destiny or Someone Else Will* (S. 301-374). New York: Harper.

Titscher, S. & Königswieser, R.(1985). *Entscheidungen in Unternehmen. Zur Theorie und Praxis des Umgangs mit Krisen wechselseitiger Abhängigkeit*. Wien: Signum.

Tolman, E. (1948). Cognitive Maps in Rats and Men. *Psychological Review, 55*, 189-208.

Töpfer, A. & Mehdorn, H. (1995). *Total Quality Management: Anforderungen und Umsetzung im Unternehmen*. Neuwied, Kriftel, Berlin: Luchterhand.

Trist, E., Higgin, G., Murray, H. & Pollock, A. (1963*). Organizational Choice*. London: Tavistock

Trist, E. & Bamforth, K. (1951). Some Social Psychological Consequences of the Long Wall Method of Coal-getting. *Human Relations, 4*, 3-38.

Turing, A. (1967). Kann eine Maschine denken? In M. Enzensberger (Hrsg.), *Kursbuch 8* (S. 106-138). Berlin.

Türk, K. (1989). *Neuere Entwicklungen in der Organisationsforschung – ein Trend Report.* Stuttgart: Enke.

Tushman, M. & O'Reilly, C. (1995). Unternehmen müssen auch den sprunghaften Wandel meistern. *Harvard Business Manager, 1,* 30-44.

Tversky, A. & Kahnemann, D. (1974). Judgment under Uncertainty: *Heuristics and Biases.Science, 185,* 1124-1131.

Ulich, E. (2001). *Arbeitspsychologie.* Zürich: vdf.

Ulrich, H. (1970). *Die Unternehmung als produktives soziales System.* Bern, Stuttgart: Haupt.

Ulrich, H. & Probst, G. (1988). *Anleitung zum ganzheitlichen Denken und Handeln. Ein Brevier für Führungskräfte.* Bern, Stuttgart: Haupt.

Vollmer, G. (1975). *Evolutionäre Erkenntnistheorie. Angeborene Erkenntnisstrukturen im Kontext von Biologie, Psychologie, Linguistik, Philosophie und Wissenschaftstheorie.* Stuttgart: Hirzel.

Wahren, H. (1994). *Gruppen- und Teamarbeit in Unternehmen.* Berlin: De Gruyter.

Waldrop, M. (1996). *Inseln im Chaos. Die Erforschung komplexer Systeme.* Reinbek: Rowohlt.

Walter-Busch, E. (1996). *Organisationstheorie von Weber bis Weick.* Amsterdam: Fakultas.

Warnecke, H. (1992). *Die fraktale Fabrik.* Berlin: Springer.

Watson, G. (1975). Widerstand gegen Veränderungen. In W. Bennis, K. Benne & R. Chin (Hrsg.), *Änderung des Sozialverhaltens* (S. 415-429). Stuttgart: Klett.

Watzlawick, P., Beavin, J. & Jackson, D. (1967). *Menschliche Kommunikation.* Göttingen: Hans Huber Verlag.

Watzlawick, P. (1985). Die erfundene Wirklichkeit. Wie wissen wir, was wir zu wissen glauben? In P. Watzlawick (Hrsg.), *Beiträge zum Konstruktivismus* (S. 91-111). München: Piper.

Watzlawick, P. (1994). Management – oder Konstruktion von Wirklichkeiten. In P.Watzlawick, *Münchhausens Zopf oder Psychotherapie und „Wirklichkeit".* München: Piper.

Watzlawick, P., Weakland, J. & Fisch, R. (1979). *Lösungen. Zur Theorie und Praxis menschlichen Wandels.* Bern: Huber.

Weick, K. (1977). Organization Design: Organizations as Self-designing Systems. *Organizational Dynamics, 6,* 30-46.

Weick, K. (1985). *Der Prozess des Organisierens.* Frankfurt am Main: Suhrkamp.

Weick, K. & Westley, F. (1996). Organizational Learning: Affirming an Oxymoron. In S. Clegg, C. Hardy & W. Nord (Hrsg.), *Handbook of Organization Studies* (S. 440-458). London, Thousand Oaks, New Delhi: Sage.

Weinert, A. (1992). *Lehrbuch der Organisationspsychologie.* Weinheim: Psychologie Verlags Union.

Weltz, F. et.al. (1992). *Das Softwareprojekt. Projektmanagement in der Praxis.* Frankfurt am Main: Campus.

Westerlund, G. & Sjöstrund, S. (1981). *Organisationsmythen*. Stuttgart: Klett-Cotta.

Wiener, N. (1992). *Kybernetik – Regelung und Nachrichtenübertragung im Lebewesen und in der Maschine*. Düsseldorf: ECON-Verlag (Erstlausgabe: *Cybernetics or control and communication in the animal and the machine,* MIT Boston, 1948)

Willke, H. (1989). *Systemtheorie entwickelter Gesellschaften*. Weinheim/München: Juventa-Verlag.

Willke, H. (1993). *Systemtheorie I*, Stuttgart, Jena: G. Fischer UTB.

Willke, H. (1994). *Systemtheorie II*. Stuttgart, Jena: G. Fischer UTB.

Willke, H. (1995*)*. *Systemtheorie III*. Stuttgart, Jena: G. Fischer UTB.

Willke, H. (1998). *Systemisches Wissensmanagement*. Stuttgart, Jena: G. Fischer UTB.

Wilpert, B. & Heller, F. (1981). *Competence and Power in Managerial Decision Making: A Study of Senior Levels of Organization in Eight Countries*. Chichester: Wiley.

Wilpert, B. (1989). Menschenbild, Einstellungen, Normen und Werte. In E. Roth (Hrsg.), *Organisationspsychologie. Enzyklopädie der Psychologie D/III/3* (S. 154-185). Göttingen: Hogrefe.

Wilpert, B. (1997). Mitbestimmung. In S. Greif, H. Holling & N. Nicholson (Hrsg.), *Arbeits- und Organisationspsychologie. Internationales Handbuch in Schlüsselbegriffen* (S. 324-328). München: Psychologie Verlags Union.

Wilpert, B. (1998). A view from psychology. In F. Heller, E. Pusic, G. Strauss & B. Wilpert (Hrsg.), *Organizational Participation: Myth and Reality* (S. 40-64). Oxford: Oxford UniversityPress.

Wilpert, B. (1995). Organisation und Umwelt. In H. Schuler (Hrsg.), *Lehrbuch der Organisationspsychologie* (S. 641-659). Bern: Huber.

Winterhoff-Spurk, P. (2002). *Organisationspsychologie. Eine Einführung*. Stuttgart: Kohlhammer.

Womack, J., Jones, D. & Roos, D. (1990*)*. *The Machine that Changed the World. The Story of Lean Production*. New York: Rawson.

Wottawa, H. & Hossiep, R. (1997). *Anwendungsfelder psychologischer Diagnostik*. Göttingen: Hogrefe.

Zuschlag, B. & Thielke, W. (1989). *Konfliktsituationen im Alltag*. Stuttgart: Verlag für angewandte Psychologie.

Aus unserem Verlagsprogramm:

Corinna von Au
Führen mit Mediationskompetenz?
Eine Analyse des erforderlichen und adäquaten Einsatzes
von Mediationskompetenz im betrieblichen Führungsalltag
Hamburg 2006 / 150 Seiten / ISBN 3-8300-2219-0

Bodo Mezger
Publizistisches Qualitätsmanagement
und regulierte Selbstregulierung
Notwendigkeit und Möglichkeiten rechtlicher Qualitätssteuerung
insbesondere der Tagespresse
Hamburg 2005 / 294 Seiten / ISBN 3-8300-1696-4

Jamschid Edalatian
Unternehmensorganisation und -kultur im Iran
Hamburg 1993 / 284 Seiten / ISBN 3-86064-065-8

Karsten Dehnen
Strategisches Komplexitätsmanagement in der Produktentwicklung
Hamburg 2004 / 246 Seiten / ISBN 3-8300-1305-1

Gerhard Schewe (Hrsg.)
Change-Management
Facetten und Instrumente
Hamburg 2003 / 256 Seiten / ISBN 3-8300-1002-8

Thomas Vollmar
Kommunikation als Produktivfaktor in der Produktion
Analyse, Entwicklung und Implementierung eines unternehmensspezifischen
Systems von Kommunikation, Teamarbeit und kontinuierlichem Lernen
zur Steigerung von Qualität und Produktivität in der Produktion
Hamburg 2003 / 384 Seiten / ISBN 3-8300-0983-6

VERLAG DR. KOVAČ
FACHVERLAG FÜR WISSENSCHAFTLICHE LITERATUR
Postfach 57 01 42 · 22770 Hamburg · www.verlagdrkovac.de · info@verlagdrkovac.de